医药高等院校规划教材

供高专高职护理、助产等专业使用

护理学概论

第四版

主　　编	刁振明　许慧红
副 主 编	谭淑娟　孟发芬　孙亚男
编　　委	（以姓氏汉语拼音为序）

刁振明	聊城职业技术学院
黄　玲	长沙卫生职业学院
靳璐璐	聊城职业技术学院
李　霞	贵阳护理职业学院
李　悦	红河卫生职业学院
孟发芬	湖北三峡职业技术学院
孙亚男	四川护理职业学院
谭淑娟	承德护理职业学院
向　泉	贵阳护理职业学院
邢　爽	聊城职业技术学院
许慧红	贵阳护理职业学院

科学出版社

北　京

· 版权所有 侵权必究·

举报电话：010-64030229；010-64034315；13501151303（打假办）

内 容 简 介

本书属医药高等院校规划教材，本书对护理学的基本概念、理论及相关理论、形成与发展、性质与任务。护士的基本素质、角色与行为规范，护理论理，护理与法，护理程序，健康教育，环境与健康，临终关怀及护理组织系统等内容进行了深入浅出、生动新颖的论述。为了调动学生学习的积极性，每章节根据需要设有案例引导、护理警示、考点提示，以有利于学生带着问题学、抓住重点学。在第三版的基础上，本版纸质版教材增设了数字化（智能化）教材，以科学直观的视频、音频、图片、动画、微课、在线测验等实现了教材内容的数字化、交互功能的智能化。为传统教材模式向智能化教材转变提供了良好模式。本书附有教学基本要求，方便学生学习。

本书适用于高专高职护理、助产等专业学生，也可以作为中职教学的参考书。

护理学概论 / 刁振明，许慧红主编. —4 版. —北京：科学出版社，2016.8

医药高等院校规划教材

ISBN 978-7-03-048543-4

Ⅰ. 护… Ⅱ. ①刁… ②许… Ⅲ. 护理学–医学院校–教材 Ⅳ. R47

中国版本图书馆 CIP 数据字（2016）第 123268 号

责任编辑：丁海燕 / 责任校对：郭瑞芝
责任印制：赵 博 / 封面设计：张佩战

科 学 出 版 社 出版
北京东黄城根北街 16 号
邮政编码：100717
http://www.sciencep.com

三河市航远印刷有限公司 印刷
科学出版社发行 各地新华书店经销

*

2004 年 8 月第 一 版　　开本：787×1092 1/16
2016 年 8 月第 四 版　　印张：12
2018 年 1 月二十七次印刷　　字数：285 000
定价：25.00 元
（如有印装质量问题，我社负责调换）

前　言

《护理学概论》是医药高等院校规划教材之一。2004年出版的第一版教材，经过使用修正后，于2008年再版。此教材在护理专业高专高职学生的培养过程中发挥了重要作用。

社会在发展，时代在进步，护理专业借时代的东风在发展进步，教学改革步步深入，护理教学理念越来越新颖，护理教学水平再攀高峰，为了使教材即贴近学生、贴近社会、贴近护理岗位，又能调动学生的学习积极性，提高她们的学习兴趣，使她们学有重点，学有目标。本教材在第三版的基础上，增设了数字化（智能化）教材。数字化（智能化）教材是以纸质版教材为基础，对教材内容及知识点进行深度挖掘和加工，以科学直观的视频、音频、图片、动画、微课、在线测验等实现了教材内容的数字化、交互功能的智能化。多角度、多维度地呈现教材内容，增加学生学习的自主性和积极性，方便学生理解和掌握教材知识和强化记忆，从而轻松地攻破知识难点，提高学习效率。为传统教材模式向智能化教材转变提供了良好模式。本书可供高专高职护理、助产等专业使用。

参加本书编写工作的老师在护理教学和护理实践以及护理教学改革中有着丰富的经验，大家以严谨的态度、高度的团队合作精神共同完成了全书的编写工作。在编写过程中，编者虚心听取了有关护理专家的意见，得到了聊城职业技术学院、贵阳护理职业学院、湖北三峡职业技术学院医学院、承德护理职业学院、四川护理职业学院、长沙卫生职业学院、红河卫生职业学院等所有学校的支持，在此深表感谢！此外，对其他支持和帮助编者的同行们、朋友们也在此一并表示感谢！

为了进一步提高本书的质量，以供再版时修改，因而诚恳地希望各位老师在使用过程中及时提出宝贵意见，编者将不断地改正和完善本书。

编　者
2015年12月22日

目 录

第1章 绪论 ... 1
- 第1节 护理学的形成与发展 ... 1
- 第2节 护理学的性质与任务 ... 10
- 第3节 护理学的范畴 ... 11
- 第4节 护理哲理 ... 13
- 第5节 护理工作方式 ... 15
- 第6节 护士基本素质 ... 16

第2章 护理学的基本概念 ... 20
- 第1节 人 ... 20
- 第2节 健康 ... 24
- 第3节 环境 ... 29
- 第4节 护理 ... 30

第3章 护理学理论 ... 34
- 第1节 护理学相关理论 ... 34
- 第2节 护理学理论模式 ... 44

第4章 卫生服务体系 ... 54
- 第1节 我国的医疗卫生体系 ... 54
- 第2节 医院 ... 61
- 第3节 社区卫生服务 ... 64

第5章 护理程序 ... 68
- 第1节 概述 ... 68
- 第2节 评估 ... 70
- 第3节 诊断 ... 70
- 第4节 计划 ... 78
- 第5节 实施 ... 81
- 第6节 评价 ... 83
- 第7节 评判性思维在护理程序中的应用 ... 84

第6章 护理健康教育 ... 88
- 第1节 护理健康教育概述 ... 88
- 第2节 健康相关行为改变模式 ... 90
- 第3节 护理健康教育的过程与方法 ... 95
- 第4节 护理人员在健康教育中的作用 ... 102

第7章 护患关系及人际沟通 ... 104
- 第1节 角色理论 ... 104
- 第2节 护患关系 ... 106

第 3 节　沟通与交流 ……………………………………………………………… 112
第 8 章　护理伦理与法律 …………………………………………………………… 121
　　第 1 节　护理与伦理 ……………………………………………………………… 121
　　第 2 节　护理与法律 ……………………………………………………………… 129
第 9 章　文化与护理 ………………………………………………………………… 140
　　第 1 节　文化与文化休克的概述 ………………………………………………… 140
　　第 2 节　文化与护理的关系 ……………………………………………………… 145
　　第 3 节　莱宁格的跨文化护理理论 ……………………………………………… 146
　　第 4 节　多元文化的护理 ………………………………………………………… 147
第 10 章　临终关怀 …………………………………………………………………… 151
　　第 1 节　临终关怀概述 …………………………………………………………… 151
　　第 2 节　临终患者和家属的关怀 ………………………………………………… 154
参考文献 ……………………………………………………………………………… 159
附录 …………………………………………………………………………………… 160
　　附录 1　患者入院护理评估表 …………………………………………………… 160
　　附录 2　护理计划表 ……………………………………………………………… 161
　　附录 3　NANDA1994 年批准在临床使用和检验的按人类反应型态分类的 128 项
　　　　　　护理诊断 ………………………………………………………………… 161
　　附录 4　医疗事故处理条例 ……………………………………………………… 163
　　附录 5　国际护士守则 …………………………………………………………… 169
　　附录 6　护士条例 ………………………………………………………………… 170
　　附录 7　中共中央、国务院关于深化医药卫生体制改革的意见 ……………… 172
《护理学概论》教学基本要求 ……………………………………………………… 181
目标检测参考答案 …………………………………………………………………… 185

第1章 绪 论

> **学习目标**
> 1. 了解护理学的发展历程及我国护理学的发展趋势。
> 2. 了解南丁格尔对护理工作的重大贡献。
> 3. 领会各种护理工作方式的特点。
> 4. 识记护理学的性质、任务及工作范畴。
> 5. 了解护理哲理的概念及发展过程。
> 6. 识记护士素质的基本内容。

案例1-1

小张和小李正在填报高考志愿，小张根据自己的高考成绩，感觉选择一所高职院校比较有把握，她问小李："选择什么专业好呢"？小李思考后回答："选择护理专业！"

问题：
1. 护理学是一门什么学科？
2. 护理学的任务和范畴是什么？

护理学是以自然科学和社会科学理论为基础的研究维护、促进、恢复人类健康的护理理论、知识、技能及其发展规律的综合性应用科学。护理的历史源远流长，经历以疾病为中心的护理、以患者为中心的护理、以人的健康为中心的护理3个发展阶段。本章将就护理学发展的历史、现状及趋势，护理学性质与任务，护理学的基本概念，护理学的内容和范畴等进行阐述。

第1节 护理学的形成与发展

护理是人类生存的需要，护理学的发展与人类社会的发展、文明程度息息相关，并随着社会的演变、科学的进步而不断发展。

（一）西方护理学的形成与发展

1. **人类早期的护理** 早在原始社会和奴隶制社会，人们在生活中和生产劳动中积累经验，与疾病抗争。如在生活中，人们观察到动物疗伤的方法而加以仿效，学会了用舌头去舔伤口或用溪水冲洗以防止伤口感染；学会了将烧热的石块置于患处以减轻疼痛，形成了最原始、最简单的热疗。随着经验的积累，演变成了以"自我护理"模式为主的人类早期护理。随着部落群居生活的逐步兴起，当人们有了伤病，便留在家中由妇女给予照顾，用一些原始的治疗护理方法，如伤口包扎止血、按摩以及调剂饮食等，帮助患者解除痛苦和促进康复。这是人类最早的医疗和护理活动，由"自我护理"模式向以"家庭护理"模式为主护理转变。医护一体是当时护理的特点之一。

人类早期护理的另一个特点是深受宗教影响。医药、护理活动长期与宗教和迷信连在一起，古代人类对天灾或一些自然现象不能解释时，便认为有神灵主宰，于是产生了宗教和迷信，巫师也应运而生。他们用祷告、念咒等方法祈求神灵帮助，用放血、冷水泼浇等驱魔办法来驱魔，试图去除病痛的折磨；有些人在祷告和巫术之外应用草药或其他原始治疗手段治疗疾病。

经过长期的实践和思考，一些人摒弃了巫术，对患者施以草药为主的治疗，加上饮食调理和生活照顾，形成了集医、护、药于一身的治疗护理。

2. 中世纪护理　从公元初年起，由于基督教的兴起，开始了教会 2000 多年对医疗护理的影响。基督教宣扬"博爱""牺牲"等思想，在广为传播宗教的同时，还开展医病、济贫等慈善事业。一些献身于宗教事业的妇女有较好的文化教养和高尚的品德，除教会工作外，还参加对老弱病残的护理工作，形成了早期护理工作的雏形。她们当中多数人虽未受过专门的训练，但因工作认真、服务热忱、有奉献精神，经常到患者家中访视，对精神病患者、麻风病患者、孕妇及婴幼儿等更是关怀备至，使得护理工作有良好的声誉，并进一步摆脱家庭走向社会，对以后护理事业的发展产生了良好的指导作用。受到当时社会的赞誉和欢迎，是早期护理的雏形。

中世纪（约 476—1400 年）的欧洲，护理工作受到宗教和战争的影响，修道院在院内收容了一些男女从事繁重的体力劳动，同时为院外有病的人提供帮助，这对护理工作的发展起到了一定的促进作用，护理逐渐由"家庭式"迈进了"社会化和组织化的服务"，形成了宗教性、民族性及军队性的护理社团。13—14 世纪，欧洲由于连年战争，伤寒等疫病大范围流行，各国普遍设置医院，但医院大多数受教会的控制，担任护理工作的修女缺乏护理知识，没有足够的护理设备，更没有系统的护理管理，护理工作多限于简单的生活照料。

3. 文艺复兴时期护理　大约于公元 1400 年，意大利兴起文艺复兴运动兴起，医学也得到迅猛发展，西方国家称之为科学新发现时代。在此期间，人们诊治疾病有了新的依据。如1628 年英国医生威廉·哈维（William Harvey）发表了《心血运动论》，对血液循环中的心脏与血管的关系进行了科学的描述。但此时护理的发展却与医学的进步极不相称，1517 年的宗教革命，使社会结构与妇女地位发生了变化，护理工作不再由具有仁慈博爱精神的神职人员来担任，新招聘的护理人员往往是那些找不到工作，既无经验又未经适当训练的人。自此护理质量大大下降，护理的发展进入了停滞时期，大大落后于迅猛发展的医学科学。这段时间长达 200 年，被称为护理史的黑暗时代。

4. 近代护理的诞生与发展　直至 19 世纪中叶，随着科学的发展和社会的进步，护理工作者的地位开始有所提高。1836 年，牧师赛奥多·弗里德在德国凯撒沃兹建立了女护士训练所，这是最早具有系统化组织的护士训练班。1850 年，弗洛伦斯·南丁格尔（Florence Nightingale，1820—1910）在此接受过训练。19 世纪中叶，南丁格尔开创了科学的护理专业，并使护理工作真正成为一种职业，成为护理学发展的转折点。

弗洛伦斯·南丁格尔是历史上最负盛名的护士，被尊为"近代护理事业的创始人"（图 1-1），1820 年 5 月 12 日生于意大利的弗罗伦萨，后随家迁居英国。她生于一个富有家庭，从小接受良好的教育，成年后她在做主妇，做文学家，做护士三者之中选择了护士，为此遭到了父母、亲友的强烈反对。1850 年，南丁格尔克服重重阻力，前往德国凯撒沃兹护士训练所接受短期的护理训练，开始了她的护理生涯。1853 年，她在伦敦担任妇女医院院长，对医院进行了大胆改革，表现出了优秀的管理才能。

1854 年 3 月，克里米亚战争爆发。英军伤兵由于缺乏医药设备及医护人员照料，死亡率高达 50%，引起英国政府和市民的极大震惊和不满。南丁格尔获悉后，致函英国陆军大臣要求同意其率护士赴战地救护伤员。1854 年 11 月，南丁格尔被任命为"驻土耳其英军总医院妇女护士团团长"，获准带领 38 名护士前往克里米亚。在克里米亚，面对种种困难，南丁格尔率领护士采取一系列措施：改革医院环境，改善伤员膳食，设立阅览室、娱乐室以调节士兵的生活等；夜间她常常手持油灯巡视伤员，亲自安慰和关怀那些受重伤和垂危的士兵。在克里米亚短短半年时间，受伤士兵在精心护理下，死亡率下降到 2.2%。她在士兵中成了传奇式的人物，同时全英国也知道了"提灯女神"（图 1-2）。南丁格尔的护理成效受到了广泛的重视，改变了英国朝野对护士的看法。英国政府授予了她巨额奖金，但南丁格尔把政府表彰她献身精神和伟大功绩的 44 000 英镑全部献给了护理事业。

图 1-1　南丁格尔像

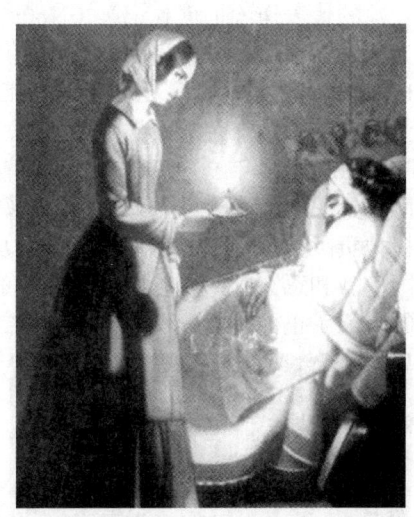

图 1-2　提灯女神

南丁格尔誓言

南丁格尔誓言原文如下：

"I solemnly pledge myself before God and in the presence of this assembly, to pass my life in purity and to practice my profession faithfully. I will abstain from whatever is deleterious and mischievous, and will not take or knowingly administer any harmful drug, I will do all in my power to maintain and elevate the standard of my profession, and will hold in confidence all family affairs coming to my knowledge in the praciice of my calling, With loyalty will I endeavor to aid the physician, in his work, and devote myself to the welfare of those committed to my care."

"我谨慎而恭敬地在上帝和公众面前宣布我的誓言：我愿尽一生努力服务于护理事业，不做对护理事业和受护理人有害无益的事情；不取服或故意使用有害的药物；尽自己所有努力增强职业技能；凡是服务时所见所闻的受护理者及相关人的私事及一切家务均给予严格保密，决不泄露；我一定以忠诚勤勉的态度帮助医生治疗患者，并专心致志地照顾受护理的患者，尽自己最大可能为受护理者谋幸福。"

备注：南丁格尔誓言是密歇根州底特律市 Old Harper 医院的护理教师 Lystra Gretter 所撰写的，它在 1893 年春天该医院所属护理学校的毕业典礼上被首次使用，是在被医生作为就业宣言的希波克拉底誓言的基础上经改动后而写成的，为纪念南丁格尔，以南丁格尔命名此誓言。

牢记南丁格尔誓言，做一名当代称职的护理人员。

由于战争的经历，南丁格尔强烈感觉到护理人员接受教育的重要性。1860 年，南丁格尔在英国的圣·托巴斯医院创办了世界上第一所护士学校。学校以传授科学的专业知识和培养高尚的品德为主，使护理由学徒式的教导成为一种正式的学校教育，为护理教育奠定了基础。1860—1890 年，该学校共培养学生 1005 名，她们在各地推行护理改革，创建护士学校，弘扬南丁格尔精神，使护理工作有了崭新的面貌。这个时期被称为护理发展史上的南丁格尔时代。她的代表作《护理札记》（Notes on Nursing）和《医院札记》（Notes on Hospital），曾作为当时护士学校的教科书而广泛应用。

1907 年，为表彰南丁格尔在医疗工作中的卓越贡献，英国国王授予她功绩勋章，使她成为英国首位获此殊荣的女性（图 1-3）。她献身护理事业，终身未嫁，1910 年 8 月 13 日在睡眠中去世，享年 90 岁。她留下遗嘱，谢绝国葬而葬于自己家族的墓园内。南丁格尔以她渊博的知识、远大的目光和高尚的品德，投身护理工作，开创了科学的护理事业；她把毕生的精力贡献给护理事业，功绩卓著，从而赢得了全世界人民的爱戴和尊敬。为了纪念她，在英国伦敦和意大利弗罗伦萨都铸有她的铜像（图 1-4），并把她的半身像印在英国 10 英镑纸币的背面（正面是英国女王伊丽莎白二世的半身像）（图 1-5）。

图 1-3　晚年的南丁格尔

图 1-4　伦敦街头南丁格尔铜像

图 1-5　英镑上南丁格尔肖像

1907 年国际红十字组织在第八届国际红十字大会上设立南丁格尔奖，1912 年红十字国际委员会决定，每两年颁发一次南丁格尔奖章（图 1-6）和奖状，作为对各国护士的国际最高荣誉奖。1912 年，在华盛顿举行的第 9 届国际红十字大会上首次颁发。同年，国际护士理事会将南丁格尔的诞生日 5 月 12 日定为国际护士节，旨在激励广大护士继承和发扬护理事业的光荣传统，以"爱心、耐心、细心、责任心"对待每一位病人，做好护理工作。最初称"医院日"，也称"南丁格尔日"，在中国称为"国际护士节"。在这天，大力宣传护理工作，鼓励护士们学习救死扶伤的人道主义精神，已经成为世界各国护理界的一件盛事。

1991年，红十字国际委员会布达佩斯代表大会通过的弗罗伦斯·南丁格尔奖章规则第二条规定，奖章可颁发给男女护士和男女志愿护理工作人员在平时或战时做出如下突出成绩者："具有非凡的勇气和献身精神的人，致力于救护伤病员、残疾人或战争灾害的受害者；如有望获得奖章的人在实际工作中牺牲，可以追授奖章。"

现代护理学与南丁格尔时期创建的护理学已大不相同。但是，南丁格尔对护理的认识和改进及颇有见地的独到见解，在当时和现在都有着深刻的影响和指导意义。南丁格尔对护理事业发展的突出贡献主要体现在以下方面。

图1-6 南丁格尔奖章

（1）为护理向正规的科学化方向发展提供了基础，发展了自己独特的护理环境学说。

（2）著书立说，分别写了《医院札记》及《护理札记》，详细阐述其基本护理思想。

（3）致力于创办护士学校：于1860年在英国伦敦的圣多马医院开办了第一所护士学校，为正规的护理教育奠定基础。

（4）创立了一整套护理制度：她强调在设立医院时必须先确定相应的政策，采用系统化的护理管理方式，制订医院设备及环境方面的管理要求，从而提高护理工作效率及护理质量。

（5）其他方面：强调了护理伦理及人道主义观念，要求护士不分信仰、种族、贫富，平等对待每位患者等。

5. 现代护理学的发展

（1）现代护理学的诞生：19世纪以后，现代护理学的诞生与各国的经济、文化、教育、宗教、妇女地位及人民生活水平的改善有很大的关系。但护理学在世界各地的发展并不平衡，西方欧美国家的护理学发展较快，护士的社会地位相对较高，其他国家的护理学发展相对滞后。现代护理学的发展实际上就是一个向专业发展的过程，主要表现在以下几个方面。

南丁格尔奖章

南丁格尔奖章是红十字国际委员会设立的国际护理界最高荣誉奖，这项以护理界楷模佛罗伦斯·南丁格尔命名的国际红十字优秀护士奖章，是为表彰志愿献身护理事业和护理学方面做出卓越贡献的世界各国优秀的护理工作所设。该奖章每两年颁发一次，每次最多颁发50枚奖章。如遇战争等非常情况而不能按期颁发时，可以向后推延。但下次颁发奖章的数目，不能超过正常几次应该颁发奖章的总数。颁发奖章的具体工作由设在日内瓦的红十字国际委员会执行。按照章程规定，获奖章名单公布后，要在当年举行隆重授奖仪式，由国家领导人或该国红十字会会长亲自颁发奖章，并广泛进行宣传，以鼓舞广大护理人员。

1）护理教育体制的建立：自1860年后，欧美许多国家的南丁格尔式护士学校如雨后春笋般出现。如在美国，1901年约翰·霍普金斯大学（Johns Hopkins University）开设了专门的护理课程；1924年耶鲁大学（Yale University）首先成立护理学院，学生毕业后取得护理学士学位，并于1929年开始硕士学位；1964年美国加州大学旧金山分校（University of California, San Francisco）开设了第一个护理博士学位课程。世界其他国家及地区也创建了许多护士学校及护理学院，形成了多层次的护理教育体制。

2）护理向专业化方向的发展：主要表现在护理理论的形成与不断探究，对护理科研的重视与投入，以及各种护理专业团体的形成。护理学作为一门为人类健康事业服务的专业，得到了进一步的发展及提高。

3）护理管理体制的建立：从南丁格尔以后，世界各国都相继应用南丁格尔的护理管理模式，并将管理学的原理及技巧应用到护理管理模式中，强调护理管理中的人性管理，并指出护理管理的核心是质量管理。

4）临床护理分科的形成和深化：从1841年开始，特别是第二次世界大战结束以后，由于科技的发展及现代治疗手段的进一步提高，使护理专科化的趋势越来越明显，如目前在美国，除了传统的内、外、妇、儿急诊等分科外，还有重症监护、职业病、社区及家庭等不同专科的护理。

（2）现代护理学的发展过程：从护理学的实践和理论研究来看，现代护理学的变化和发展可概括地分为三个阶段。

1）以疾病为中心的护理阶段：19世纪60年代，南丁格尔创建护理专业开始，护理已成为一项专门职业，护士在从业前须接受专门的训练。这一阶段在解释健康与疾病的关系上，认为疾病是由于细菌和外伤引起的机体结构改变和功能异常。为此，医疗与护理应针对细菌与外伤。这就形成了"以疾病为中心"的医学指导思想。这一阶段护理工作的基本任务是协助医生诊断和治疗疾病。护理工作的主要内容是执行医嘱和各项护理技术操作。护理教育者和管理者都把护理操作技能作为护理工作质量的关键，并逐步积累形成了一套较为规范的疾病护理常规和护理技术操作方法。然而，以疾病为中心的护理观点导致护理从属于医疗，护理研究领域十分局限，束缚了护理专业的进一步发展。

2）以患者为中心的护理阶段：20世纪40年代开始，社会科学中许多有影响的理论和学说，如系统论、人的基本需要层次论、人与环境及相互关系学说的提出和确立，使人们开始认识到人类的健康与心理、精神、社会环境相关。1948年，世界卫生组织提出了新的健康观：健康不仅仅是没有躯体疾病，还要有完整的生理、心理状态和良好的社会适应能力。1977年，美国医学家恩格尔提出了"生物-心理-社会医学模式"，这一新的医学模式对所有与健康相关的专业都产生了深远的影响。此时，护理也从"以疾病为中心"转向"以患者为中心"。护理学通过吸收相关学科的理论，结合自身的实践和研究，逐步形成了自己的理论知识体系。护理工作的任务是应用科学的方法和护理程序对患者实施身、心、社会等全方位的、连续的、系统的整体护理，满足患者的健康需求。但此阶段的护理研究内容仍局限于患者个体的康复，尚未涉足群体保健和全民健康领域。

3）以人的健康为中心的护理阶段：20世纪70年代开始，医学科研与护理学均进入高速发展阶段，此时细菌性疾病得到了较有效的控制，但与人的行为、生活方式相关的疾病，如心脑血管疾病、恶性肿瘤、糖尿病、精神疾病等逐渐成为威胁人类健康的主要问题。1977年，WHO提出了"2000年人人享有卫生保健"的战略目标，有两层含义："一是享有健康是每个公民的基本权利；二是医疗卫生以人的健康为中心"。由于科技的迅速发展和健康需求日益增长，威胁人类健康的疾病谱出现变化，促使人们的健康观念发生转变。医学社会化和大卫生的趋势越来越明显，保障健康成为社会发展的强劲动力，使护理专业有了更广阔视野和实践领域，"以人的健康为中心的护理"成为一种必然的选择。护理学在此阶段已发展成为现代科学体系中综合人文、社会、自然科学知识的独立的为人类健康服务的应用学科。护理的任务扩展到了对所有人生命周期的所有阶段的护理。护理工作场所也相应地从医院扩大到了工厂、学校、家庭、社区或临终关怀院等。护理人员的工作是使用科学的解决问题方法，即系统化的贯彻"护理程序"。护士成为向社会提供初级卫生保健的最主要力量。

考点提示： 护理学创始人及其对护理事业的贡献

（二）我国护理学形成与发展

1. 我国古代医学中的护理　祖国医学历史悠久，医、药、护一体，并十分重视"调养"，其所强调的"三分治七分养"中的"养"，就主要包含了护理。如《黄帝内经》中记载的"肾病勿食盐""怒伤肝、喜伤心"等说明了疾病与饮食调节、精神因素的关系；东汉末年名医张仲景首创了人工呼吸和舌下给药法；唐代医药学家孙思邈所著的《备急千金要方》中"凡衣服、巾、杆、枕、镜不宜与人同之"，宣传了预防传染病的隔离知识。

2. 我国近代护理　我国近代护理事业始于鸦片战争前后，随西方列强的侵略和基督教的传入逐步发展起来的。

1884年，曾在南丁格尔护士学校受过教育的美国护士伊丽莎白·麦克奇妮（Elisabeth M Mckechine）（图1-7），在上海妇孺医院开展护理工作并开设护士训练班（历史上称之为"中国近代护理先驱"，是美国护士来华第一人）。

1888年，美国人约翰逊（Johnson）在福州一所医院里开办了我国第一所护士学校。

1900年，八国联军入侵后，各国派来的传教士、医生和护士纷纷以教会名义开办医院，就地办学校或训练班培养护士。北京、福州、南京、广州等城市均设有护校，为中国培养了最早的护理人员。那时医院的护理领导和护校校长、教师等多由外国人担任，护士教材、护理技术操作规程、护士的培训方法等都承袭西方的观点和习惯，形成欧美式的中国护理专业。

1909年，我国最早成立的护士组织——中国看护组织联合会，在江西牯岭成立。1920年，中国第一所大学本科水平的护校在北京协和医院内成立，为我国培养了一批高水平的护理人才。

图1-7　伊丽莎白·麦克奇妮

1922年，国际护士协会正式接纳中国护士会为第一个会员国。

1931年，革命战争期间，医疗和护理工作在中国共产党领导的革命根据地得到了党中央的重视和关怀。傅连暲医生在汀洲开办了红军自己的第一所护校。

1932年，当时的南京国民党政府在南京成立中央护士学校，学制3~4年，是我国第一所公立的护校。1934年，当时的南京国民政府正式将护理教育纳入国家的教育体系。

1949年，全国共有护士学校180多所，培养护士3万多名，但护士的数量远远不能满足卫生事业发展和人民健康的需要。

中华护理学简介

图1-8　中华护理学会会徽

中华护理学会，原名中国护士会，会徽（图1-8），于1909年8月在江西牯岭成立。曾先后更名为中华护士会、中华护士学会、中国护士学会，1964年更现名至今。会址亦经上海、汉口、北京、南京、重庆等多处变迁，1952年定址北京。至1999年年底，会员总数为三十三万余人。自1914年以来，共召开全国会员代表大会二十三次。现设工作委员会七个，专业委员会十三个，专业学术组三个。学会的主要工作包括：开展国内外学术交流和科学考察活动；编辑出版护理学术期刊和其他学术资料，向人民群众普及护理科学知识；开展对护士的继续教育工作；对国家重要的护理科技政策发挥咨询作用；对护理科研项目和成果进行论证、鉴定和推广；反映会员的建议和呼声，维护护士的合法权益等。

3. 我国现代护理的发展过程与现状　新中国成立后，特别是改革开放以来，我国护理

事业发展迅速，取得了显著成绩。护理事业随着医药卫生事业的发展得到了迅速发展。护理专业队伍不断壮大，护理服务范围日益增加，护理人员素质和护理服务质量不断提高。同时，新的护理模式和观念正影响护理专业的发展。

（1）护理教育体制日趋完善：1950 年召开的第一届全国卫生工作会议上，根据当时社会的需要，中等职业教育是作为培养护理人员的唯一途径；随着社会经济文化的发展，自 1983 年，我国开始培养本科水平的高级护理人才，尤其 1984 年我国恢复高等护理教育以来，高等护理教育迅速发展。截至 2005 年，开办护理专科教育的院校达到 250 多所，开办护理本科教育的院校达到 179 所，开办护理研究生教育的院校达到 45 所[1992 年经国务院学位委员会审定，批准北京医科大学（现北京大学医学部）护理系首次招收护理研究生]。另外，我国还广泛开展了多种形式的护理学继续教育，通过函授、电视广播、培训班等途径为广大在职护理人员提供了学习和提高的机会。护理教育从单一层次的中等护理教育逐步发展为中专、大专、本科、研究生教育等多层次护理教育体系，在高等护理学历教育迅速发展的同时，继续教育体系也不断地发展与完善。

（2）护理管理逐步规范：在 20 世纪五六十年代，我国医院的护理部的建制经历了多次撤销和恢复。1970 年，原卫生部发布了《关于加强护理工作的意见》，重新恢复医院的护理部。目前，全国护理行政管理已形成了国家卫生和计划生育委员会（简称卫计委）医疗与护理处、省市卫计委设有护理专职行政机构的管理网络。各级医院健全了相应的护理管理机制。1993 年 3 月，原卫生部公布了《中华人民共和国护理人员管理方法》，建立了全国护理人员职业考试及职业注册制度。1995 年 6 月，在全国举行首次护理人员执业考试，考试合格获护士执业证书，可从事护理工作，使我国护理人员执业管理走上了法制化轨道。目前，《护理人员管理条例》已列入立法计划，这将进一步完善护理人员执业的准入制度，明确护理人员的权利、义务、执业规则，保障护理人员的合法权益。

（3）护理学术研究水平不断提高和发展：全国各地护理学术机构的建立，均促进了护理学术研究工作的发展，目前，我国已正式出版《中华护理杂志》等十几种国家级护理专业学术期刊，地方护理学术期刊更是丰富。在护理期刊上发表的科研文章，数量和质量日益提高。此外，国内外的护理学术交流活动也十分活跃，在各级护理学会的组织下，我国的护理人员有机会在国内及国际护理人员学术会议上相互交流学习。

（4）护理工作日益得到重视，队伍得到大力发展：自 1950 年以来，临床护理工作一直是以护理疾病为中心，护理人员是医生的助手，护理技术操作常规亦围绕完成医疗任务而制定，护理人员处于从属地位。20 世纪 80 年代后，接触了国外有关护理的新理论，认识到人的健康或疾病还受社会、心理、生活方式、饮食习惯等诸多因素的影响，开始探讨以人为中心的整体护理模式，并付诸实施，实现了护理概念的转变，为我国的护理改革注入了新的活力。

护理人员队伍得到大力发展。根据我国卫计委发布的统计数据，目前护士总数已超过 300 万人，全国注册护士总数达到 286 万，每千人口注册护士数为 2.07。具有高等护理专业学历以上护理人员的比例显著增长，护理人员队伍的整体素质得到极大地提高。

考点提示：
我国现代护理的发展过程

（5）护理服务领域不断拓展，专业技术性逐步增强：现代护理工作的发展呈现出三方面显著特点：一是高新技术在医学领域的运用促进了护理专业技术水平的迅速提高，护理在器官移植、多脏器衰竭等危、重症患者的救治方面发挥着重要作用；二是现代医学模式和健康观念的转变对护理内涵的扩充产生着重要影响，树立以患者为中心的整体护理观念，以保障患者安全和诊疗效果为目标，满足患者身心健康需求已成为临床护理工作发展的方向；三是在社区卫生服务发展中，家庭护理、临终关怀、老年护理、日间病房等多样化的社区护理服务发展迅速。截至 2003 年年底，全国已有 95％的地级以上城市、52％的县级市开展了市区卫生服务工作。

（三）护理学发展展望

1. 国际护理发展展望

（1）护士是卫生保健工作的主要力量：护理人员已经开始走出医院，面向社会，关注每个人和人群的健康状况，围绕健康的生理、心理、社会三方面开展工作，为社区老人、妇女、儿童、慢性病患者等重点人群提供诸如中老年人保健、妇幼保健、青少年保健、慢性病护理、职业病防治、疾病普查、心理咨询等健康保健服务，并开放家庭病床、满足院外患者的基本治疗和护理需求；开展社会卫生服务。护理工作在医疗保健方面日益显示其特有的作用。

（2）护士将是健康教育的主要力量：健康教育是通过有计划、有组织、有系统的教育活动，促进人们自觉地采用利于健康的行为，消除或降低危险因素，降低发病率、伤残率和死亡率，提高生活质量，并对教育效果做出评价。其目的是减少或消除影响健康的危险因素，预防疾病，促进健康，提高生活质量。全民健康，健康教育先行。在国外，近几十年来健康教育被认为是卫生保健不可或缺的一个方面而受到高度重视，并得到很大发展，不少国家成立了专门的健康教育机构。许多发达国家都把健康教育作为护士的一项基本职业要求。美国要求注册护士把为患者提供必要的医疗知识、指导其促进康复作为主要工作任务之一；英国把培养护士健康教育技能作为继续教育的主要内容；日本更重视把患者对保健服务的满意率作为评价护理质量的标准。健康教育在我国传播和应用的历史并不长，目前护理专业开展健康教育主要是在医院，少量在社区，随着社区卫生服务的不断壮大，护士在健康教育中将发挥更重要的作用。

（3）护士将成为医生和其他保健人员平等的合作者：现代护理已不再是一项附属于医疗的技术性职业，护理专业成为健康服务系统的一个独立的分支，平行于医疗专业及其他健康服务专业。因而，护士成为健康服务系统中的重要一员，成为医生的合作伙伴，健康服务的参与者。在为服务对象提供健康服务时，具有一定的相对独立性。因此，护士是医生和其他保健人员平等的合作者。

（4）护理人员将为危重患者提供高质量、高技术的护理：随着现代化科学技术应用于医学和护理，促使医学及护理学向微细、快速、精细和高效能发展，促进临床护理向现代化方向发展。护理岗位的知识技术含量大大增加，如各种电子监护仪的使用、ICU的发展，使临床病情观察和危重病人的监护技术向微细、精确的方向发展，从而使护理工作能及时准确地为疾病的诊断、治疗提供依据。为危重患者提供高质量、高技术护理仍是护士的重要任务。

（5）高素质护理人才的培养，适应时代的发展：随着科学技术的发展，越来越多的新理论、新知识、新技术运用到了护理领域，大大丰富了护理学的内容，加速了护理事业的发展。时代要求护理人员无论在知识上、技术上还是个人修养上都具有更高的素质。高素质护理人才应具备的条件：处理复杂临床问题的能力；健康指导能力；与人有效合作的能力；文明举止、与人沟通的能力；独立分析和解决问题的能力；评判性思维能力；获得信息和自学的能力；一定的科研能力。

（6）护理管理者掌握多学科知识，注重各种能力培养：护理管理的科学化程度越来越高，护理的标准化管理将逐步取代经验管理。要求现代护理管理者应具有更高的文化层次。知识构架应包括护理管理学、行为科学、电子计算机理论、系统论、信息论等。管理所涉及的有关知识，如医学、社会科学、政治经济学、卫生经济学、心理学、伦理学等。人文科学如文学、美学、外文、环境科学等，尤其是人文科学及新兴的交叉学科已成为现代管理者必不可少的条件。护理管理者主要的能力，要求有组织能力、决策能力、判断能力、分析能力、指挥能力、协调能力、创新能力等。

（7）护理科研专业化发展：科研是保证知识更新及发展的手段，只有不断地更新及发展才能保证专业的生命力。现代护理向着四个研究方向发展：从单纯医院内临床护理研究向医院外社区护理方向的研究发展；从单纯的疾病观察及护理的研究向预防保健方向的研究发展；从单纯生理、病理角度护理的研究向心理治疗及康复护理的研究发展；从单纯疾病和病人护理向对病人整体和健康人护理的研究发展。

2. 我国护理发展展望　根据中国护理事业发展规划纲要（2005—2010年），我国护理事业发展的趋势与目标主要体现在以下方面。

（1）保证护士队伍素质，维护护士合法权益：颁布实施《护士管理条例》，依法加强护士的准入管理，明确护士的权益和执业规则，明确各级卫生行政部门、医疗机构在护士管理方面的责任。

（2）增加护理人员总量，调整结构，实现护士人力资源的合理配置：加强对护士人力配置的研究和应用，护士人力资源管理遵循以人为本、结构合理、动态调整原则。优化护士结构，提高护士队伍整体素质。

（3）建立和发展专科护士队伍：根据临床需要，有计划培养专科护理人才，在重症监护、急诊急救、器官移植、肿瘤化疗、糖尿病护理等专科护理领域开展专科护士培训，培养一批临床专业化护理骨干，提高护士队伍专业技术水平。

（4）加强护理管理人员能力的培养：建立并实施护理管理人员的岗位培训制度，开展对护理管理人员的规范化培训，尽快培养一支既精通护理业务又具备科学管理知识、能力的护理管理队伍。逐步建立和实施各级医院护理管理人员的任职标准，明确职责，加强护理管理队伍建设。

（5）加强护理质量管理，提高医院临床护理服务质量：遵循以患者为中心的原则，建立医院内部护理质量管理与外部护理质量评价相结合的工作机制，完善护理工作标准、技术规范，建立医院护理质量评价标准，开展对医院的护理质量评价工作。

（6）发展社区护理，拓展护理在社区卫生工作中的服务功能：在社区卫生服务中，大力发挥护理服务的作用和功能，提供符合社区人群的健康服务需要的多样化护理服务。到2010年，在城市社区卫生服务机构中从事护理工作的护士达到每万人口3~4名。

（7）推进护理教育的改革与发展：进一步调整护理教育的层次结构。到2010年，各层次护理教育的招生数量比例达到中专占50%、大专占30%、本科及以上占20%的结构目标。加快护理教育的教学改革，突出护理专业特点。

考点提示：
国际及国内护理发展展望

（8）发展中医护理：以提高中医护理技术，发挥中医护理特色和优势为主线，注重中医药技术在护理工作中的作用。

（9）加强护理领域的国际化交流与合作：提高我国护理的国际地位。

第2节　护理学的性质与任务

一、护理学的性质

考点提示：
护理学性质

护理学以基础医学、临床医学、预防医学、康复医学以及与护理相关的社会、人文科学理论为基础，为人们生老病死这一生命现象的全过程提供全方面的、系统的、整体的服务。随着社会的进步，科学技术的迅猛发展、人民生活水平的提高以及对健康需求的增加，护理学也由简单的医学辅助学科逐渐发展成为健康科学中的独立学科，护理学成为生命科学中综合自然、社会及人文科学的一门应用性学科。

二、护理学的任务

(一) 我国医药卫生护理事业的基本任务

我国医药卫生护理事业的基本任务是保护人民健康,防止重大疾病、有计划的生育、提高人口健康素质,解决经济、社会发展和人民生活中迫切需要解决的卫生保健问题,以保证经济和社会的顺利发展。为完成这一任务,护士不仅要在医院为病人提供护理服务,还需要将护理服务扩展到家庭和社区,为健康人群提供保健。

(二) 护理学的基本任务

随着护理学科的发展,护理学的任务发生了深刻变化。1978年,WHO指出:"护士作为护理的专业工作者,其唯一的任务就是帮助患者恢复健康,帮助健康的人促进健康"。WHO护理专家会议提出了在健康与疾病的五个阶段中应提供的健康护理。

1. 健康维持阶段　帮助个体尽可能达到并维持最佳健康状态。
2. 疾病易感阶段　保护个体,预防疾病的发生。
3. 早期检查阶段　尽早识别处于疾病早期的个体,尽快诊断和治疗,避免和减轻痛苦。
4. 临床疾病阶段　帮助处于疾病中的个体解除痛苦和战胜疾病。对于濒死者则给予必要的安慰和支持。
5. 疾病恢复阶段　帮助个体从疾病中康复,减少残疾的发生,或帮助残疾者使其部分器官的功能得以充分发挥作用,把残疾损害降到最低限度,达到应有的健康水平。

(三) 护士帮助人群解决以下四个与健康有关的问题:

1. 减轻痛苦　减轻个体和人群的痛苦是护士所从事护理工作的基本职责和任务。
2. 维持健康　在维持健康的护理活动中,护士通过一系列护理活动帮助服务对象维持他们的健康状态。如教育和鼓励患慢性病而长期卧床的老年病人做一些力所能及的活动,来维持机体的强度和活动度,以增强自理及自护的能力。
3. 恢复健康　恢复健康是帮助人们在患病后或有影响健康的问题后,改善其健康状况。如协助残障者参与他们力所能及的活动,使他们从活动中得到锻炼和自信,以利他们恢复健康。
4. 促进健康　促进健康是帮助人群获取在维持或增进健康时个体所需要的知识及资源。促进健康的目标是帮助人们维持最佳健康水平或健康状态。护士可以通过健康教育,使人们理解和懂得参加适当的运动有益于增进健康。

考点提示:
护理学任务

第3节　护理学的范畴

护理学的范畴涉及自然、社会、文化、教育和心理等,且随着护理实践的不断深入而逐渐发展,它包含理论与实践两大体系。

一、护理学的理论范畴

(一) 护理学的研究对象、任务、目标和发展方向

护理学的研究对象、任务、目标是护理学建设的基础,随着护理学的发展而不断变化,如护理学的研究对象从单纯的研究生物人向研究整体的人、社会的人转化。但在一定的历史条件下具有相对的稳定性。

(二) 护理专业知识体系与理论架构

自20世纪60年代后,护理界开始致力于发展护理理论与概念模式,并获得相当成效。如奥瑞姆的自理模式、罗伊的适应模式、纽曼的保健系统模式等。护理人员也越来越能够通

过研究改善业务、发展和验证理论。

（三）护理学与社会发展的关系

研究护理学在社会中的作用、地位和价值，研究社会对护理学的影响，社会发展对护理学的要求等。如老年人口的增多、慢性患者的增加等，使社区护理迅速发展，健康教育和与他人合作也成为护士的基本技能要求。

（四）护理交叉学科和分支学科

随着现代科学的高度分化和广泛综合，护理学与自然科学、社会科学、人文科学等多学科相互渗透，在理论上相互促进，在方法上相互启迪，在技术上相互借用，形成许多新的综合型、边缘型的交叉学科和分支学科。如护理心理学、护理教育学、护理管理学、护理理论学、护理美学及老年护理学、社区护理学、急救护理学等，从而在更大范围内促进了护理学的发展。

二、护理学的实践范畴

（一）临床护理

临床护理（clinical nursing）的对象是患者，其内容包括基础护理和专科护理。

1. 基础护理　以护理学的基本理论、基本知识和基本技能为基础，结合患者生理、心理特点和治疗康复的要求，满足患者的基本需要。如膳食护理、病情观察、排泄护理、临终关怀等基本护理技能操作。

2. 专科护理　以护理学及相关学科理论为基础，结合临床各专科患者的特点及诊疗要求，为患者进行身心整体护理。如各专科患者的护理、急救护理、康复护理等专科护理技能操作。

（二）社区护理

社区护理（community nursing）的对象是一定范围的居民和社会群体。以临床护理的理论知识和技能为基础，以整体观为指导，结合社区的特点，通过健康促进、健康维护、健康教育、管理协调和连续性照顾，直接对社区内个体、家庭和群体进行护理，以改变人们对健康的态度，帮助人们实践健康的生活方式，最大限度地发挥机体的潜能，促进全民健康水平的提高。

> **考点提示：**
> 护理学的
> 实践范畴

（三）护理教育

护理教育（nursing education）即以护理学和教育学理论为基础，贯彻教育方针和卫生工作方针，培养护理人才，适应医疗卫生服务和医学科学技术发展的需要。护理教育一般分为基本护理教育、毕业后护理教育和继续护理教育三大类。基本护理教育包括中专教育、大专教育和本科教育；毕业后护理教育包括岗位培训、研究生教育；继续护理教育是对从事实际工作的护理人员，提供以学习新理论、新知识、新技术、新方法为目的的终身性在职教育。

（四）护理管理

护理管理（nursing management）即运用管理学的理论和方法，对护理工作的诸要素——人、物、时间、信息进行科学的计划、组织、指挥、协调和控制，以提高护理工作的效率和效果，提高护理质量。

（五）护理科研

护理研究（nursing research）即运用观察、科学实验、调查分析等方法揭示护理学的内在规律，促进护理理论、知识、技能的更新。

随着科学技术的进步和护理科研工作的开展，护理学的内容和范畴将不断丰富完善。

第4节 护理哲理

一、护理哲理的概念

护理是助人的专业,护理人员通过运用知识与技能帮助患病的人或健康的人恢复或保持健康,这是全世界护理工作者的共同信念。但是,护理人员用什么样的方法、通过什么途径帮助人,以及为什么这样做,不同历史时期、不同国家及不同地域的护理工作者的看法却不尽相同。

(一)护理哲理的概念

护理哲理是护理人员对专业的信念、理想和价值观,是指导护理人员如何认识问题、对不同事件下不同判断及决定将采取何种行动时的重要依据,它将表现在护理行为上。例如:如果护理人员认为护患双方都是独立自主和平等的,双方是相互依赖的,她就会对护理对象提出的不同(甚至相反)的意见和要求进行认真的考虑,在与患者沟通时,采取协商的谈话方式,而不会使用拒绝或命令式的语言。护理人员的护理哲理是影响个人在护理专业方面发展的主要因素。

(二)护理哲理的意义

任何一个专业均有其特定的哲理作为发展的主要原动力,护理专业也不例外。护理哲理能协助护理专业团体运用其自由度与自主性,认识本专业所具有的权力,思考护理的本质、科学基础、价值体系等有关问题,以形成护理专业的哲理。研究、探讨护理专业的哲理,可以达到以下目的。

1. 提出护理专业的信念体系,使从事护理专业的个人有机会运用理解力和价值判断,增加对护理专业的正确认识。

2. 引导护理专业在护理教育、护理科研、护理管理等方面沿着更符合伦理的目标发展。

3. 指导护理专业基础理论的发展。研究哲理对个人及社会都可获得最大利益,因为当人们增加对真理的认识与理解时,社会也会随着进步。学习哲理的一般概念,可将此概念运用于护理工作中,建立起对专业正确的信念与价值观,从而指导行动。

二、护理哲理的发展过程

护理学是不断发展变化着,护理学者贝维斯(Bevis)在"Curriculum Building in Nursing- a Process"(1982)一书中认为,在历史上构成护理价值体系即护理哲理的要素很多,依年代顺序,其发展主要分为以下四个阶段。

(一)禁欲主义阶段

在护理专业的创始人南丁格尔时期,即1850—1920年,是禁欲主义的年代。禁欲主义受基督教的影响,奉行理想主义的柏拉图式的信念,他们认为每个人都是最高的理想境界,只有精神升华才是人生的最大需求与目标。

禁欲主义强调自我控制和自我否定,就像基督教徒一样,为了拯救世人,可以舍去舒适与享受,甚至甘愿牺牲自我生命,以求达到宗教上的理想境界。受这种信念的影响,从事护理工作的人士,远离了家庭与幸福,或持独身主义为护理事业而奉献;在这一阶段,护理人员有了"像蜡烛一样,燃烧别人,照亮别人"的护理哲理。

南丁格尔正是生长在这个时代。从她的传记中,我们看到她"听到上帝的召唤;要做有益于人类的事"。她挣扎在婚姻与护理事业的抉择中,最后放弃了婚姻。这种哲理强调护理人员本身在精神、心灵上的发展，因此，当时的护理教育很少正式授课，多在患者床旁，以照顾患者的实际活动内容来训练护理人员。

（二）浪漫主义阶段

浪漫主义大约始于18世纪后期到19世纪。受当时文艺复兴的影响，通过艺术、文学、音乐、写作等，将浪漫的色彩注入人们的实际生活中，兴起了崇尚自由、追求美的风气。

禁欲主义的自我否定的哲理，违反了人性追求幸福、愉快的本质。在浪漫主义哲理下，护理人员被美誉为"白衣天使"，南丁格尔成了手持明灯的美丽天使化身。人们认为，护理工作就应该像女性的本质一样，温柔、美丽、有依赖性，不需要有自主权和自我肯定的独立性做法，必须依赖权威，而权威就是医生及医院的主管。浪漫主义的哲理强调护理是一种需要依赖、听命于权威、具有女性特征的行业，故护理人员应是医生的好助手，温驯服从，一切要"严格执行医嘱"。其结果，造成了护理人员渐渐失去了自己的专业方向，阻碍了护理专业的发展。在浪漫主义哲理指导下，护理专业教育的课程设置和医学专业大同小异，护理专业的学生与医学生所学的课程模式相近，专业课程分为内、外、妇、儿等学科，附加护理的内容。这样教育的结果，护理人员可以配合并能承担部分医生的工作，却没有表现护理专业范畴及护理功能的特点。

（三）实用主义阶段

实用主义护理哲理的兴起是在第二次世界大战之际。由于战争的需要，有大批伤员需要救护，医生到前线，护理人员短缺，依赖医生的情况有了转变。护理人员开始感觉到不能完全依赖医生，自己也需要承担起责任来，于是实用主义逐渐为护理哲理的主流。

在实用主义的护理哲理指导下，护理界做出了一个大胆的尝试，即将一部分护理人员组成一个组，专门配合医生的需要，医院按疾病种类分别收治患者，护理组则是"某疾病"的护理，形成了"功能制护理"和"小组护理"的工作方式。这种护理方式强调的是工作的分工和效率，注意的是"疾病"而不是"人"，对于患者及其家属的需要亦未给予注意。

> **考点提示：**
> 护理哲理的发展过程

实用主义的护理哲理，促进护理人员重新审视以医疗为导向的护理结果，使护理人员不再以医生或医疗机构为主要的考虑因素，转而把护理对象的护理结果列为优先，使护理哲理发生了改变。

（四）具有人文色彩的存在主义

人文主义是欧洲文艺复兴时期的主要思潮，提倡学术研究，主张思想自由和个性解放，认为人是世界的中心。人文主义强调人的价值和重要性，关心人的思想、生存及人的生活质量。其特点是将对人的照护放在最优先、最重要的位置来考虑。

存在主义思潮于第二次世界大战后在美国风行起来，主张以人作为一切社会活动的出发点，把人放在第一位。存在主义属于一种整体哲学。强调一个人身体的任何一部分都不能代表人的整体，人是一个完整的人。每个人都有自己的思想，有自己选择的能力，一旦做出选择，必须对其行为结果负责。

当具有人文色彩的存在主义成为护理专业的哲理后，护理人员在护理患者的过程中不只听命于医生的医嘱，而是运用自己的智慧、学识与技巧，以患者为中心，独立思考，做出护理决策，并且能对自己的行为结果负责。在这种哲学观指导下，"人"作为一切护理活动的中心，患者不再是一个疾病的诊断或一个床号，而是应该被尊重和关爱。这时，护理人员成为患者的"代言人"，并负有保护患者权益的义务。

第5节 护理工作方式

患者男性，28岁。因车祸至全身多发性损伤入院，行脾切除术及股骨干骨折切开复位内固定术。术后患者未清醒，生命体征极为不稳定。护士长安排护士小王对该患者进行24小时监护。

问题：
1. 护士小王应该采用什么护理工作方式？
2. 护理工作方式有几种？它们各自的特点有哪些？

为满足患者的护理需要，提供高质量和高效率的护理服务，在临床中常根据患者的病情、护理人员的数量和工作能力，以及护理服务的地点及场合不同，选择适合本地区、本医院的护理工作方式。目前，临床上常用的护理工作方式有五种，现分述如下。

一、功能制护理

功能制护理（functional nursing）工作方式始于20世纪30年代初，是一种以疾病为中心的护理模式，以完成各项医嘱和常规的基础护理为主要工作内容，将日常工作任务依工作性质机械地分配给护理人员，护理人员被分为"治疗护理人员""生活护理人员""巡回护理人员"等班次来完成护理服务。

功能制护理以完成医嘱和执行常规为主要工作内容，以工作内容为中心分配工作，分工明确，流水作业，易用管理，节省人力。但这种工作方式使护理人员与患者交流减少，较少考虑患者的心理及社会需求，护理人员不能全面掌握患者情况。

二、个案护理

个案护理（case nursing）始于20世纪80年代末，西方一些国家为控制患者的医疗护理费用，采取缩短住院时间，将恢复期患者转向社区等健康服务机构。在患者住院期间一位护理人员护理一位患者，即由专人负责实施个体化护理。此工作方式责任明确，护理人员能掌握患者全面情况，并建立良好的护患关系，同时也充分发挥了护士的个人才能，常用于抢救患者及特殊患者等。

此工作方式对护士要求较高，护士需要接受培训，护士难以实现对患者的连续性护理，耗费人力。

三、小组护理

小组护理（team nursing）始于20世纪50年代，即以分组护理的方式对患者进行整体护理。护理人员分为小组进行护理活动，一般每个护理组分管10~15位患者。小组成员由不同级别的护理人员构成，各司其职，在小组长的计划与指导下提供护理服务，进行护理绩效评估。

此工作方式是分组分管患者，各级护理人员各负其责，病房护理小组的成员可以同心协力，有较好的工作气氛，护理工作有计划、有步骤地进行。但由于每个护理人员没有确定的护理对象，会影响护理人员的责任心；整个小组的护理工作质量受到小组长的能力、水平和经验的影响较大；也可能因对患者护理过程的不连续以及护理人员交替过程中的脱节，而致影响护理质量。

四、责任制护理

责任制护理（primary nursing）20 世纪 50 年代初期由赫尔（Lydia Hall）提出，后期在美国明尼苏达大学医院试行，到 20 世纪 70 年代后期，美国条件较好的医院采取责任制护理。我国于 20 世纪 80 年代在一些大医院开始试行。责任制护理即护理工作由责任护理人员和辅助护理人员按护理程序的工作方法对患者进行全面、系统和连续的整体护理，要求责任护理人员从患者入院到出院均实行 8 小时在班、24 小时负责。由责任护理人员评估患者情况、制定护理计划、实施护理措施及评价护理效果，辅助护理人员按责任护理人员的计划实施护理。责任制护理从以疾病为中心的护理转向了以患者为中心的护理，按照护理程序的工作方法对患者实施整体护理。使护理人员增强了责任感和"我是护理人员"的归属感，护患关系更加密切了。但人员需要多，要求对患者 24 小时负责难以做到。

五、综合护理

综合护理（modular nursing）是一种通过最有效地利用人力资源、最恰当地选择并综合应用上述几种工作方式，为服务对象提供高效率、高质量、低消耗的护理服务方式。它是针对 20 世纪 70 年代兴起的责任制护理存在要求合格护理人员的数量较多和经费开支较大的特点而改进的一种新的护理方式。这种护理方式在 20 世纪 90 年代传进我国，在美国护理专家的帮助下形成了系统化整体护理的新方式。系统化整体是以患者为中心、以现代护理观为指导、以护理程序为基本框架，并把护理程序应用于护理业务与管理的方法。

> **考点提示：**
> 护理工作方式

各医疗机构可根据机构的特点和资源配备情况，选择符合自身的护理工作方法和流程，最终目标是促进患者康复，维持其最佳健康状态；根据患者需要，加强对护理人员的培训；要求明确不同层次人员与机构的职责与角色；既考虑了成本效益，又为护理人员的个人发展提供了空间和机会。

以上各种护理工作方式是有继承性的，新的工作方式总是在原有工作方式基础上的改进和提高。每一种护理方式在护理学的发展历程中都起着重要作用。

第 6 节　护士基本素质

一、素质的概念

"素质"（quality）是指人在先天的基础上，受后天环境、教育的影响，通过个体自身的认识和社会实践，形成的比较稳定的基本品质。素质原本是心理学上的一个专门术语，指人的一种较稳定的心理特征，可从先天和后天两方面进行解释。先天自然性一面是指人的机体与生俱来的某些特点和原有基础，即机体天生的结构形态、感知器官和神经系统，特别是大脑结构和功能上的一系列特点；后天社会性一面是指通过不断的培养、教育、自我修养、自我磨炼而获得的一系列知识技能、行为习惯、文化涵养、品质特点的综合。

素质不仅是人的一种心理特征，也是人所特有的一种实力，拥有这种实力的人能成功地应付社会的各种需求，可在不断变化的环境中做出有价值的创新和自我价值的实现。

二、护士素质的基本内容

提高护士的素质，有利于护理学科的发展和护理质量的提高，有利于护理人才的培养和医院的整体发展。素质主要包括生理素质、心理素质、知识素质、能力素质和思想政治素质等。

（一）思想素质

思想素质是做好护理工作的前提和基础。护理是健康所系、性命相托的职业，所以从事护理工作的人，首先要有良好的职业思想和职业行为，要把自己的毕生精力投入到护理工作之中，以自己的热情和决心，促进和恢复健康为己任。

1. 热爱护理事业，具有为人类健康服务的奉献精神。
2. 具有正确的人生观和价值观，严格遵守护理道德规范。
3. 具有高度的责任心、同情心和爱心。
4. 具有诚实的品质、较高的慎独修养和高尚的情操。
5. 具有较好的人际沟通能力及适应能力。
6. 以服务对象的利益为重，尊重患者，宽容豁达，善于理解，慎言守密。
7. 具有严谨细微、主动勤快、果断敏捷、求真务实的工作作风。
8. 具有医疗安全意识。

（二）专业素质

专业素质包括理论和能力两方面。

1. 具有一定的文化素养和必要的自然科学和人文科学知识。
2. 具有较全面的医学基础知识和系统的护理专业理论知识。
3. 具体规范、熟练的护理操作技能。
4. 具有分析和解决临床常见的护理问题的综合能力，运用护理程序的基本工作方法，实施整体护理。
5. 具有敏锐的观察能力和应变能力。能对急、危、重患者进行应急处理和抢救配合。
6. 具有开展护理教育和护理科研的基本知识，勇于钻研业务技术，不断创新。
7. 具有一定的护理管理能力、信息收集处理和资源利用的能力。
8. 具有初步对公共卫生突发事件处理的能力。
9. 能够进行健康教育和卫生保健指导。
10. 具有一定的英语应用能力和较熟练的计算机基本操作能力。

（三）心理、身体素质

良好的心理、身体素质是做好护理工作的保障。面对急危重患者的时候，要求有冷静的头脑、清晰的思维和急而不乱的抢救能力。当需要连续工作的时候，要求有很好的身体素质，才能保证护理工作顺利进行。

1. 具有健康的心理，乐观、开朗的性格，宽容豁达的胸怀，强烈的进取意识。
2. 具有健壮的体魄、健美的体形、充沛的精力和规范的言行举止。
3. 具有稳定的情绪、良好的忍耐力和自我控制能力。
4. 具有忙而不乱、急而不慌、简而不烦的稳定的心理素质。
5. 具有良好的人际关系和团队精神，同事间相互尊重，团结协作。

良好的护士素质是从事护理工作的基本条件，但良好素质的形成不是一朝一夕就能完成的，它需要每一位护理工作者不断学习、加强修养、自我完善，并在学习和工作实践中锻炼自己，使自己能更好地服务于社会。

考点提示：
护士素质的基本内容程

护理人员的理想特质

1961年,珍妮·霍利迪(Jane Holliday)从患者的角度,提出15项专业护理人员的理想特质:

1. 当她照顾我时,会让我有一种亲切、和善的感觉。
2. 她能真正了解照护患者工作,且是一位受过优良训练的护理人员。
3. 她是一位能够为患者设身处地,试着去了解我的感觉的护理人员。
4. 她能细心观察在我尚未感到不舒服前,已经知道如何让我舒适。
5. 我希望除了关心我的病情以外,她也能倾听我其他与健康有关的陈述。
6. 我希望她与我的医疗团队包括医师及病房其他同事合作愉快。
7. 她有足够的能力承担应负的护理及治疗工作。
8. 我希望她除护理照护工作外,亦是能享受生活乐趣的人。
9. 当她做治疗时,也能让我充分被告知及了解此项治疗的原因和方法。
10. 当我最需要她时,她总是适时出现,给我信心与支持。
11. 她经常保持自我整齐及清洁。
12. 她准时将我的药送来并协助我服下。
13. 她有良好的医学教育背景,除医院常规外还知道其他事务。
14. 有时她会表达为我感到难过。
15. 她是位侃侃而谈的人。

成为一名患者满意、同行认同的合格护士,应按照护理人员的理想特质规范塑造自己。

目 标 检 测

单项选择题

1. 早期护理工作的雏形始于( )
   - A. 原始社会
   - B. 奴隶社会
   - C. 中世纪
   - D. 文艺复兴
   - E. 近代

2. 近代护理学的形成开始于( )
   - A. 15世纪中叶
   - B. 16世纪中叶
   - C. 7世纪中叶
   - D. 18世纪中叶
   - E. 19世纪中叶

3. 南丁格尔著有( )
   - A. 《护理》杂志
   - B. 《中华护理》杂志
   - C. 《医院札记》
   - D. 《护理研究》杂志
   - E. 《护士进修杂志》

4. 以病人为中心的护理特点是( )
   - A. 护患是合作伙伴
   - B. 医护是合作伙伴
   - C. 医患是合作伙伴
   - D. 护士具有诊断和处理病人健康问题的能力
   - E. 系统化的贯彻"护理程序"

5. 护理学形成过程中经历的第二个阶段是( )
   - A. 疾病为中心
   - B. 病人为中心
   - C. 以健康为中心
   - D. 以保健为中心
   - E. 以预防为中心

6. 全国举行首次护理人员执业考试是在( )
   - A. 1993年
   - B. 1983年
   - C. 1994年
   - D. 1995年
   - E. 1996年

7. 现代护理已经发展成为医疗的技术性职业,护士成为健康服务系统中的重要一员。下列哪种说法不正确( )
   - A. 从属地位
   - B. 医生的伙伴
   - C. 健康服务的参与者
   - D. 独立性
   - E. 平等

8. 护士所从事护理工作的基本职责和任务是( )
   - A. 减轻痛苦
   - B. 维持健康
   - C. 恢复健康
   - D. 促进健康
   - E. 提供治疗

9. 关于责任制护理描述下列错误的是（　　）
   A. 护士的责任明确
   B. 能全面了解病人情况
   C. 对病人24小时负责难以实现
   D. 文字记录书写任务较重
   E. 节省人力
10. 护理人员愿意自我牺牲，放弃生活上之享受，只求达到宗教上的理想境界，是受下列何种哲理的影响？（　　）
    A. 禁欲主义　　　　B. 浪漫主义
    C. 实用主义　　　　D. 存在主义
    E. 以上都不是

小刘是ICU护士，从毕业工作3年来，基本上是一个人护理某个患者，患者需要的全部护理由她全部负责，实施个体化护理。
（11~12题共用题干）
11. 在ICU常运用的护理方式是（　　）
    A. 个案护理　　　　B. 功能制护理
    C. 责任制护理　　　D. 小组护理
    E. 临床路径
12. 对ICU的重症患者护理以下错误的是（　　）
    A. 一对一24小时特级护理
    B. 备齐各种急救设施和药品
    C. 制订并执行护理计划
    D. 正确及时做好各项治疗
    E. 半小时巡视患者一次

是非题
1. 人类早期的护理是以家庭护理为主。（　　）
2. 在克里米亚短短半年的时间，在精心护理下士兵的死亡率从50%下降到20%。士兵们称她为"提灯女神"。（　　）
3. 1880年，南丁格尔在英国圣.托巴斯医院创办了世界上第一所护士学校。（　　）
4. 1860年，南丁格尔创办了世界上第一所护士学校。（　　）
5. 现代护理已经发展成为医疗的技术性职业，护士成为健康服务系统中的重要一员，成为医生的伙伴，健康服务的参与者。（　　）
6. 以患者为中心的护理阶段，护理从"以疾病为中心"转向"以患者为中心"。（　　）
7. 以人的健康为中心的护理阶段，护理人员的工作是使用科学解决问题的方法，即系统化的贯彻"护理程序"。（　　）
8. 我国最早成立的护士组织——中国看护组织联合会，在江西牯岭成立。（　　）
9. 1995年6月，在全国举行首次护理人员执业考试，考试合格获护士执业证书可从事护理工作，使我国护理人员执业管理走上了法制化轨道。（　　）
10. 护理学的范畴包含理论与实践两大体系。（　　）
11. 护理哲理是护理人员对专业的信念、理想和价值观。（　　）
12. 在浪漫主义哲理下，护理人员被美誉为"白衣天使"。（　　）

（谭淑娟）

第 2 章 护理学的基本概念

学习目标

1. 掌握人是一个统一的整体的含义。
2. 掌握人的基本需求,了解人的成长与发展。
3. 理解健康的概念和影响健康的因素,阐述健康和疾病的关系。
4. 了解疾病的概念和疾病的影响因素。
5. 理解环境与健康的关系,了解人的内环境和外环境。
6. 理解护理的概念,了解护士在健康促进及健康保护中的作用。

第1节 人

案例2-1

患者女性,72岁。结肠癌。手术治疗后,病情好转,出院休养。女儿在家照护妈妈非常到位得体。邻居们都夸奖女儿孝敬,说老人有福气,但老人总是闷闷不乐,心事重重。

问题:
1. 老人为什么闷闷不乐?
2. 怎样才能改善她的现状?

一、人的概念

人是护理研究和服务的对象,是护理理论和实践的核心和基础,能够影响护理概念的发展,并决定护理工作的任务和性质。

(一)人是一个整体

人和动物一样是生物体,受生物规律影响。但人又不同于动物,因为人具有社会性,有意识、思维、情感、智慧、复杂的心理活动,能进行创造性劳动、在社会中生活。因此,人是一个包含了生理、心理、社会、精神、文化等方面的有机整体,任何一方面的失调都会影响到整体。将人作为一个有机的整体看待是现代护理的核心思想。所以,护理的对象是一个整体的人,而不是"疾病"。

(二)人是一个开放的系统

人类要生存和发展必须与外界进行物质、能量和信息的交换。因此,人不是孤立、封闭的,而是一个开放的系统。人作为一个整体,内部有许多子系统,如循环、呼吸、消化、神经等,各个系统之间不断地进行着各种交换,保持着内环境的稳定,才使之能适应外环境的不断变化。人的生理、心理、社会等方面相互作用,相互影响,其中任何一方面的功能变化均可在一定程度上引起其他方面功能的变化;人体各种功能的正常运转,又有力地促进人体整体功能的最大限度发挥,从而使人获得最佳的健康状态。强调人是个开放系统,在进行护理时若想维持机体的平衡,不能只关心机体各系统或器官功能的协调平衡,同时还应注意环境中的其他人、家庭、社区甚至更大的群体对机体的影响,只有这样才能使人的整体功能更好地发挥和运转。护理的作用就是帮助人适应环境,并创造一个有利于人类健康生存的良好环境。

(三)护理中人的范围

随着护理学科的发展,其专业的服务范畴与服务内容都在不断地深化和扩展,护理的服务对象也从单纯的患者扩大到了健康的人。由于人是家庭的组成部分,而家庭又是社会的组成部分,因此从这种意义上来看,护理中的人包括个人、家庭、社区和社会四个层面。护理的最终目标不仅是维持和促进个人高水平的健康,而且更重要的应是面向家庭、面向社区,最终提高整个人类社会的健康水平。

二、人的基本需要

案例2-2

患者男性,48岁。工程师,因职称晋升未如愿,2小时前突然出现胸闷、胸骨后剧痛,并向左肩背部放射,急诊入院。

问题:
1. 张某存在哪些基本需要未得到满足?
2. 这些需要在满足的过程中有没有先后顺序?
3. 哪些因素会影响到这些需要的满足?满足的方式有哪些?

人类为了生存和发展,必须满足一些基本的需要。当需要得不到满足,就会出现机体的失衡,从而影响人的健康。护士应充分认识护理对象需要的内容和特征,帮助其满足和维持基本需要,促进健康。

(一)需要的概念和特征

1. 需要(needs) 是人脑对生理与社会要求的反应。人的需要得到满足时,机体就会处于一种相对平衡的健康状态,反之则可导致机体失去平衡而产生疾病。

2. 需要的特征
(1)对象性:人的任何需要都是指向一定的对象的。对象可以是物质的,可以是精神的。
(2)发展性:需要是个体生存发展的必要条件。个体在不同的发展阶段,有不同的优势需要。
(3)无限性:需要不会因暂时的满足而终止。需要满足后又有新的需要产生。
(4)社会历史制约性:需要的产生和满足受环境条件和社会发展水平的制约。
(5)独特性:人类需要既有共性,也有个性。每个人的需要是不完全相同的,这就形成了需要的独特性。

(二)需要层次理论的内容

许多心理学家、哲学家都对需要进行了研究,并提出了不同的理论,其中最著名最常用的是美国心理学家马斯洛(Abraham Maslow)提出的需要层次理论(hierarchy of basic human needs theory),并且广泛应用在护理工作中。马斯洛提出人的基本需要按其重要性和发生的先后次序排列成五个层次,并用"金字塔"形状加以描述(图2-1)。

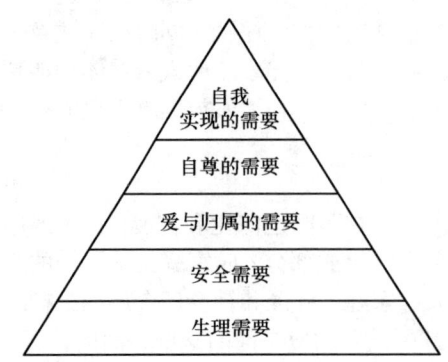

图 2-1 马斯洛的人类基本需要层次示意图

1. 生理需要（physiological needs） 是人类生存的最基本的需要，包括人对空气、水、食物、排泄、休息、睡眠等需要。生理需要是最低层次的需要，因此在其他需要还未得到满足之前，生理需要应首先得到满足。

2. 安全需要（safety needs） 生理需要一旦得到满足，安全需要显得更加强烈。安全需要包括生理安全与心理安全。生理安全需要就是个体需要处于一种生理上的安全状态，防止身体上的伤害，如行动不便者以拐杖扶行。心理安全需要是个体需要有一种心理上的安全感，避免恐惧、害怕、焦虑等，如良好的人际关系、生活稳定有保障等都可以满足心理安全的需要。

3. 爱与归属的需要（love and belongingness needs） 是个体需要去爱别人和被别人爱，希望被他人和集体接纳，以建立良好的人际关系。马斯洛发现：一个人潜在的生长和发展能力会因缺乏爱而受阻。

4. 自尊的需要（self-esteem needs） 自尊有双重含义：拥有自尊，视自己为一个有价值的人；被他人尊敬，得到他人的认同与重视。

5. 自我实现的需要（self-actualization needs） 是个体的潜能得到充分发挥，实现自己在工作及生活上的愿望，并能从中得到满足。它是最高层次的需要，当所有低层次的需要得到满足后才能达到此境界。

在马斯洛提出人的基本需要论几年后，理查德·凯利希（Richard Kalish）将这一理论加以修改，在生理和安全需要之间增加一个层次，即刺激的需要，包括性、活动、探险、操纵和好奇心等刺激的需要。

（三）需要层次理论的基本观点

1. 人类需要具有普遍性。
2. 生理需要是生存所必需的，必须得到满足。
3. 某些需要需立即和持续予以满足，而有些需要可以暂缓，但它们最终是需要得到满足的。
4. 需要的满足过程是逐级上升的，各层次的需要从低到高，一个层次的需要相对满足后就会向高一层次的需要发展，并逐渐明显。
5. 各层次需要之间相互影响、互相依赖、彼此重叠。在同一时期内，几种需要可同时存在，较高层次需要发展后，低层次需要并未消失，而是对人的行为影响降低。层次越高的需要，越难满足，满足的方式也有个体差异。
6. 不同层次需要的发展有个体差异，受个人愿望、教育程度、社会文化、经济条件等因素的影响。
7. 需要满足程度与健康成正比。

（四）影响需要满足的因素

人的基本需要满足的程度与健康状况密切相关，阻碍人的基本需要满足的因素。

1. 生理病理因素 如疾病、疲劳、疼痛、损伤、活动受限等。
2. 心理因素 如焦虑、恐惧、愤怒、兴奋或抑郁等。
3. 认知障碍和知识缺乏 如个人的认知水平较低时会影响有关信息的接受、理解和应用，缺乏知识和信息会影响人们正确地认识和识别自我需要以及选择满足的途径和手段。

4. 个人因素　如习惯、信仰、文化背景、价值观和生活经历等。

5. 环境因素　环境陌生、光线和温度不适宜、通风不良、噪声等都会影响需要的满足。如住在重症监护室的患者，会由于不适应病房的通宵照明、各种仪器的声音、治疗和操作的干扰等而无法很好的休息及睡眠。

6. 社会因素　缺乏有效的沟通技巧、社交能力差、人际关系紧张等。

（五）需要理论在护理工作中的应用

马斯洛的需要层次论已广泛地应用于护理工作的各个领域。它可以在以下几方面帮助护理人员。

1. 识别服务对象未满足的需要。护理人员对患者未满足的需要应提供帮助和解决。

2. 能更好地领悟和理解患者的言行并预测患者尚未表达的需要。如患者对各种检查治疗结果提出疑问，这是安全的需要；患者想家想孩子，这是爱与归属的需要；患者想知道疾病对工作学习的影响，这是自我实现的需要。

3. 系统评估患者的需要。按照需要的层次，识别护理问题轻重缓急，以便在制订护理计划时排列先后顺序。

（六）满足患者需要的方式

1. 直接满足患者的需要　对于完全无法自行满足基本需要的人，护理人员应采取措施满足其需要。如昏迷者、瘫痪者、新生儿等，需要护理人员提供全面的帮助。

2. 协助满足患者需要　对于只能部分自行满足基本需要的人，护理人员应鼓励患者完成力所能及的自理活动，帮助其发挥最大潜能，早日康复。如协助卧床患者进食、功能锻炼等。

3. 进行健康教育　对于基本能满足需要，但还存在某些因素影响需要得到满足的人，应通过卫生宣教、科学讲座、健康咨询等多种形式，为护理对象提供卫生保健知识，在消除影响需要得到满足的因素中，避免健康问题的发生和变化。如对孕产妇进行保健和育儿指导、协助糖尿病患者制定饮食计划等。

无论护理人员通过哪种方式满足护理对象的需要，其最终目的都是希望他们能独立满足自我需要。

考点提示：
需要的概念和特性，需要层次理论的内容和基本观点

三、人的自我概念

（一）自我概念

自我概念是指一个人对自己的看法，即个人对自己的认同感。自我概念的产生，不是与生俱来的，往往是综合他人对自己的看法和自身的自我觉察和自我认识两方面而逐渐形成的。

（二）自我概念的组成

1. 身体心像　是指个人对自己身体的感觉和看法。个体是通过认识自己的外表、身体结构和身体功能形成对身体心像的内在概念。

2. 角色表现　角色是对一个人在特定社会系统中一个特定位置的行为要求和行为期待。如果个人因能力有限或对角色要求不明确等原因而不能很好地完成角色所规定的义务时，挫折与不适感便油然而生，其结果便是负向的自我概念。

3. 自我特征　是个人对有关其个体性与独特性的认识。如姓名、性别、年龄、种族、职业、婚姻状况、教育背景、信念、价值观、性格、兴趣等。自我特征以区别个人和他人为目的。

4. 自尊　指个人对自我的评价。若个人的行为表现达到了别人所期望的水平，受到了家人或对其有重要影响的人的肯定和重视，其自尊自然会提高。

自我概念是人身心健康的重要因素，因此，良好自我概念可以帮助个体树立信心，增强个体对环境的适应以及应对压力的能力，并有利于建立良好的人际关系，从而促进健康、预

防疾病。

第 2 节 健 康

案例2-3

琳琳是一名高二学生，学习勤奋、体格健壮、品学兼优，连年是三好学生。但她总觉得自己的成绩不理想，老师不够重视自己，同学对自己不友善，人际关系比较紧张。

问题：琳琳同学是否健康？为什么？

健康与疾病是医学科学中两个最基本的概念，是人类生命活动的本质及质量的一种反映。护理是为个人、家庭和各种社会团体提供保健服务的专业，其主要宗旨是帮助人们预防疾病，恢复、维持和促进健康，从而使每个人都尽可能地保持在最佳的健康状态。同时，护理人员在向人们提供健康保健服务时，应为服务对象创造一个使个人的价值、风俗和信仰都能受到尊重和体现的环境。护理的对象，不仅仅是生病、住院的患者，同时也包括其他的所有的人。护理工作的范围也不仅限于医院，同时也包括家庭及社区。因此，护理人员必须了解健康与疾病的概念和理论，以便于为服务对象提供因人而异的身心整体护理。

一、健康的概念

（一）健康就是没有疾病

这是对健康的最一般的认识，也是很多人所持有的健康观。实际上，"健康就是没有疾病"这种概念，是健康的消极概念，因为它没有真正回答健康的实质，也没有说明健康的特征，而是将健康和疾病视为"非此即彼"的关系。显然，这对于人们认识健康、研究健康、谋求健康，都是没有实际意义的。更重要的是，在健康与疾病之间，存在着各种普遍的过渡状态。这种状态常常是没有疾病，但也非健康。

（二）健康是人体正常的生理、心理活动

与"健康就是没有疾病"这一概念相比，此概念增加了人的精神、心理层面。此健康观认为人的健康不仅只是躯体的健康，也应包括人的心理健康。换句话说，一个心理不健康的人，即使他的躯体健康，那他也不是一个健康的人。很显然，这个健康概念比前者又进了一步，但它仍欠全面，没有把健康置入人类生活的广阔背景中，忽视了人的社会适应性。

（三）WHO 的健康概念

世界卫生组织（World Health Organization，WHO）在 1946 年将健康定义为："健康不仅是没有疾病和身体缺陷，还要有完整的生理、心理状态和良好的社会适应能力"。WHO 是从社会学角度给健康下的定义，这个概念从现代医学模式出发，既考虑了人的自然属性，又侧重于人的社会属性，把人看成既是生物的人，又是心理的人、社会的人。就人的个体而言，躯体健康是生理基础，心理健康是促进躯体健康的必要条件，而良好的社会适应性则是可以有效地调整和平衡人与自然、社会环境之间复杂多变的关系，使人处于最为理想的健康状态。就人的群体而言，WHO 最近又提出"道德健康"的概念，强调从社会公共道德出发，维护人类的健康，要求生活在社会中的每一个人不仅要为自己的健康承担责任，而且也要对他人的群体健康承担社会责任，应具备良好的社会公德。可见，WHO 的健康概念把健康的内涵扩展到了一个新的认识境界，对健康认识的深化起到了积极的指导作用。

WHO的健康概念是目前最有影响和最受重视的健康概念，这一概念一直都在被社会医学工作者及临床工作者广泛地引用和运用。可以说，具有权威性的WHO对健康的概念，概括了当代的思潮和导向。和以前诸多的健康概念相比，WHO的健康概念有许多优点：①它正确指出了健康不仅是没有疾病，而且还弥补了"健康就是没有疾病"这一概念的许多漏洞；②它正确指出了健康应该包括精神和身体两个方面，克服了那种把身体、心理、社会诸方面机械分割开的传统观念，为医务工作者，特别是护理工作者展开了广阔的活动领域，为医学模式和护理模式的转变提供了依据；③它正确指出了健康也应包括对社会环境的适应，即将健康放入人类社会生活的广阔背景中，指出健康不仅是医务工作者的目标，而且是国家和社会的责任，因此，这一健康概念反映了人类对自身健康的理想追求。

二、健康的模式

（一）健康与疾病连续相模式

健康与疾病连续相是指健康与疾病为一种连续的过程，处于一条连线上，其活动范围可以从濒临死亡至最佳的健康状态。在健康-疾病连续相模式中，健康是指人在不断适应内外环境变化过程中所维持的生理、心理、精神、文化及社会等方面的动态平衡状态；疾病则指人的某方面功能较之于以前的状况处于失常的状态。

健康与疾病连续相的特点如下：

1. 任何人在任何时候的健康状况都会在这一连续相两端之间的某一点上占据一个位置，而且这个位置时刻都在动态变化之中。

2. 连续相上的任何一点都是个体身、心、社会诸方面功能的综合表现，而非单纯的生理上无疾病。

3. 护士的职责：帮助服务对象明确其在健康与疾病连续相上所占的位置，并协助其采取措施从而尽可能达到健康的良好状态。

（二）最佳健康模式

此模式由邓恩（H.L.Dunn）于1961年提出。他认为，健康仅仅是"一种没有病的相对稳定状态。在这种状态下，人和环境协调一致，表现出相对的恒定现象"。而人应设法达到最佳健康水平。最佳健康模式更多地强调促进健康和预防疾病的保健活动，而非单纯的治疗活动。因此，护士应帮助其服务对象进行有利于发挥机体最大功能和发展潜能的活动，从而帮助其实现最佳健康。对于有生理残障者，护士在计划护理时，不仅要考虑如何在生理方面发挥其残余功能，还要帮助其在社会、情感、认知等方面适应这种残疾，将其生理残疾融入新的生活方式中，以提高生活质量。

三、影响健康的因素

人们生活在自然和社会环境中，其健康自然要受到多种复杂因素的影响。概括起来，影响健康的主要因素有三种：生物因素、心理因素和社会因素。

（一）生物因素

生物因素主要包括两大类：一类是生物性致病因素，即由病原微生物引起的传染病、寄生虫病和感染性疾病；另一类是生物遗传因素导致的人体发育畸形、代谢障碍、内分泌失调和免疫功能异常。此外，影响人类健康的生物学因素还有年龄、性别、生长发育和代谢等。生物因素是影响人类健康的主要因素。

（二）心理因素

心理因素主要是通过对情绪和情感发挥作用而影响人的健康的。人的心理活动是在生理活动的基础上产生的，反过来，人的情绪和情感又通过其对神经系统的影响而对人体组织器官的生理和生化功能产生影响。

情绪对健康的影响分正反两个方面。积极的情绪可以增进健康、延缓衰老；消极的情绪可以损害健康，导致疾病。即心理因素可以致病，也可以治病。祖国医学自古以来就十分重视心理因素对健康的影响。《黄帝内经》中多处提到"怒伤肝""喜伤心""思伤脾""忧伤肺""恐伤肾"，认为人的情绪不稳定或紊乱可能引起各种不同的疾病。大量的临床实践也证明，不良的心理活动使人体对几乎所有的躯体疾病都有较高的易感性。如焦虑、恐惧、忧郁、怨恨等情绪因素可以引起人体各系统的功能失调，从而导致失眠、心动过速、血压升高、食欲下降和月经失调等症状，并在许多疾病的发生、发展和转归上起重要作用。

（三）环境因素

环境是人类赖以生存和发展的社会和物质条件的总和。人类是在不断变化的环境中生存和发展的。通常情况下，人类依赖环境而生存，但环境中也存在着大量危害人类健康的因素。

1. 自然环境　如空气、水、土壤污染，气候变化，辐射、噪声等。
2. 社会环境　一般说来，与健康有关的社会环境因素主要包括经济、文化、教育、风俗习惯、职业、社交、婚姻、家庭及福利等多个方面。社会因素与人的健康有密切的关系。积极的社会环境将促进人的健康，而消极的社会环境可能导致人体患病。消极的社会环境可以直接对人造成伤害，如战争给人带来伤残，甚至死亡。但在更多的情况下，消极的社会环境是通过一些中介因素而导致疾病。

（四）生活方式

生活方式指的是人们长期受一定文化、民族、经济、社会、风俗、规范，特别是家庭影响而形成的一系列生活习惯、生活制度和生活意识，这些都会影响个人的健康状态。良好的生活方式是维护健康的重要条件；不良的生活方式会对个体的健康造成损伤，如饮食习惯、吸烟、酗酒、吸毒、药物依赖，体育锻炼和体力活动过少、生活工作紧张、娱乐活动安排不当、家庭结构异常等，都可能导致诸如营养不良、过度肥胖、酗酒、药物成瘾、自杀、高血压、心肌梗死、消化性溃疡等疾病。

健康的十项标准

1978年世界卫生组织（WHO）给健康所下的正式定义/衡量是否健康的十项标准：

1. 精力充沛，能从容不迫的应付日常生活和工作
2. 处世乐观，态度积极，乐于承担任务，不挑剔
3. 良好的休息习惯，睡眠良好
4. 应变能力强，能适应各种环境变化
5. 对一般感冒和传染病有一定的抵抗力
6. 体重适当，体态均匀，身体各部位比例协调
7. 眼睛明亮，反应敏锐，眼睑不发炎
8. 牙齿洁白，无缺损，无疼痛感，牙龈正常，无蛀牙
9. 头发光洁，无头屑
10. 肌肤有光泽，肌肉丰满有弹性，走路轻松，有活力

四、疾病的概念

人类对疾病的认识是随着生产的发展及科技的进步而不断深化和完善的，至今仍在不断地变化和发展过程中。人们对疾病的认识经历了一个漫长而不断发展的过程，可将这一过程

分成两个阶段：

（一）古代的疾病观

1. "疾病是鬼神附体" 这是在原始社会人们的疾病观。当时由于生产力低下和人们认识能力落后，在这一时期，人们的疾病观是鬼神，疾病是鬼神附体，鬼神的惩罚或作祟是疾病的本质。因而出现了一系列与各种鬼神作斗争以治疗疾病的方法，与此同时，还出现了专门为此服务的巫医和祭司。

2. "疾病是机体阴阳失衡" 人类社会进入奴隶社会以后，生产力有了一定的发展，我国古代劳动人民经过长期的观察和实践提出了阴阳五行学说。这是一种用原始朴素的自然观来认识疾病。中国古代医学家根据古代中国哲学家"把万事万物划分为阴阳两大类"的观点，把人体各部分也划分为阴阳。认为阴阳协调则健康，阴阳失调则患病。治疗的任务在于恢复阴阳平衡。这是我国古代对疾病及其本质的认识。几乎与此同时，在西方，著名的古希腊大医学家希波克拉底（Hippocrates, 459-377 B.C）创立了"液体病理学"，认为人的健康取决于其体内四种基本流质：血液、黏液、黑胆汁和黄胆汁。而疾病则是由于四种流质不正常的混合和污染的结果。

（二）现代疾病观

自从现代医学形成以来，医学家们根据各自所处时代科学成就所提供的知识，试图给疾病下一个比较满意的定义。然而，随着新知识的不断出现，原来概念总是有不尽人意之处。

1. "疾病是机体功能、结构、形态的异常" 这是在生物医学模式指导下的一个非常具有影响力的疾病定义，是疾病认识史上的一个大飞跃、大进步，也是人类长期追求对疾病本质认识和近代自然科学发展的结果。正是在这种疾病观的指导下，许多疾病的奥秘都从本质上得到了揭示，使人类在征服疾病的进程中取得了巨大的进步。然而，这个定义也有两个明显的缺陷：首先，并不是所有的疾病都有形态的改变，都可以找出生物学的变量，例如许多精神、心理性疾病；其次，这个观点只强调疾病的定位，强调疾病部位的结构、功能和形态的改变，因而忽视了全身整体功能，忽视了全身性疾病。

2. "疾病是机体自稳态的破坏" 这是在整体观点指导下对疾病所作的解释，认为所有生命都是以维持内环境的平衡为目的的，体内生理过程都是维持内环境稳定中的平衡，而疾病过程是机体内环境平衡的紊乱。将疾病过程看作是机体内稳态的破坏是用整体观点取代了局部定位观点，这是疾病认识史上的一大进步。然而，也确实有不少疾病很难说是内稳态的破坏，如耳聋、四肢麻痹、侏儒或不育等。

3. "疾病是机体对有害因子的反应" 任何疾病，当生物、心理、社会因子直接或间接作用于人体时，就会引起一定的损伤，而此时机体内的健康因子就必然会"挺身而出"以抵抗损伤因子，而疾病正是这种损伤因子与抗损伤因子的斗争过程，或者说，是机体对有害因子作用的反应。由此可见，把疾病视为是机体对有害因子作用的反应着实揭示了疾病过程的实质，也指出了疾病转归的方向，同时为医务人员提供了治疗的着眼点：采取适当正确措施，扶植、壮大抗有害因子，促使抗有害因子成为矛盾的主要方面，并最终战胜有害因子，力求机体康复。

从以上的讨论中，我们不难看出，人类对疾病的认识的确经历了一个不断发展的过程。上述几种学说，相互补充，使我们对疾病本质的认识渐趋深入和成熟。今天，我们可以把疾病定义为：疾病是机体身心在一定内外环境因素作用下所引起的一定部位功能、代谢和形态结构的变化，表现为损伤与抗损伤的整体病理过程，是机体内部及机体与外部环境平衡的破坏和正常状况的偏离或终结。从护理的角度讲，疾病是一个人的生理、心理社会、精神感情受损的综合表现，疾病不是一种原因的简单结果，而是人类无数生态因素和社会因素作用的复杂结果。

（三）疾病的影响

疾病绝非患者本人的事情，疾病所造成的影响也绝非仅针对患者本人。事实上，一个人患病，其本人、家庭乃至社会都将面对疾病及其治疗所带来的不同程度的变化和影响。

1. 疾病对个人的影响

（1）正性影响：个体患病成为患者之后，疾病对患者可以产生两方面的正性影响。患病之后，名正言顺地进入患者角色，因而可暂时解除某些社会以及家庭责任，这样可以安心好好休息。由于有了本次患病的经验从而提高了警觉性，在今后的生活中会尽量避免或减少那些造成疾病的因素的存在，如注意改善卫生习惯，注意饮食、起居的合理安排，并且会从事一些促进健康的活动。

（2）负性影响：患病之后，疾病对患者的负性影响包括身心两个方面。首先是身体方面的影响：患病后，由于身体组织器官的病理生理改变，从而使患者产生各种各样的程度不同的症状和体征，如疼痛、呼吸困难、心慌、肢体活动障碍等，使患者产生不舒适感，影响患者的休息和睡眠，甚至影响患者的正常生活和工作。其次是心理方面的影响：患病后，患者往往会出现一些心理方面的反应，如焦虑和恐惧、依赖性增强、自尊心增强、猜疑心加重、主观感觉异常、情绪易激动、孤独感、习惯性心理、害羞和罪恶感以及心理性休克和反常行为。此外，疾病对患者心理方面的影响还包括使患者的身体心像发生改变。身体心像是一个人的脑海中对自己身体所具有的一种影像。是个人对身体外观及其功能的主观感受，并随身体疾病意外及文化价值观的变化而不断发生变化。疾病特别是身体残障更容易造成患者身体心像的改变，即失去"正常"的身体形象。换句话说，是个人对身体的结构、功能、外观产生怀疑、退缩、消极及抑郁的态度。

2. 疾病对家庭的影响　个人是家庭中的一分子，任何一个家庭成员患病，对整个家庭都是个冲击，从而产生各式各样的影响。

（1）家庭的经济负担加重：个体患病后，需要去医院看病。有的疾病需要住院治疗，有的疾病甚至还需要手术治疗，这些都要增加家庭的开支。特别是在目前医疗卫生制度改革的新形势下，个人所负担的医疗费用比例增加，这对于经济收入有限的一般家庭来说无疑是一个很大的负担。有的患者为了减轻家庭的经济负担，甚至放弃治疗，影响了疾病的治疗和康复。如果患者本人是家庭生计的主要承担者，那么患病会使家庭的经济来源出现问题，更加重了家庭的经济负担。

（2）家庭成员的精神心理压力增加：首先，一个人患病，特别是在患有严重疾病后，家庭的其他成员需要投入很大的精力给予照顾，这样就很自然形成了家庭成员的心理压力。其次，患病的人会出现很多心理反应，特别是情绪易激动，甚至为一点儿小事也会大动肝火。还有的患者会发生一些行为的变化，如对任何事情都喜欢百般挑剔，横加指责。患者的这些表现都将对家庭成员的精神心理造成刺激，从而形成压力。再者，患病后，患者在家庭的角色功能需要其他的家庭成员来承担，如一位中年女性患病住院后，她的丈夫除了到医院照顾她并为她准备三餐外，还要承担起"母亲"的角色去照顾家中的孩子，这样势必会造成患者家属的精神和心理负担。最后，如果患者所患的是传染病，特别是性传播疾病，对家庭所造成的精神心理压力就更大。某些情况甚至可能导致家庭的破裂和解体。

（3）家庭成员情绪和心理的变化：当一个人患了重病，特别是不治之症，甚至即将面临死亡时，这对家庭成员的情绪影响是很大的。有的家庭成员甚至不能接受和面对这一残酷的现实，会出现许多情绪反应，如情绪低落、悲伤、气恼、失望、无助感等。

3. 疾病对社会的影响

（1）降低社会生产力：每个人在社会中都承担一定的角色，当他（她）患病后，将转变为患者的角色，从而暂时或长期免除了社会的责任，不能继续承担其原有的社会角色，从这个角度上讲，患病实际上可以看作是社会生产力的降低。

（2）消耗社会的医疗资源：诊断和治疗疾病都要消耗一定的社会医疗资源。

（3）造成传染，从而威胁他人健康：某些传染性疾病，如肝炎、结核、性病等，如不采

（四）预防疾病的措施

预防意味着预料可能发生的问题并加以防治，或尽早发现以降低其可能造成的伤残。在医疗护理服务中，应实施三级预防。

1. 一级预防又称病因预防，是从病因上防止健康问题的发生，即采取自我保健方法或预防措施，防治疾病的发生。例如，定期进行预防接种以预防传染病；指导一些过胖的人群如何安排合理饮食等。

2. 二级预防又称临床前期预防，关键是早期发现、早期诊断和早期处理健康问题，即"三早"预防。例如，高血压患者的筛选，早期给予治疗；指导妇女如何自己检查乳房以早期发现乳腺癌等。这些问题早期发现可以采取措施来减轻或控制。

3. 三级预防又称临床期预防，即积极治疗、预防并发症并采取各种促进身心健康的措施，以防止疾病进一步恶化和各种伤残，以达到最大可能地恢复健康，即把健康问题的严重程度压缩到最低限度。例如，中风后早期康复指导、乳腺手术后的肢体运动等。有些人已有疾患或残障影响他们的生活，通过三级预防，可以减轻其程度，帮助其恢复部分或全部自理能力。

（五）健康和疾病的关系

1. 健康和疾病没有明显的界限，存在过渡形式，它们是一种相对的关系，不是绝对的。
2. 健康和疾病是动态变化的。
3. 健康和疾病可以在一定条件下互相转化。
4. 健康和疾病可以在个体身上并存。

> **考点提示：** 疾病的概念以及影响健康的因素

第3节 环　　境

案例2-4

青年小刘，居住于阴暗潮湿的地下室，昼夜在地下室上网打游戏，三餐与睡眠均无规律。

问题：小刘所处的环境是否影响他的健康？

人类的生存与发展都离不开环境，并与环境相互依存、相互作用。目前，人类十分重视环境问题，采取各种措施治理环境污染，改善人们赖以生存的环境。但生态环境的破坏，对人们的健康造成了威胁。所以，环境对健康的影响越来越被人们所重视。护理人员应掌握有关环境与健康的知识，从而帮助人们识别和消除环境中的不利因素，利用其中的有利因素，为人们创造良好的自然环境及社会环境，从而促进保健和康复。

一、环境的概念

环境指人们赖以生存的周围一切事物。护理理论家罗伊（Roy）把环境定义为"围绕和影响个人或集体行为与发展的所有因素的总和"。韩德森（Henderson）认为环境是"影响机体生命与发展的所有外在因素的总称"。

二、环境的分类

所有有生命的机体的环境可分为内环境和外环境，二者相互依存、相互作用，不能截然分开。

（一）内环境

指人的生理、心理变化。第一个描述人的内环境的是法国生理学家伯纳德（Claude Bernard）。他认为：一个生物体要生存，就必须努力保持其体内环境处于相对稳定状态。大量研究表明人体是在无意识状态下、以自我调节的方式，靠机体的各种调节机制，如神经系统和内分泌系统的功能，来控制和维持一种动态的相对稳定状态。

（二）外环境

外环境由自然和人文社会环境所组成。自然环境指存在于人类周围自然界中各种因素的总称，它是人类及其他一切生物赖以生存和发展的物质基础。包括物理环境，如空气、水、阳光、土壤；生物环境，如动物、植物、微生物等。人文社会环境是人们为了提高物质和文化生活而创造的环境。包括经济条件、生活方式、人际关系、宗教文化、风俗习惯等，对保障人们的身心健康有着重要的作用。

三、环境与健康的关系

人与环境相互依存，相互影响，人类的健康与环境息息相关。人不断与环境之间进行物质、能量和信息的交换，并保持动态平衡，以维持健康。人必须不断地调整机体内环境，以适应外环境的变化；同时，人又可以通过自身力量来改变环境，以利生存。环境作为压力源对人类健康产生重要影响。良好的环境能够帮助患者康复，促进人的健康；不良的环境则给人的健康造成伤害。护理人员应掌握有关环境与健康的知识，积极地开展健康教育，帮助人们识别和清除环境中的不利因素，教会人们充分利用环境中的有利因素促进人类健康，从而促进健康的维持和疾病的康复。医院是为患者提供卫生保健的服务机构，环境的布置以及护理人员的工作程序都要人性化，体现以患者为中心的理念，以满足患者的需要，努力创造和维持最利于患者康复的环境。

考点提示： 影响健康的环境因素

向患者提供安全而有效的治疗和康复环境，避免医源性伤害。

第4节 护 理

案例2-5

某上市公司执行总监张先生，30岁，事业上平步青云，在公司组织的体检中，查出患有乙型肝炎，需立即住院治疗。其工作由其他人接管，女友因其疾病具有传染性与其分手。

问题：

护士对患者如何进行整体护理？讨论为满足患者的生理、心理和社会的需要作出最佳的护理方案。

一、护理的概念

护理（nursing）一词来自于拉丁文 nutricius，含抚育、调养、照料、看护等意思。随着护理专业的发展，护理的内涵和外延也在不断地发生变化。在不同发展时期，护理学家们对护理的定义也有所不同。

（一）护理的概念

1. 南丁格尔（Florence Nightingale）概念　护理是将患者安置在有利于机体起作用的最佳状态的一种非治疗性活动（或护理是把患者置于最佳环境中，主要通过改变环境使机体的本能发挥作用）。

2. 韩德森（Virginia Henderson）概念　护士的独特功能是协助患病的或健康的人，实施有利于健康、健康的恢复或安详死亡等活动。这些活动，在个人拥有体力、意愿与知识时，是可以独立完成的，护理也就是协助个人尽早不必依靠他人来执行这些活动。

3. 我国著名护理专家王秀瑛认为"护理是保护人民健康，预防疾病，护理患者恢复健康的一门科学"。

4. 国际护士协会（ICN）概念　护理是帮助健康的人保持健康，帮助患病的人恢复健康或平静地死去。

5. 美国护士协会（ANA）概念　个人对自身存在的或潜在的健康问题，必须有一定的表现和反应，对这种反应的诊断和治疗即称为护理。

6. 国际护理伦理规范　护理是一种对个人、家庭和社区提供健康服务的业务，护理专业最主要的功能是以人为服务对象，也是它存在的价值。

（二）护理概念的内容

1. 护理是一个帮助人，为人的健康服务的专业。
2. 护理学是一门综合自然科学和社会科学的独立的应用性科学。
3. 护理能增强人的应对能力和适应能力，满足人的各种需要。其对象是整体的人，包括患者和健康人。
4. 护理能促进无法自我照顾者发挥潜能并执行有益于健康的活动。
5. 护理的任务是促进健康，预防疾病，帮助患病的人康复，协助濒死的人平静、安宁、并且有尊严地离开人世。
6. 护理工作的场所不仅仅在医院，而且还包括家庭、社区乃至整个社会。
7. 护理必须应用科学的护理程序满足个体和群体对健康的要求。
8. 护理学是一门正在逐渐完善和发展的专业，护理人员的角色和功能也将随着人类健康和社会需要的改变不断地丰富和完善。

二、护理概念的演变过程

（一）护理模式的发展

经历了三个阶段：第一阶段，是以疾病为中心的；第二阶段，是以患者为中心的；第三阶段，是以人的健康为中心的。

（二）整体护理的含义和意义

整体护理是在生物—心理—社会医学模式的深刻影响下产生的，是人类对自身认识以及对健康与疾病认识不断深化的必然结果。整体护理的思想是护理学的基本概念框架之一，它始终贯穿于研究和发展护理理论和相关护理概念的过程中，也是我们解决复杂的健康问题的指导思想。

1. 整体护理的定义　整体护理是以人为中心，以现代护理观为指导，以护理程序为基础框架，把护理程序系统化地运用到临床护理和护理管理中，并根据护理对象的身、心、社会、文化需要，提供最佳的护理。

2. 整体护理的内涵

（1）把服务对象视作一个有机的整体：护士在照顾患者时，应注意满足其生理、心理及社会等方面的整体需要，把疾病当作一个整体来对待，把生物学的人和社会学的人当成一个整体来看待。

（2）把人的生命过程视作一个整体：护理应服务于人类生命的全过程，针对个体所处的生命不同阶段，给予相应的照顾和健康指导。护理应关注健康到疾病的全过程并提供服务。

（3）把院内院外看作一个整体：护理应逐步从院内扩展到院外，从个人延伸到家庭或社区，不仅注重对疾病的护理，还应兼顾健康促进、健康维护、疾病的预防和康复，达到促进全民健康的目的。

3. 整体护理的意义

（1）充实和改变了护理研究的方向和内容：整体护理在注重疾病护理的同时，更注重对整体人的研究。因此，护理中充实了许多有关人的心理、社会、行为、伦理、道德等方面的内容。

（2）拓宽了护理的服务范围，改变了护士的传统形象：整体护理的服务范围由单纯的疾病护理拓宽到了以人的健康为中心的对身、心、社会等方面实施全方位的护理。服务对象从个体的人拓展到家庭、社区等整个人群。而在此过程中，护士不仅需要成为健康服务的照顾者，而且还需要成为有关健康的教育者、管理者和研究者。

（3）有助于建立新型的护患关系：在以患者为中心的整体护理实践中，护士不再仅是医生的助手，同时还与医生一起，相互合作、相互补充，形成新型的合作伙伴关系。患者是护理服务的核心，其思想、行为、感受与情绪等都会受到护理人员的重视，因此护患关系得以加强。

（4）提出了新型护理管理观：整体护理的开展，要求护理管理者也同样应具有以患者为中心的思想，一切管理手段与管理行为均应以增进和恢复患者健康为目的。

（5）改变了护理教育的课程设置：整体护理的实施，要求护士不仅能针对疾病有护理的能力，而且应有丰富的人文、社会科学知识与沟通交流技巧等。为了培养合格的护理人才，护理教育的课程设置也相应进行了调整，改变单纯重视医疗与疾病护理模式，增加了有关人的心理、行为、人际交往及环境、社会学方面的内容。

考点提示： 整体护理的内涵

根据护理对象的身、心、社会、文化需要，提供最佳的护理。避免单纯关注其疾病的治疗。

三、护理与健康的关系

世界卫生组织（WHO）于1978年指出："护士作为护理的专业工作者，其唯一目的是帮助患者恢复健康，帮助健康的人促进健康。"因此，对于尚未患病和健康状态良好的人，护理的任务是促进其更加健康和保持健康；对处于危险因素中的有可能患病或有可能出现健康问题的人，护理的任务是预防疾病；对于已经患病或有健康问题的人，护理的任务是协助其康复；对于病情危重或生命垂危的人护理的任务是减轻痛苦。

护理的重要性：南丁格尔的论述

南丁格尔说："护士其实就是没有翅膀的天使，是真、善、美的化身。"

她强调护士应由品德优良，有献身精神和高尚的人担任，要求护生做到"服从、节制、整洁、恪守信用"。她不但重视护理教育，而且重视护士的品德教育，每年从1000～2000名入学申请中挑选15～30名学生入学。大多数学员由她亲自挑选，条件是有教养、进取心、思想敏捷、灵巧、判断力强并有一定的教育水平和宗教信仰。她认为，具有这些品质和条件才适合成为护士。她要求妇女"正直、诚实、庄重"，并说"没有这三条，则将一事无成。"

从南丁格尔创立护理专业之日起，护理工作便与人道主义精神和体贴患者、关爱生命的职业道德密切联系在一起。

目标检测

单项选择题

1. 有关健康概念描述，下列正确的是（　　）
   - A. 健康就是没有疾病或不适
   - B. 健康与疾病具有清晰的界限
   - C. 健康是一个动态、连续的过程
   - D. 人的健康观念受单独某一因素影响
   - E. 健康指机体内部各系统的协调和稳定

2. 人们重视心理—社会因素对健康与疾病的影响开始于（　　）
   - A. 以疾病为中心的阶段
   - B. 以病人为中心的阶段
   - C. 以人的健康为中心的阶段
   - D. 以清洁卫生为中心的阶段
   - E. 以上都不对

3. 关于人健康与疾病的关系，正确的描述是（　　）
   - A. 健康与疾病是分阶段的过程
   - B. 健康和疾病是可以明确分界的
   - C. 健康与疾病是一个动态变化的过程
   - D. 健康状态即指动态过程中某个静止位置
   - E. 健康体现在机体内部各系统的稳定、协调

4. 有关人的概念下列描述正确的是（　　）
   - A. 人是个闭合系统
   - B. 人是护理实践核心
   - C. 人应对他人健康负责
   - D. 人由生理心理两方面构成
   - E. 不同阶段人有基本相同的需要

5. 个人对自我的评价属于自我概念中的（　　）
   - A. 自我认知
   - B. 身体心象
   - C. 角色表现
   - D. 自我特征
   - E. 自尊

6. 个人对自身个性和独特性的认识属于自我概念中的（　　）
   - A. 自我认知
   - B. 身体心象
   - C. 角色表现
   - D. 自我特征
   - E. 自尊

7. 根据马斯洛的需要理论，患者在手术前感到焦虑、恐惧属于（　　）未满足
   - A. 生理需要
   - B. 安全需要
   - C. 爱与归属的需要
   - D. 自尊的需要
   - E. 自我实现的需要

8. 疾病对家庭的影响不包括（　　）
   - A. 家庭经济负担加重
   - B. 家庭成员情绪出现波动
   - C. 家庭成员的精神心理负担增加
   - D. 家庭凝聚力增大
   - E. 家庭成员压力增大

9. 关于现代疾病观下列哪项是正确的（　　）
   - A. 人体疾病是整体反应过程
   - B. 疾病是人体正常生命活动的终止
   - C. 疾病是体内因素引起的功能变化
   - D. 疾病是躯体上生病
   - E. 疾病是局部功能受损

是非题

1. 人类健康受生物、心理、环境、生活方式等因素影响。（　）
2. 护理学的四个基本概念是病人、预防、治疗、护理。（　）
3. 健康是人们共同的目标，个体对自身健康应负全部责任。（　）
4. 对于个体而言，健康是绝对的，是一稳定的状态，一旦身体状况发生变化，健康即不存在。（　）
5. 人体一旦有疾病存在，就会有患病的感觉，其原有的功能也发生改变，致使其难以应付原来的活动。（　）
6. 二级预防又称为"三早预防"。（　）
7. 乳腺癌切除一侧乳房的患者常常有失落感，这属于自尊需要没有得到满足。（　）
8. 整体护理的内涵是把服务对象、人的生命过程及院内院外看作一个整体。（　）
9. WHO指出影响人类健康的因素，行为与生活方式所占比例是60%。（　）

（李　霞）

第3章 护理学理论

> **学习目标**
> 1. 解释系统、需要、压力、压力源、压力反应、成长与发展、自理等概念。
> 2. 叙述系统的基本属性及分类;马斯洛需要层次理论的内容、基本观点和影响因素;压力理论的主要内容和对压力的防卫和适应;自理模式、适应模式、保健系统模式的主要内容。
> 3. 学会系统理论、需要理论、压力与适应理论、成长与发展理论在护理实践中的作用。
> 4. 能够在护理工作中熟练应用护理学相关理论和护理学理论,并解决护理工作中的实际问题。

案例3-1

护生阳阳是大二学生,今日到急诊科见习。科里收治一名急性心肌梗死的女性患者。带教老师立即投入抢救,针对患者的情况,给予氧气吸入、建立静脉输液通道。同时,通知医生,迅速给予心电、血压、呼吸的严密监测。
问题:
1. 带教老师对患者的护理,采用的相关理论是什么?
2. 这些理论包括哪些主要内容?

护理学理论是在护理实践中产生并经过护理实践验证的理论认识体系,是对护理现象和活动的本质与规律的总结,如系统理论、需要理论、压力与适应理论、成长与发展理论及相关模式。这些理论用科学的方法解释护理现象,并与护理专业知识相互渗透,从而丰富和完善了护理专业,为护理实践、教育、管理、科研提供了科学的依据,并进一步指导护理实践,预测护理活动的结果。

第1节 护理学相关理论

20世纪初,一些理论家在吸取了心理社会学领域的研究成果后,相继建立了一些有着相当影响力的人文社会学理论。这些理论,从不同的侧面促进了现代护理观的形成。

一、系 统 理 论

系统理论源于20世纪20年代,由生物学家贝塔朗菲(Ludwig Von Bertalanffy)提出。经过几十年的探讨和研究,20世纪60年代以后,系统论得到广泛发展,其理论与方法应用于各科学领域包括工程、物理、管理及护理等,其影响深远而重大。

(一)系统的概念

系统是由若干相互联系、相互作用的要素所组成的具有一定结构和功能的有机整体,由两部分组成,一是要素的集合,二是各要素间相互关系的集合。

（二）系统的分类

自然界有各种各样的系统，从不同的角度，可以将其分为不同的类别。常见的分类方法如下：

1. 按组成系统的要素性质分类　系统可分为自然系统与人造系统。自然系统是由自然物所组成的、客观存在的系统，如生态平衡系统、人体系统。人造系统是为达到某些特定目标而人为建立的系统，如计算机软件系统、护理质量管理系统。其实，多数系统是自然系统与人造系统的结合称为复合系统，如医疗系统。

2. 按系统的运动状态分类　系统可分为动态系统与静态系统。动态系统是系统状态随时间的变化而变化，如生物系统。静态系统具有相对稳定性，系统状态不随时间变化而变化，如建筑群，但绝对静止不变的系统是不存在的。

3. 按系统与环境的关系分类　系统可分为开放系统与封闭系统。开放系统是与外界环境不断进行物质、能量和信息交换的系统。开放系统与环境的交换是通过输入、输出和反馈来完成（图3-1）。封闭系统是不与外界环境进行物质、能量和信息交换的系统，它是相对的、暂时的，绝对的封闭系统是不存在的。

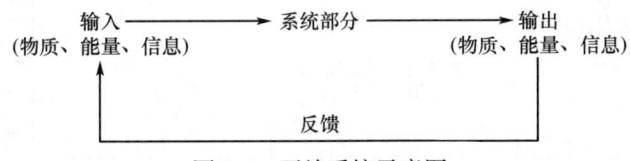

图 3-1　开放系统示意图

（三）系统的属性

1. 整体性　系统的整体性表现在系统的整体功能大于系统各要素功能之和。系统的功能并不是各要素功能的简单相加，当各要素以一定规则结合起来构成一个有机整体时，具有了孤立要素所不具备的功能，其整体功能大于系统各要素功能之和。

2. 相关性　系统各要素之间是相互联系、相互制约的，其中任何要素的功能发生了变化，都会引起其他要素乃至于整体功能发生相应的变化。

3. 动态性　系统是随时间的变化而变化。系统为了生存与发展，总是不断地调整自己内部结构，并不断地与环境进行物质、能量和信息的交换。

4. 层次性　系统是由各要素（子系统）组成的，同时一个系统本身又是组成更大系统的一个要素。较简单、低层次的系统称之为"次系统"，较复杂、高层次的系统称之为"超系统"，如人是由器官组成的，人是器官的超系统，但人又是家庭的组成部分，所以人是家庭的次系统（图3-2）。

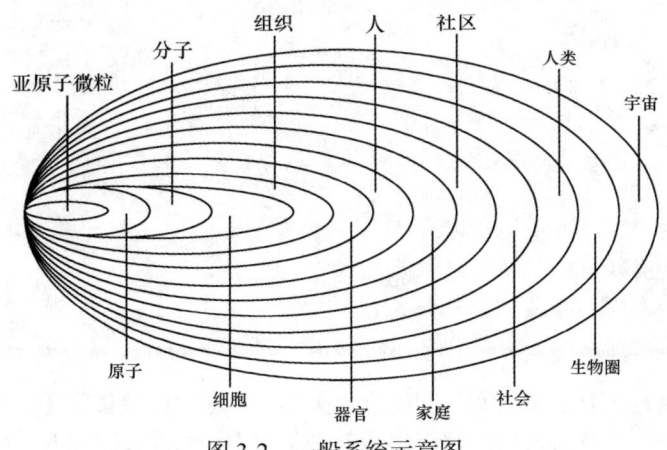

图 3-2　一般系统示意图

（四）系统论在护理中的应用

1. **促进了整体护理体系的形成**　护理的服务对象是人。人是由生理、心理、社会、精神、文化组成的统一体，各要素之间互相依存、相互制约。人是一个开放系统，不断与周围环境发生物质、能量和信息的交换，当机体某一器官组织发生病变时，仅仅提供疾病护理是不够的，应提供包括生理、心理、社会等要素的整体性护理。

2. **作为护理程序发展的理论依据**　系统理论是护理程序的理论基础，护理程序可以看成是一个开放系统（图3-3）。输入信息是护理人员经过评估后的患者基本健康状况、护理人员的知识水平与技能、医疗设施与条件等，经诊断、计划和实施后，输出的信息为护理后患者的健康状况。评价后进行信息反馈，若患者尚未达到预定健康目标，则需要重新收集资料，修改计划及措施，直到患者达到健康目标。

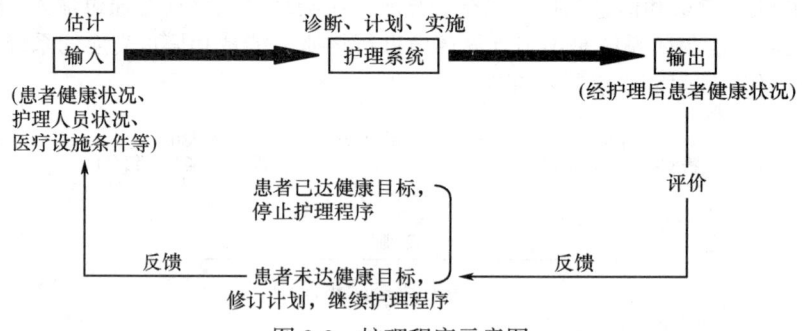

图3-3　护理程序示意图

考点提示：
系统的概念，系统的属性，系统论在护理中的应用

3. **作为护理理论或模式的理论框架**　罗伊（Roy）的适应模式和纽曼（Neuman）的系统模式都是系统论的理论框架。

4. **为护理管理者提供理论支持**　护理管理系统是医院整体系统的子系统，护理子系统的功能将有助于医院整体功能的实现，而医院的整体系统又会影响护理子系统的运转。

二、需要理论

参见第2章第1节相应内容。

三、压力与适应理论

案例3-2

患者男性，22岁，大四学生。因食欲缺乏、全身乏力、厌油腻食物、恶心、肝区疼痛等症状就诊，以"急性乙型肝炎"入院。因临近研究生考试，患者非常担心影响考试，更害怕被同学歧视，再三询问护士自己疾病的预后和有无不良后果。

问题：
1. 患者面临的主要压力有哪些？
2. 这些压力会对他的机体有什么影响？
3. 护士应采取哪些措施来帮助他？

压力是一种跨越人格、文化和时间的全人类体验，这种体验贯穿于人的一生。正确认识压力，并有效应对压力成为人们生存与生活的必备能力。因此，护理人员应运用压力与适应理论，减轻患者的压力反应，提高患者的适应能力。

（一）压力、压力源、压力反应

1. 压力（stress） 又称为应激或紧张，在不同的时期和不同的学科中有不同的含义。"压力之父"汉斯·塞里（Hans Selye）认为："压力是个体对任何需求做出非特异性反应的一个过程。"

2. 压力源（stressor） 指产生压力（应激、紧张）的来源。压力源存在于生活的各个方面，既可以来自个体的内部，也可以来自于外部；既可以是躯体的，也可以是心理社会的。常见的压力源如下：

（1）躯体性压力源：指对个体直接产生刺激作用的各种刺激物，包括各种理化因素、生物因素、生理病理因素的刺激。物理因素，如温度、光线、噪声、放射线的刺激，暴力等；化学因素，如空气、水的污染、药物毒副作用等；生理因素，如月经期、妊娠期、更年期的改变，饥饿、疲劳等；病理因素如外伤、疼痛、疾病等。

（2）心理性压力源：指来自于大脑中的紧张信息而产生的刺激，如焦虑、恐惧、生气、挫折、不祥预感等。

（3）社会性压力源：指因各种社会现象或人际关系而产生的刺激，如下岗、失业、失恋、自然灾害、搬迁、人际关系紧张、理想与现实冲突等。

（4）文化性压力源：指文化环境的改变而产生的刺激，如个体初到一个陌生的环境由于语言、风俗习惯、生活方式、宗教信仰等不同而产生的压力。

了解护理工作中的压力，知道应对措施和学会适应，以积极、饱满的热情投身护理工作。

3. 压力反应（stress response） 指个体对压力源的反应。包括以下几个方面。

（1）生理反应：如心率加快、血压升高、需氧量增高、免疫力降低、胃液分泌增加、括约肌失去控制等。

（2）情绪反应：如焦虑、恐惧、愤怒、悲伤、抑郁、敌意、自怜等。

（3）认知反应：如注意力分散、记忆力下降、思维迟钝等。

（4）行为反应：如出现重复动作（吸烟、来回踱步）、行为紊乱或退化、隐退或回避等。

压力反应的一般性规律

1. 多种压力源可以引起同一种反应。
2. 人们对同一种反应可以是各种各样的。
3. 大多数人都设法避免外伤、疼痛、过低或过高的温度等一般性的压力源。
4. 对极端的压力源如灾难性事件的反应是类似的。
5. 压力反应的强度和时间取决于既往经历、社会交往等。
6. 压力源的挑战，在某些情况下是有益的。

（二）有关压力的理论

1. 塞里的压力适应理论 塞里（Hans Selye）是加拿大生理心理学家，从20世纪40年代开始，他主要从生理角度描述了人体对压力的反应，认为压力的生理反应包括全身适应症候群（general adaptation syndrome，GAS）和局部适应症候群（local adaptation syndrome，LAS）。GAS指机体面临长期不断的压力而产生的一些共同的症状和体征，如全身不适、体重下降、疲乏、倦怠、疼痛、失眠、胃肠功能紊乱等。LAS是机体应对局部压力源而产生的局部反应，如身体局部炎症出现红肿热痛与功能障碍。反应过程分三个阶段。

（1）警告期：是压力源的刺激，机体出现一系列以交感神经兴奋为主的改变，表现为血糖、血压升高，心跳加快，肌肉紧张度增加。其目的是唤起体内的防御能力以维护内稳定。

（2）抵抗期：是机体内部动员起来防御应付应激源的表现。结果有两种：一是机体成功抵御了压力，内环境重建稳定；二是压力持续存在，进入衰竭期。

（3）衰竭期：由于压力源过强或过长时间侵袭机体，使机体的适应性资源被耗尽，故个体已没有能量来抵御压力源，这样，不良的生理反应可能会不断出现，最终导致个体抵抗力下降、衰竭、死亡。

2. 拉扎勒斯的压力与应对模式　拉扎勒斯（Richard S. Lazarus）是美国著名心理学家，他从20世纪60年代开始对压力进行心理认知方面的研究，提出了压力与应对模式。

拉扎勒斯认为，压力是人与环境相互作用的产物，当压力源超过自身的应对能力和应对资源时就会产生压力。因此，压力是内外需求与机体应对资源间失衡而产生的。在此过程中，个体的认知评价和应对起了重要作用（图3-4）。

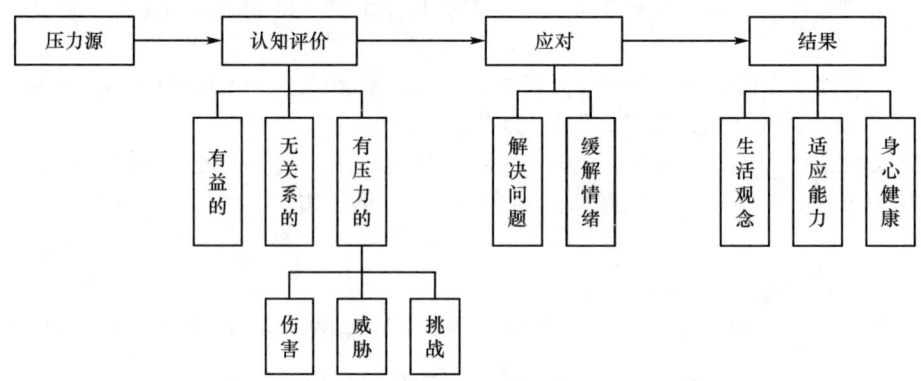

图3-4　拉扎勒斯的压力与适应模式示意图

（1）认知评价（cognitive appraisal）：指个体觉察到情境对自身是否有影响的认知过程。包括三种方式：初级评价、次级评价、重新评价（图3-5）。

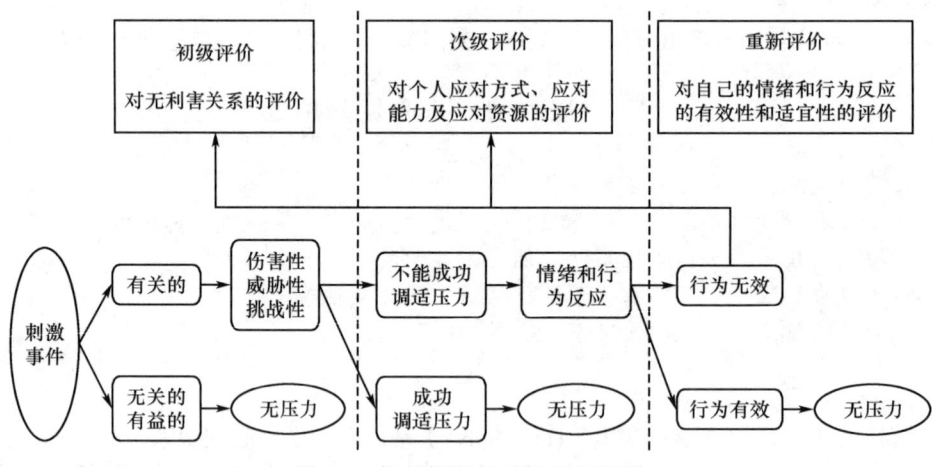

图3-5　拉扎勒斯的三级认知评价

1）初级评价（primary appraisal）：指人确认刺激事件与自己是否有利害关系及与这种关系的程度。结果有三种：有益的、无关系的、有压力的。有压力事件包括3种情况：伤害、威胁和挑战。

2）次级评价（secondary appraisal）：是对个人应对方式、应对能力及应对资源的评价。

若初级评价认为刺激物可能对自身造成压力,就开始次级评价。次级评价后产生相应的情绪反应,如焦虑、恐惧或高兴、骄傲。

3)重新评价(reappraisal):指人对自己的情绪和行为反应的有效性和适宜性的评价,是一种反馈性行为。如果重新评价结果表明行为无效或不适宜,人们就会调整自己对刺激事件的再次评价,并相应地调整自己的情绪和行为反应。

(2)应对:是个体为满足机体的内外部需求所做的持续性的认知和行为方面的努力。应对的方式包括采取积极行动、回避、任其自然、寻求信息及帮助、应用心理防御机制等。应对的功能有两种:解决问题或缓解情绪。

(三)压力的防卫和适应

1. 对压力的防卫　压力源所造成的影响大小取决于人的个性、对压力的感知及应对压力的能力和条件。人们为了对抗压力常采用以下防卫机制,主动应对压力,避免严重压力反应以保护自己。

(1)对抗压力源的第一线防卫——生理与心理防卫

1)生理防卫:指遗传因素、身体的一般状况、营养状态、免疫功能等,如完好的皮肤和健全的免疫系统可抵抗病毒、细菌等压力源的进攻,而营养不良者即使轻伤也很易引发感染。

2)心理防卫:指心理上对压力做出适当反应的能力。它与个体对付压力源的既往经验、智力、教育水平、生活方式、支持系统、经济状况、出现焦虑的倾向等有关。坚强的人相信人生是有意义的,人可以改变环境,这种人在任何困境中都能积极地面对压力并很快适应。

(2)对抗压力源的第二线防卫——自力救助:当一个人面对的压力源较强大而防卫线较弱时,会出现一系列的身心两方面的压力反应。若反应严重,就必须采用自我救助的方法来对抗和控制压力的反应,以减少发展成急、慢性疾病的可能。并采取正确对待问题、正确对待情感、利用可能得到的支持力量以减少压力的生理和心理影响。

(3)对抗压力源的第三线防卫——专业辅助:当强烈的压力源导致心身疾病时,就必须寻求医护人员的帮助,由医护人员帮助患者掌握各种应对技巧,如提供必要的健康咨询和教育,给予针对性的药物治疗、物理治疗或心理治疗等,以利于疾病痊愈。

第三线防卫是非常重要的,若专业辅助不及时或不恰当,则会使病情加重或演变成慢性疾病,如高血压、溃疡性结肠炎、抑郁症、精神分裂症等。这些疾病又可以成为新的压力源,加重患者的负担,并进一步影响其身心健康。

2. 对压力的适应

(1)适应(adaptation):是应对的最终目的,是生物体调整自己适应环境的能力,或促使生物体更能适于生存的过程。

(2)适应的层次

1)生理层次:指外界对人体的需求增加或改变时,在人体内所发生的反应。如进行长跑锻炼时长期坚持下去就不会觉得肌肉酸痛。

2)心理层次:调整自己的态度去认识压力源,运用心理防卫机制摆脱或消除压力,恢复心理平衡的过程。

3)社会文化层次:是调整个人行为,使之与各种不同群体的信念、习俗及规范协调。如刚参加工作的护理人员,必须尽快熟悉医院的环境,遵守医院的规章制度等。

4)技术层次:是人们利用掌握的各种技术来改变或控制周围环境中的许多压力源。

(3)适应的特征

1)适应是包括生理、心理、社会文化、技术等多层次的、全身性的反应。如护生进入临床实习时,首先要有充沛的体力以适应临床紧张的工作,并且心理上能承受责任感和随时面对各种问题;其次,要遵守医院和病区的规章制度,与医生、护理人员、患者等有效地沟通和保持良好的人际关系；另外，还应掌握专业知识和过硬的操作技术，才能逐步适应临床工作。

2）适应是有限度的。一般来讲，生理阶段的适应范围较窄，如体温、血糖浓度等的适应范围都较局限。而心理阶段的适应范围较广，个人使用的应对方法和适应水平也不同。

3）适应与个人的应对资源、时间等有关。每个人的生理和心理状况、个性、经历不同，适应能力也就有所不同；同时，时间充足有利于调动更多的资源对抗压力源，适应也就较容易。如慢性失血时，虽然血红蛋白含量较低，但并未引起休克。

4）适应反应通常是对人们有利的，但有时可以是不足的、过度的或不适当的，适应本身也可能是有压力的。

（四）压力与适应理论在护理工作中的应用

疾病作为一种压力，在人的生命过程中是很难避免的，患者可能因此面临更多的压力源，适应不良时会加重病情。因此，护理人员应帮助患者处理因疾病和住院造成的压力，提高其适应能力，以恢复和维持身心平衡。

1. 医院中常见的压力源

（1）环境陌生：如住院患者对病室环境不熟悉，对负责自己的医生和护理人员不了解，对医院的饮食不习惯，对医院的作息制度不适应等。

（2）疾病威胁：如患者知道自己可能患了难治或不治之症，或即将进行的手术可能致残或影响身体的功能、形象，或者突然生病住院，没有心理准备等。

（3）缺乏信息：如患者对自己所患病的诊断、治疗及即将采取的护理措施等不清楚，对手术和药物疗效存在疑虑，对医护人员所说的术语不明白，或者是患者所提的问题没能得到满意的答复等。

（4）丧失自尊：如患者因患病而失去自我照顾的能力，由他人帮助进食、入厕、洗澡、穿衣或必须卧床休息，而不能按照自己的意志行事的时候，会感到难以忍受。

（5）不被重视：医护人员没有能及时地协助患者满足基本需要，忽视与患者沟通等。

2. 与护理工作有关的压力源

（1）护理人员不全面了解患者的需要（生理的、心理的、社会的）。

（2）护理人员的工作能力差，不能及时发现病情变化及处理。

（3）护理人员忽略了环境对患者的刺激，如噪声、光线、温度的不适。

（4）由于护理工作忙而忽视"承诺"，以致影响护患之间的相互信任。

（5）护理工作中未能得到家属的配合。

3. 护理人员应帮助患者适应压力　护理人员应正确评估患者所受压力的程度、时间、过去的耐受力大小及社会的支持等。

（1）协助患者适应医院环境：护理人员应为患者创造一个整洁、安静、舒适、安全的病室环境。如一位新患者入院，护理人员应主动热情地接待患者，介绍医院的环境、有关规章制度及负责的医生、护理人员，使患者消除由于陌生和孤独带来的心理压力。

（2）协助患者适应患者角色：护理人员对患者要表示接纳、尊重、关心和爱护。护理人员应主动了解不同病情、来自不同生活背景的患者的心理、生理感受，给予恰当的心理疏导；让患者参与治疗和护理计划，以减轻顾虑，主动配合；对恢复期患者，要避免患者角色行为强化，启发其对生活和工作的兴趣，逐渐适应自立的需要。

（3）协助患者保持良好的自我形象：住院后，患者的穿着、饮食、活动都要受到医院的限制，常常会感到失去了原来的自我；同时，由于疾病所致自理能力的降低，又会使患者感到自卑。护理人员应尊重患者，协助患者保持整洁的外表，改善患者的自我形象，适当照顾患者原来的生活习惯和爱好，使患者获得自尊和自信。

（4）协助患者建立良好的人际关系：护理人员应鼓励患者与医护人员、同室病友融洽相处，并动员家庭及社会支持系统的关心和帮助，使患者感受到周围人对他的关怀和爱护，促进其身心健康的恢复。

> 考点提示：压力的概念；压力源的种类，塞利压力适应理论的主要内容；压力的防卫和适应

四、成长与发展理论

成长与发展贯穿人的生命过程，人在每一个成长发展阶段有不同的特点和特殊的要求，护理服务对象包括各年龄阶段的人，护理人员必须了解人的生命全过程，提供适合于护理对象不同生命阶段的护理。

（一）成长与发展的概念

1. 成长（growth）　指个体在生理方面的量性增长。如身高、体重及年龄。
2. 发展（development）　是个体随年龄增长及与环境间的互动而产生的身心变化过程。它是生命中有顺序的、可预测的变化，是学习的结果和成熟的象征。发展是人的一生中持续进行的，它不仅包括生理方面的变化，还包括心理和社会方面的适应及改变。

（二）成长与发展的内容

1. 生理方面（physiologic）　指体格的生长和改变、机体各组织器官的发育和功能完善。
2. 认知方面（cognitive）　指感知、判断、推理、记忆、思维、想象和理解能力发展。
3. 社会方面（social）　指社会交往过程中与他人、群体及社会互动能力的发展。
4. 情感方面（emotional）　指人对客观事物的一种主观的态度检验，如喜、怒、哀、乐等。
5. 精神方面（spiritual）　指对个人生命的意义、生存价值的认识。
6. 道德方面（moral）　指信仰及是非观念的形成，道德观念的发展受社会文化背景的影响。

（三）影响成长与发展的因素

遗传和环境因素是影响成长发展的两个基本因素，遗传决定生长发育的潜力，但又受到环境因素的作用和调节。

1. 遗传因素　成长与发展受父母双方遗传因素的影响，表现在身高、体型、肤色及面部特征等生理方面，同时，也表现在性格气质和智力等心理社会方面。
2. 个人因素　在成长过程中具有决定性的内因作用。

（1）个人健康状况：一个人的健康状况不仅会影响到他的体格发育，而且会不同程度影响他的心理及智力发育，疾病、创伤等因素均会影响儿童的成长发展。

（2）自我因素：人有自我意识后其独立的行为也开始出现，使每个人有能力去选择自己的生活方式，不同程度地影响个人的身心发育。

（3）其他：内环境稳定、个人动机、学习及社会化过程等也会影响人的成长与发展。

3. 环境及其他因素

（1）孕母状况：胎儿在宫内的发育受孕母生活环境、营养、情绪和健康状况等各种因素的影响。

（2）营养状况：充足合理的营养是生长发育的物质基础，是保证健康成长发展的重要因素。营养不良会导致体格发育的迟滞，影响智力及心理社会能力的发展；营养过剩又会导致肥胖甚至疾病。

（3）家庭学校：家庭是个体出生后接触最多、关系最密切的环境。家庭的居住环境、卫生习惯、保健措施、生活方式、家庭教育及家庭氛围等都影响儿童的成长发展过程。学校通

过系统地传授知识，帮助个体在认知方面成长、体格锻炼与艺术熏陶，提供给个体将来立足于社会必要的知识、技能与社会规范。

（4）社会文化：不同文化背景下的教养方式、生活习俗、宗教信仰等对人的成长发展有一定程度的影响。

（四）成长与发展的规律

1. 预测性和顺序性　成长与发展具有一定规律，按照一定顺序的、有规律的和可预测的方式进行。生长发育常遵循顺序：由上到下、由近到远、由粗到细、由简单到复杂、由低级到高级。

2. 连续性和阶段性　每个人成长发展是一个连续过程，但并非等速进行，具有阶段性。每个人都要经过相同的发展阶段，每个发展阶段都有一定的特点，并都有一定的发展任务，每个人在完成一个阶段的任务后，才能进入到下一个阶段。

3. 个体差异性　每个人的发展都是在个人遗传基因及与环境的互动下按照自己的独特方式和速度进行。

4. 关键时期　成长发展过程在某些时期是某方面能力发展的最佳时期，例如，婴幼儿期是形成人的基本人格因素如生活态度、健康行为、素质气质、价值信仰等的关键时期，如果错过了此阶段的发展关键期，则会影响日后这方面能力的发展。

（五）成长与发展理论

生物—理—社会学家从不同的角度对人的成长与发展进行了深入研究并提出了许多理论，这里主要介绍弗洛伊德的性心理学说、艾瑞克森的心理社会发展理论和皮亚杰的认知发展理论。

1. 弗洛伊德的性心理学说　弗洛伊德（Sigmund Freud，1856—1939）是奥地利著名的精神病学家，被誉为"现代心理学之父"。他通过精神分析法观察人的行为，创建了他的性心理学说。根据这个学说，人类是倾向于自卫、享乐和求生存的，其原动力为原欲又称本能冲动。原欲始自性冲动，是一种性的力量，是促使人达到目标的动力，也是性心理发展的基础。

（1）人格结构：弗洛伊德的人格结构理论认为，人格由3部分组成。

1）本我（id）：是人格最原始的部分，其中性本能对人格发展尤为重要。本我受快乐原则支配，目的在于争取最大的快乐和最小的痛苦。

2）自我（ego）：是人格中理智而符合现实的部分，自我受现实原则支配，用社会所允许的行动满足本我的需求，在本我的冲动欲望和外部现实世界对人的制约之间起调节作用，使人的行为适应社会和环境。

3）超我（superego）：是人格最具理性的部分，超我受完美原则支配，是按照社会规范、伦理道德及习俗对个体进行监督和管制，使其行为符合社会规范和要求，做到尽善尽美。

（2）人格发展：弗洛伊德的人格发展理论主要论述了性心理的发展，他将性心理发展分为5个阶段。

1）口欲期（oral stage）：0—1岁以前，此期原欲集中在口部。婴儿的吮吸和进食欲望若能得到满足，可带来舒适和安全感。若过于满足或未得到满足则会造成人格的固结现象，从而出现日后的自恋、过于乐观或悲观、吮手指、咬指甲、吸烟、酗酒等。

2）肛欲期（anal stage）：1—3岁，此期原欲集中在肛门区。健康的发展建立在控制排便所带来的愉快经历上，从而养成讲卫生、能控制自己和遵守秩序的习惯。固结则会造成缺乏自我意识或自以为是等。

3）性蕾期（phallic stage）：3—6岁，原欲集中在生殖器。孩子最初的性情感是向双亲发展的,男孩通过恋母情结而更喜欢母亲,女孩则通过恋父情结而偏爱父亲。健康的发展在于与同性别的父亲或母亲建立起性别认同感。当孩子知道其欲望需要控制时,超我便发展了。固结则会造成性别认同困难或难以建立正确的道德观念。

4)潜伏期(latent stage):6—12岁,随着超我的建立,性心理进入了潜伏期,把性冲动埋在潜意识中,而将精力集中在智力和体育活动上。此期是个平静时期,愉快来自于外在的环境,固结则会造成强迫性人格。

5)生殖期(genital stage):12岁以后,原欲又重新回到生殖器。将注意力转移到年龄接近的异性伴侣,性心理发展趋于成熟。发展不顺会导致性功能不良,难以建立融洽的两性关系或变态人格。

(3)弗洛伊德理论在护理上的应用

1)口欲期:喂养可为婴儿带来快乐、舒适和安全感。因此,喂养应及时,方法应得当。

2)肛门期:对幼儿进行大小便训练,并适当表扬鼓励,给孩子愉快的经历,利于健康人格的发展。

3)性蕾期:孩子对异性父母的认识有助于日后建立起正确的道德观与良好的两性关系,因此应鼓励他对性别的认同。

4)潜伏期:鼓励孩子追求知识,认真学习与锻炼身体。

5)生殖期:鼓励孩子自立、自强和自己做决定,正确引导青少年与异性交往。

2. 艾瑞克森的心理社会发展理论　艾瑞克森(Erik Erikson,1902—1994)是美国哈佛大学的一位心理分析学家,他在弗洛伊德的性心理发展学说基础上提出了解释整个生命历程的心理社会发展理论。认为影响个人发展的主要因素是来自社会心理因素而不是性心理因素,而且贯穿了整个生命过程。

艾瑞克森将人格发展分为8期,每一时期都各有一个主要的心理社会危机要面对。危机是由正常发展而产生,属于正常现象,是人生每一时期特定的问题或困难。危机处理得好与不好将导致正性或负性的社会心理发展结果。解决得越好就越接近正性,也就越能发展成健康的人格。

(1)婴儿期(infancy):0—18个月。此期的主要危机是信任对不信任。若正向发展,则婴儿学会相信别人;否则表现出不信任、退缩或疏远别人。

(2)幼儿期(early childhood):18个月至3岁。此期的主要危机是自主对羞愧。若正向发展,则幼儿学会自控而不失自尊,能与人共处;否则,常出现过度自我约束或依从别人的行为。

(3)学龄前期(late childhood):3—5岁。此期的主要危机是主动对内疚。若正向发展,则孩子敢于有目的地去影响和改变环境,并能评价自己的行为;否则,表现出缺乏自信,态度消极,怕出错,过于限制自己的活动。

(4)学龄期(school age):6—12岁。此期的主要危机是勤奋对自卑。若正向发展,则孩子能求得创造与自我发展,并能控制自己的世界;否则,表现出对自己失望,并从学校的学习及同学的交往中退缩下来。

(5)青春期(adolescence):12—18岁。此期的主要危机是自我认同对角色紊乱。若正向发展,则孩子有自我认同感及发展自身潜能的计划;否则,角色模糊不清,难以达到角色要求。

(6)青年期(young adulthood):18—35岁。此期的主要危机是亲密对孤独。若正向发展,则能与异性建立起亲密关系,对工作和家庭尽职尽责;否则,表现出缺乏人际交往能力,逃避工作或家庭中的责任。

(7)中年期(adulthood):35—65岁。此期的主要危机是繁殖对停滞。若正向发展,则表现出富有创造性，生活充实，关心他人；否则，会纵容自己，自私，缺乏责任心与兴趣。

（8）老年期（old age）：65岁以上。此期的主要危机是完善对失望。若正向发展，则感到一生值得，安享晚年，能乐观对待死亡；否则，会产生失望感，鄙视他人，悔恨往事，恐惧死亡。

运用艾瑞克森心理社会发展理论，护理人员可评估患者所表现出的正性或负性危机，分析其在相应的发展阶段上的心理社会危机情况，然后给予正确的指导。

3. 皮亚杰的认知发展理论　皮亚杰（Jean Piaget，1996—1980）是瑞士一位杰出的心理学家。他通过对儿童行为的详细观察发展了认知发展学说。他认为儿童思维的发展并不是由教师或父母传授的，而是通过自身与环境相互作用，经同化和顺应两个基本认知过程而形成。当个体面临一个刺激情境或困难情境时，企图用原有的认知结构去解决新问题，这种认知历程称为同化（assimilation）。如果原有的认知结构不能对新事物产生认知，个体只有通过改变或扩大原有的认知结构，以适应新的情况，这种认知心理历程称为顺应（accommodation）。皮亚杰将认知发展过程分为四个阶段。

（1）感觉运动期（sensorimotor stage）：0—2岁。皮亚杰又进一步将此期分为6个小段，即反射练习阶段、初级循环反应阶段、二级循环反应阶段、二级图式协调阶段、三级循环反应阶段及表象思维开始阶段。此期婴幼儿出现智力萌芽和追求目标的动作，思维的特点是婴幼儿通过身体的动作与感觉来认识周围的世界。

（2）前运思期（preoperational stage）：2—7岁。此期儿童的思维发展到了使用符号的水平，即开始使用语言来表达自己的需要，但思维缺乏系统性和逻辑性。以自我为中心，观察事物时只能集中于问题的一个方面且不能持久和分类，不能用概念反映事物间的联系。

（3）具体运思期（concrete operational stage）：7—11岁。此期儿童摆脱以自我为中心，能同时考虑问题的两个方面或更多方面，如能接受物体数目、长度、面积、体积和重量的改变，开始形成逻辑思维能力。

（4）形式运思期（formal operational stage）：12岁以后。此期儿童思维迅速发展，能进行抽象思维和假设推理，开始思考真理、公正、道德等抽象问题，能独立地在心中整理自己的思想，并能按所有的可能性进行演绎、推理。

皮亚杰的认知发展理论被护理工作者广泛应用在对儿童的教育及与儿童的沟通方面，如在儿童教育方面提倡启发式教学，为儿童设定具体问题让其自己去解决，避免灌输式教学，在与儿童沟通时注意避免使用抽象难懂的词句，从而达到有效的沟通效果。

第2节　护理学理论模式

随着护理学的不断发展，自20世纪50年代，护理理论家提出了一些专门论述护理的理论或模式，为建立护理独特的理论体系和护理学的发展奠定了基础。各种模式从不同的角度对护理学的基本概念，人、环境、健康和护理进行了描述，每个模式的着眼点侧重点各有不同。不同的护理理论、模式相互补充，丰富和完整了护理学的理论体系，使人们对护理有了多角度、多层次的认识，为护理实践、教育、科研和管理提供了依据，对护理专业的发展具有一定的指导意义。

第 3 章 护理学理论

案例3-3

患者男性，65 岁。糖尿病并发酮症酸中毒昏迷入院，入院后护士采取全面的护理和照顾，经 2 周精心治疗与护理，患者可自行下床活动。

问题：
1. 此时患者需要什么样的护理照顾？
2. 一个人在什么情况下，需要接受护理照顾？
3. 患者的自理能力不同，采取的护理模式一样吗？应如何指导我们的护理实践工作？

一、奥瑞姆与自理模式

自理模式是由美国护理理论家奥瑞姆（Dorothea Elizabeth Orem）最初于 1959 年提出的，并在以后的护理工作中得到完善和发展，现在护理教育、科研和临床实践中得到广泛的应用。

奥瑞姆与自理理论

奥瑞姆1914年生于美国马里兰州，1932年获护理大专学历，1939年获护理学士学位，1945 年获护理教育硕士学位，1957 年受聘于国家卫生教育福利部教育司，主管临床护士的培训工作。1958 年奥瑞姆就开始思考："一个人在什么情况下，需要接受护理照顾"这个问题，并由此逐渐形成了有关"自理"的概念。1971年出版了《护理：实践的概念》，系统阐述了自理理论。

应通过不断的学习，提高自身知识水平，并养成积极思考的习惯。

（一）主要概念

1. **自理** 是人在每日的现实生活中为维持生命健康、正常成长及完整状态而采取的有目的活动。
2. **自理力** 是个体完成自理活动或自我照顾的能力。
3. **治疗性自理需要** 是个人通过正确而有效的途径以满足自己的发展及功能的需要。
4. **自理总需要** 人们为了满足自理需要而采取的活动。自理总需要包括三方面：

（1）一般的自理需要：是人类为了维持自身结构功能的完整的需要。包括摄入足够的空气、水、食物；维持良好的排泄功能；保持活动与休息的平衡；满足社交的需要；避免有害因素对机体的刺激；促进人的整体功能与发展的需要等。

（2）发展的自理需要：在生命发展过程中，各阶段特定的自理需要及在某种特殊情况下出现的新需求。如怀孕期、儿童期、青春期、更年期的自理需要，失去至亲的调整，对新工作的适应等。

（3）健康不佳的自理需要：在疾病、伤残等情况的自理需要。包括寻求健康服务，了解病变及预后，配合诊疗和护理，学习相应的护理技能，树立自我概念及自我形象等。

（二）理论结构

奥瑞姆自理模式包括三个相关理论结构：自理结构、自理缺陷结构、护理系统结构。

1. **自理结构** 自理是人类的本能但并非天生具有，是个体在成熟过程中通过学习而获得，因而受年龄、生活经历、文化背景、健康及经济状况等因素的影响。每个人都有自理需要，而护理所关心的是个体的自理力在特定时期是否能满足其自理需要。奥瑞姆自我护理结构旨在说明什么是自理。

2. 自理缺陷结构　这是奥瑞姆理论的核心部分，阐述了个体什么时候需要护理。当个体的自理能力小于自理需要时就会出现自理缺陷，自理缺陷的个体是护理的重点对象（图3-6）。

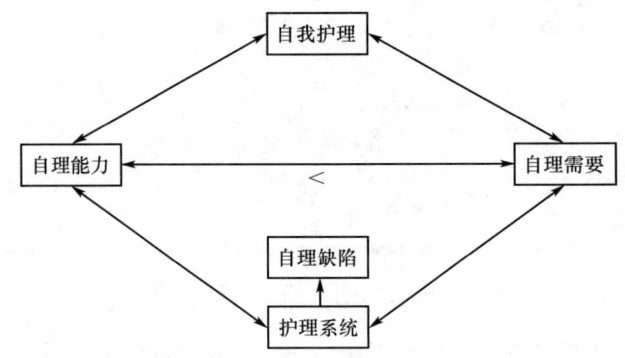

图 3-6　Orem 自理缺陷模式图

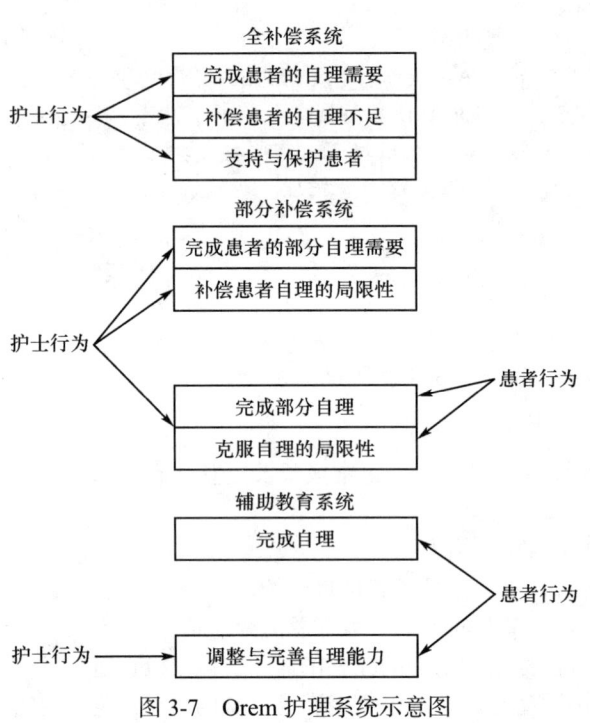

图 3-7　Orem 护理系统示意图

3. 护理系统结构　是在人出现自理缺陷时护理活动的体现。根据患者的自理需要和自理能力的不同分为三种不同的护理系统：全补偿系统、部分补偿系统和支持-教育系统。护理系统的作用主要是满足个体的自理需要或调整个体的自理能力（图3-7）。

（1）全补偿系统：患者没有自理能力，所有的自理需要完全依靠护理人员来满足。此系统应用于以下患者：①患者在神志、体力上均没有能力进行自理，如昏迷患者；②患者神志清楚，但体力无法满足自理需要，如高位截瘫、脑卒中患者；③患者有精神障碍，无法对自己的自理需要做出正确判断和决定，如精神分裂症、老年痴呆症患者。

（2）部分补偿系统：护理人员和患者共同完成自理需要。适用于能完成部分自理的患者，如手术后患者。

（3）支持-教育系统：患者能满足自理需要，但必须要护理人员提供咨询、指导与教育才能完成。如糖尿病患者的饮食自理活动。

（三）自理模式与护理的四个主要概念

1. 人　是一个具有生理、心理、社会等不同自理能力的整体，人具有学习和发展的潜力，人通过学习行为达到自理。一个人若不会学习或者学不会自理，只有别人学习后再提供给他。

2. 健康　良好的生理、心理、人际关系和社会适应是人体健康不可分割的部分。自理对维持健康是必需的，当人不能自理时，疾病便会出现。

3. 环境　奥瑞姆视环境是"存在于人的周围并影响人的自理能力的各种因素"。人与环境组成一个系统，人会利用不同的技巧去控制或改变环境，以满足自己的需要或适应环境。

4. 护理　是预防自理缺陷发展并为有自理缺陷者提供护理活动。护理是一种服务，是一种助人的方式。

（四）自理模式与护理实践的关系

1. 评估患者的自理能力和自理需要　护理人员可以通过收集资料确定患者存在的自理缺陷及引起自理缺陷的原因，从而决定患者是否需要护理帮助或需要哪方面的护理帮助。

2. 设计恰当的护理系统　根据患者的自理能力及自理需要确定全补偿系统、部分补偿系统或辅助教育系统。然后设计护理方案满足患者的自理需要，达到促进健康，增进自理的目的。

3. 实施护理　根据护理计划实施护理，评价护理结果，根据患者实际情况调整护理方案，提高患者自理能力。

> 考点提示：
> 自理总需要的分类、护理系统结构的主要内容

二、罗伊与适应模式

适应模式是美国护理学家罗伊（Sister Callista Roy）在20世纪70年代提出的，围绕人的适应性行为进行护理，使人的适应能力提高，达到帮助人恢复和维持健康。

（一）适应模式的内容及概念

罗伊适应模式内容包括五个基本要素：人、护理目标、护理活动、健康和环境。

1. 人　可以是个体，也可以是家庭、群体、社区或社会。人作为一个有生命的系统，需要不断与环境进行信息、物质、能量的交换，而人在环境中要保持自身完整也必须适应环境的变化，因此，人被认为是一个适应系统（图3-8）。

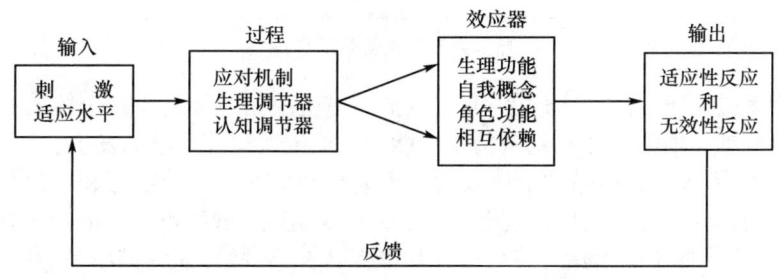

图3-8　人作为一个适应系统示意图

（1）输入：由刺激和适应水平构成。

1）刺激是能够引起护理对象某种反应的内部或外部的任何事物。刺激分为三类：①主要刺激，指当时面对的需要立即适应的刺激，它可以是生理上的改变如外伤、疼痛等，也可以是环境的改变如住院、迁居等，还可以是一种关系的改变如家庭添加新成员。②相关刺激，指所有内在的或外在的，对当时情景有影响的刺激，如遗传因素、年龄、性别、文化、药物、烟酒、自我概念、角色、相互依赖等。③固有刺激，指原有的构成本人特性刺激，如一个人的经验、态度、个性、嗜好、职业等。

2）适应水平指在一般情况下可实现适应性反应的刺激强度。每个人的适应水平不同，受各人应对机制影响而不断变化。

（2）输出：是人的行为。输出行为可以是内部的和外部的，可以被观察测量和记录的。罗伊将输出分为适应性反应和无效性反应，适应性反应可促进人的完整性，并使人得以生存、成长、繁衍、主宰及自我实现，无效性反应则不能达到以上目的。

（3）过程：罗伊用应对机制来描述人作为适应系统的控制过程。有些应对机制是先天获得的，如对抗细菌入侵的白细胞防御系统，称其为生理调节器；而有些应对机制是后天学来的，如用抗生素治疗细菌感染，称其为认知调节器。为了维护机体的完整性，生理调节器和认知调节器常需协调一致共同发挥作用。

（4）效应器：即生理调节器和认知调节器共同作用于生理功能、自我概念、角色功能、相互依赖以维持四个层面的适应。①生理功能方面包括呼吸、循环、营养、排泄、休息、活动、水电解质的平衡、皮肤的完整等。②自我概念包括躯体自我和个人自我，即对自我形象以及自我理想、期望、道德感等。③角色功能是行使社会角色的表现，如角色转移、角色冲突等。④相互依赖是个人与其重要关系人及社会支持系统间的相互关系，如焦虑、孤独等。通过以上四个方面的观察，护理人员可识别个体所做出的反应是适应性反应还是无效性反应。

2. 护理目标　是促进人在四个适应层面上的适应性反应。人对于变化的适应情况取决于输入刺激的强度和人的适应水平（图3-9）。

图3-9　适应水平示意图

3. 护理活动　护理人员可通过采取有效护理措施控制各种刺激在个体的适应范围内或扩展人的适应范围，增强个体对刺激的耐受能力，促进适应性反应的发生。

4. 健康　罗伊认为健康是"个体成为一个完整和全面的人的状态和过程"。人的完整性表现在有能力达到生存、成长、繁衍、主宰和自我实现。健康也是人的功能处于对刺激的持续适应状态，若个体不断地适应各种变化就能保持健康，故可认为健康是适应的一种反应。

5. 环境　罗伊认为环境是"围绕并影响个体或群体发展与行为的所有情况事件及因素"，环境中包含主要刺激、相关刺激和固有刺激输入这个适应系统。

（二）适应模式与护理实践的关系

罗伊根据模式的发展，将护理工作方法分为六个步骤。

1. 一级评估　是收集与生理功能、自我概念、角色功能和相互依赖四个层面有关的输出性行为，可以确定患者的行为是适应性反应还是无效性反应。

2. 二级评估　是对影响患者行为的三种刺激因素的评估，通过二级评估可帮助护理人员明确引发患者无效性反应的原因。

3. 护理诊断　是对患者适应状态的陈述或诊断。护理人员通过一级和二级评估，可明确患者无效性反应及原因，进而找出护理诊断。

4. 制定目标　目标是对患者经护理干预后应达到的行为结果的陈述。制定目标时应尽可能与患者共同制定，且制定可观察、可测量和可达到的目标。

5. 干预　是护理措施的制定与实施。通过护理干预使适应系统刺激全部作用于个体适应范围内，护理干预也可提高人的应对能力，扩大适应范围以促进适应。

6. 评价　即评估护理目标是否达到，对输出行为与目标进行比较，找出差距和未达到的原因，然后根据评价结果进行计划的修订与调整。

三、纽曼与保健系统模式

保健系统模式是贝蒂·纽曼（Betty Newman）于20世纪70年代提出的，现广泛应用于指导社区护理及临床护理实践。

> **纽曼的简介**
> 纽曼于1924年出生于美国俄亥俄州洛厄尔的一个农场家庭，受父亲的影响（她的父亲患有慢性肾病，对多年来照顾他的护士评价很高），她对护理产生了浓厚的兴趣。1947年，纽曼接受护理大专教育，1957年获公共卫生护理学学士学位，1966年获精神卫生学硕士学位，1985年获临床心理学博士学位。曾从事临床护理人员、护理人员长、护理部主任、公共卫生护理人员、精神病咨询专家、护理系教授、主任等工作。

（一）纽曼保健系统模式内容

纽曼保健系统模式重点叙述三部分内容：人、压力源、反应。

1. **人** 纽曼认为，人是与环境持续互动的开放系统，称为服务对象系统。这个系统的结构可以用围绕着一个核心的一系列同心圆表示（图3-10）。

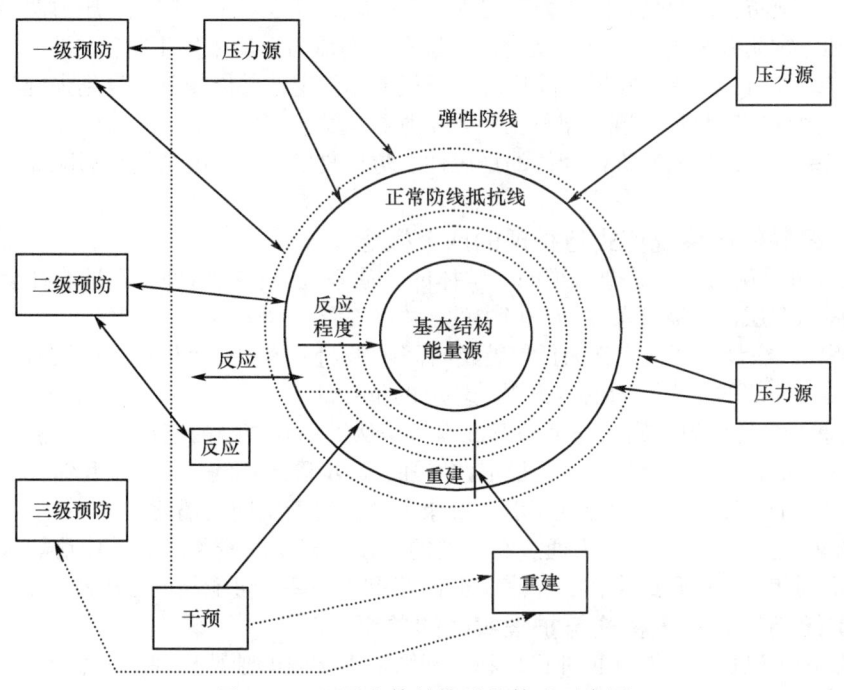

图3-10 纽曼人体结构及整体观示意图

（1）核心部分：为基本结构，是机体的能量源，由生物体共有的生存基本因素组成如解剖结构、生理功能、基因类型、反应类型、自我结构、认知功能等。

（2）弹力防线：最外层虚线圈，位于机体正常防线外，相当机体的缓冲器和滤过器，常处于波动中。弹力防线越宽、距正常防线越远其缓冲保护作用越强。弹力防线受个体生长发育、身心状况、认知技能、社会文化、精神信仰等影响。失眠、营养不足、生活无规律、身心压力过大等都可以削弱其防御功能。弹力防线有防止压力源入侵、缓冲保护正常防线的作用。

（3）正常防线：弹力防线的内层实线圈，位于弹力防线和抵抗线之间。正常防线是人在其生命历程中建立起来的健康状态或稳定状态，是个体在生长发育及与环境互动过程中对环境中压力源不断调整、应对和适应的结果。因此，正常防线的强弱与个体在生理、心理、社会文化、发展、精神等方面对环境中压力源的适应与调节有关。若压力源侵犯到正常防线，个体可表现出稳定性降低和疾病。

（4）抵抗线：紧贴基本结构外层的一系列虚线圈，由支持基本结构和正常防线的一系列已知和未知因素组成如白细胞、免疫功能以及其他生理机制。当压力源入侵到正常防线时，抵抗线被无意识激活，若抵抗线功能有效发挥，它可促使个体回复到正常防线的强健水平，若抵抗线功能失效，可导致个体能量耗竭甚至死亡。

2. 压力源　是引发紧张和导致个体不稳定的所有刺激。分为三种情况：

（1）个体内的：指来自于个体内与内环境有关的压力，如愤怒、悲伤、自我形象改变、自尊紊乱、疼痛、失眠等。

（2）人际间的：指来自于两个或多个个体之间的压力，如夫妻关系、上下级关系、护患关系等。

（3）个体外的：指发生于体外、距离比人际间压力更远的压力，如经济状况不好、环境陌生等。

3. 反应　纽曼认为护理人员应根据个体对压力源的反应采取不同水平的干预。

（1）一级预防：目的是防止压力源侵入正常防线，采取减少或避免与压力源接触、巩固弹性防线和正常防线来进行干预。适合压力源存在而压力反应未发生时。

（2）二级预防：目的是减轻消除反应、恢复个体稳定性并促使其恢复到强健状态。适合个体表现压力反应时早期发现、早期治疗及增强抵抗力。

（3）三级预防：目的是维持个体的稳定性、防止复发。适合继续治疗后减少后遗症，彻底康复。

（二）纽曼保健系统模式与护理的四个概念

1. 人　纽曼认为，人是个多维的、整体的开放系统，包括生理、心理、社会、精神、文化、发展六个层面并彼此关联与环境中的压力源持续互动。

2. 环境　纽曼将环境定义为任何特定时间内影响个体和受个体影响的所有内外因素。人体内部的、外部的、人际间的压力源是环境的重要部分。

3. 健康　纽曼认为健康是一个动态过程，是从疾病到强健的连续体。当机体产生和储存的能量多于消耗时，个体完整性、稳定性增强，逐步迈向强健；当产生和储存的能量不能满足机体时，个体完整性、稳定性减弱，健康渐逝，逐渐走向衰竭死亡。

4. 护理　纽曼将护理定义为通过有目的的干预，减少或避免影响最佳功能状态发挥压力因素和不利状况，以帮助个体、家庭和群体获得并保持尽可能高的健康水平。

（三）纽曼保健系统模式与护理实践的关系

纽曼发展了以护理诊断、护理目标和护理结果为步骤的独特护理工作步骤。

1. 护理诊断　首先评估个体的基本结构、各防线的特征、压力源，然后分析个体对压力源的反应，最后就偏离强健作出护理诊断并排出优先顺序。

2. 护理目标　共同制定护理干预措施，应用一级、二级、三级预防原则来计划护理活动。

3. 护理结果　评价压力源、压力反应、机体防御功能等情况以便修订。

【案例分析】

1. 你能评估患者周某未能得到满足的需要吗？

患者女性，周某，48岁。急诊心电图检查提示为急性前间壁、高侧壁心肌梗死，由平车推送入院，入病房监护室时，患者表情痛苦，面色苍白，四肢冰冷。家属述说患者发生持续心前区疼痛，同时伴有疼痛向后背及双肩放射的症状已约4小时。

分析：周某未满足的需要和相应的护理措施：①生理需要和安全需要，应建立静脉通道，进行心电监护、配合医生采取溶栓措施，维护有效循环及呼吸功能，取舒适体位，绝对卧床休息，保证患者充分的休息与睡眠，保持排便通畅，防止并发症。②爱与归属的需要，应与患者建立良好的护患关系，病情稳定后允许亲友适当探视或陪护。③自尊的需要，听取患者的意见，尊重患者的习惯和信仰，保护患者的隐私。④自我实现的需要，制定活动的治疗方案，鼓励患者逐渐增加活动量，恢复体力，同时做好出院指导。

2. 你能找出患者陈某有哪些主要的压力源吗？

患者男性，38岁。右下腹痛半天来院急诊，经检查诊断为"急性阑尾炎"需立即住院手术治疗。陈某是一公司总经理，工作很忙，故担心很多，希望尽快康复出院工作。

分析：陈某主要的压力源有：①对病室的环境陌生，包括物理环境和心理社会环境。②缺乏相关的知识。③疾病的威胁，手术对身体功能和形象的影响，担心手术存在并发症和危险性。④疾病对工作带来的影响。⑤住院与家人分开，失去部分自由，社交受限。⑥经济有关问题。

根据陈某的情况帮助他制定应对压力的方法：①心理疏导，进行健康教育，提供有关信息。②调动患者的各种社会支持系统，正确对待问题和情感。③创造一个安静整洁舒适的环境。④自我心理保健训练和放松训练。

3. 请根据奥瑞姆自理模式对李某进行评估并选择最佳的护理方案。

李某男性，50岁，公司职员。以往事业顺利，家庭幸福。妻子半年前死于癌症，对其工作和生活造成了很大的影响。对以往喜欢的事情失去了兴趣，很少再与他人交往，并且不注意营养与饮食。与他交谈时，发现他对心脏病的相关知识了解很少。家族史：母亲死于脑卒中，父亲死于冠心病。体检：生命体征均属正常范围。实验室检查：血脂含量较高。

分析：根据奥瑞姆自理结构理论和自理缺陷结构理论，李某有以下自理需要未得到满足。①一般的自理需要：饮食不正常，活动减少。②发展的自理需要：社交活动减少。③健康的自理需要：血脂高、家庭因素、缺乏心脏病的有关知识。李某出现了自理缺陷，但他有自理能力，根据奥瑞姆护理系统结构理论应用支持——教育系统是最佳的护理方案，即提供专业咨询、健康教育、饮食指导等。

4. 你能根据罗伊的适应模式对王某进行评估吗？

患者女性，28岁。诊断"乳腺癌"，入院拟定2天后行乳房切除术。早晨查房时发现患者精神很差，面色苍白，哈欠不断。询问后得知，患者昨晚一夜未能入睡，自述过去每晚至少睡7个小时，昨日得知要行乳房切除术后非常担心影响体形，害怕失去女性魅力而影响夫妻关系，还担心手术能否彻底切除癌肿，今后是否复发，是否影响正常的工作和生活等。昨晚病室抢救患者一夜未关灯，陪护人员多，声音嘈杂，所以思绪烦乱，不能平静。经与丈夫交谈，护理人员了解到该患者性格内向，感情脆弱，其母亲5年前死于乳腺癌。

分析：根据罗伊的适应模式对患者进行评估。

（1）一级评估：患者出现了无效性反映。①生理功能方面：睡眠形态紊乱（失眠）。②自我概念方面：自我形象紊乱。③角色功能方面：角色行为冲突。④相互依赖方面：焦虑。

（2）二级评估：相关的刺激有①主要刺激：住院环境改变。②相关刺激：性别（女）年龄（28岁），其母亲5年前死于乳腺癌，担心乳房切除术后影响形体，失去女性魅力，焦虑等。③固有刺激：性格内向，感情脆弱。

5. 请你为一位有心血管病家族史的中年科技者制定护理干预措施。

分析：根据纽曼保健系统模式，应制定三级预防干预措施，为这位有心血管病家族史的中年科技人员做好保健：①一级预防措施：虽然平时健康良好，但护理人员仍向他介绍，如不吸烟、不酗酒、进清淡低盐饮食，定时锻炼身体，遇事泰然处之，可以加强弹力防线、保护正常防线。②二级预防措施：如果在某时期工作压力大，人际关系不融洽，开始出现疲惫、失眠、食欲欠佳、急躁易怒、血压波动时高于正常范围。此时，护理人员让他采用二级预防如到门诊检查，血压高时服药，合理安排，参加一些娱乐活动，适时放假以便得到休息和松弛。请有重要影响的人对自己加以帮助以缓和人际关系，这样可减轻压力反应，加强抵抗防线，经过一个阶段的调整，其健康可恢复正常。③三级预防措施：护理人员对他进行指导，让他总结哪些措施有利于抵御压力反应并保持健康，持之以恒地坚持下去，以预防上述症状的加重和复发，获得最佳健康。

单项选择题

1. 医院系统的功能大于医院中药剂、医疗、护理等各要素功能的简单相加，说的是系统的（　　）
   A. 整体性　　　　B. 相关性
   C. 动态性　　　　D. 目的性
   E. 层次性

2. 胆囊疾病可以引起右肩部疼痛，如果用系统属性解释，这个现象反映了系统的（　　）属性。
   A. 整体性　　　　B. 相关性
   C. 层次性　　　　D. 动态性
   E. 预决性

3. 护理程序发展的理论依据是（　　）
   A. 塞里的压力适应理论
   B. 罗伊的适应模式
   C. 贝塔朗菲的系统理论
   D. 艾瑞克森的心理社会发展理论
   E. 弗洛伊德的性心理学说

4. 某体操运动员因不慎骨折入院，经治疗病情稳定，但因住院不能参加比赛，情绪低落，此时护士应考虑到其（　　）
   A. 生理的需要　　B. 安全的需要
   C. 爱与归属感的需要
   D. 尊重的需要
   E. 自我实现的需要

5. 护生小王，毕业参加工作后，用护士的基本行为规范准则要求自己，从而成为一名优秀的护士，这属于哪一层次的适应（　　）
   A. 生理层次　　　B. 心理层次
   C. 社会文化层次　D. 技术层次
   E. 专业层次

6. 按照社会规范、伦理道德及习俗对个体进行监督和管制，使其行为符合社会规范和要求，属于人格结构的（　　）
   A. 自我　　B. 本我　　C. 超我
   D. 人格动力　　E. 人格发展

7. 根据艾瑞克森的心理社会发展学说，老年期发展的危机与转机的关键是（　　）
   A. 信任对不信任　B. 主动对内疚
   C. 自我认同对角色紊乱
   D. 繁殖对停滞
   E. 完善对失望

8. 根据弗洛伊德的观点，下列哪一期固结会造成强迫性人格（　　）
   A. 口欲期　　　　B. 肛欲期
   C. 性蕾期　　　　D. 潜伏期
   E. 生殖器

9. 奥瑞姆自理理论的核心是（　　）
   A. 自理结构　　　B. 自理缺陷结构
   C. 护理系统结构　D. 护理实践
   E. 以人为本

10. 由于经济危机导致工厂倒闭、大量工人下岗而对人们产生的心理刺激属于（　　）
    A. 躯体性压力源　B. 心理性压力源
    C. 社会性压力源　D. 文化性压力源
    E. 综合性压力源

11. 皮亚杰把人的智力发育分为4个阶段，2—7岁儿童应为（　　）
    A. 感觉运动期　　B. 前运思期
    C. 具体运思期　　D. 形式运思期
    E. 抽象运思期

12. 按照罗依的适应模式，外科手术后病人的疼痛为（　　）
    A. 主要刺激　　　B. 相关刺激
    C. 固有刺激　　　D. 条件刺激
    E. 外因刺激

13. 第三线防卫是指（　　）
    A. 利用支持力量
    B. 求助专业医护人员
    C. 正确对待感情
    D. 成功地适应
    E. 正确对待压力

是非题

1. 按组成系统的要素性质分类,系统可分为自然系统与人体系统。(　　)
2. 高层次需要满足后,低层次需要仍存在。(　　)
3. 压力是个体对任何需求做出特异性反应的一个过程。(　　)
4. 压力反应中的生理反应主要表现为心率减慢、血压降低、需氧量点少、免疫力增加、胃液分泌减少、控制括约肌等。(　　)
5. 适应是无限度的,任何压力都是可以适应的。(　　)
6. 当强烈的压力源导致身心疾病时,就必须寻求医护人员的帮助,这是对抗压力源的第二线防卫——自力救助。(　　)
7. 文化习俗和宗教信仰会影响个体对需要的认识和满足方式。(　　)
8. 对于住院病人,可忽略其对自我实现的需要。(　　)
9. GAS 指机体应对局部压力源而产生的局部反应,如身体局部炎症出现红肿热痛与功能障碍。(　　)
10. 认知评价指个体觉察到情境对自身是否有影响的认知过程。(　　)
11. 重新评价指人对自己的情绪和行为反应的有效性和适宜性的评价,是一种反馈性行为。(　　)
12. 患者对手术和药物疗效存在疑虑,对医护人员所说的术语不明白,或者是患者所提的问题没能得到满意的答复反映了患者不受重视的压力。(　　)
13. 超我是人格中理智而符合现实的部分,受现实原则支配,用社会所允许的行动满足本我的需求,在本我的冲动欲望和外部现实世界对人的制约之间起调节作用,使人的行为适应社会和环境。(　　)

（向　　泉）

第4章 卫生服务体系

学习目标

1. 简述我国城乡三级医疗卫生网络。
2. 说出我国的护理组织系统。
3. 概括医院的性质和任务。
4. 描述社区卫生服务的内容和特点。
5. 了解医疗改革政策。

案例4-1

小静是护理专业大一学生,家住水城华府小区17号公寓9楼;她知道10楼的张叔叔在省卫生厅工作,他家的李阿姨在省立医院当护士;11楼赵叔叔在市妇幼保健院当大夫,他家的周阿姨在社区卫生服务中心工作。

问题:
1. 小静邻居所工作的单位各有何任务?在卫生服务体系中的地位如何?
2. 说说卫生服务体系的构成。

卫生服务体系(health service system)指提供医疗、预防、保健、康复、计划生育和健康教育等服务的组织和机构,在提供卫生服务过程中形成的相互关联的一个系统。一个国家卫生服务体系的建设与发展,直接关系到人民健康、社会稳定和经济发展。新中国成立以来,特别是改革开放以来,我国卫生事业有了很大的发展,卫生队伍规模不断扩大,卫生服务体系基本形成。

第1节 我国的医疗卫生体系

我国医疗卫生体系(medical health system)是整个国民经济体系中的一个重要分支,为执行新时期卫生工作方针,实现卫生工作的总目标,提高广大人民群众的健康水平,承担着组织保障作用。

一、组织结构与功能

根据医疗卫生的工作性质和功能,我国医疗卫生体系的组织设置大致分为卫生行政组织、卫生事业组织、群众卫生组织和其他卫生组织四类。各级医疗卫生组织机构的隶属关系(图4-1)。在这些医疗机构中,护理人员在参与医院管理、医疗、教学、科研等工作中起着重要的作用,护理工作是医疗机构工作中不可缺少的重要组成部分。

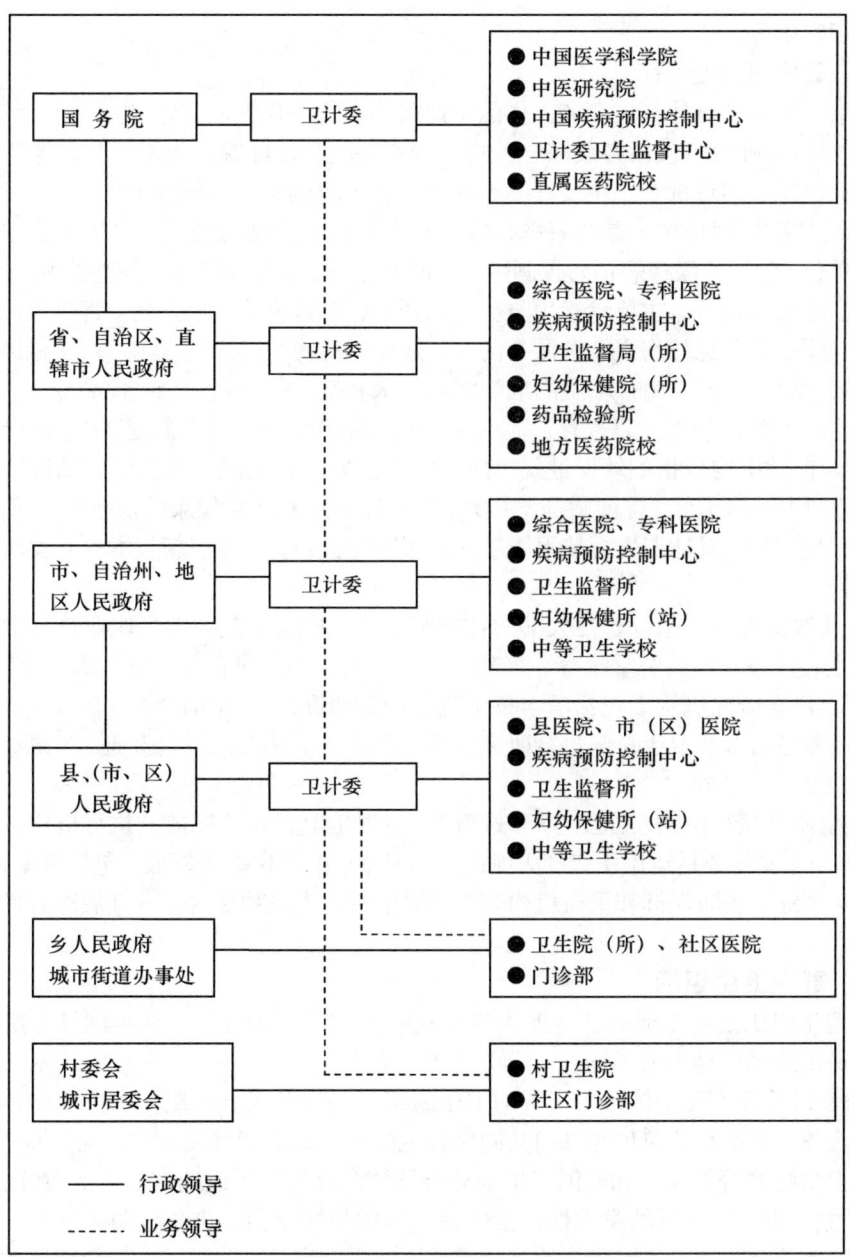

图 4-1 各级卫生组织机构及其隶属关系

（一）卫生行政组织

我国卫生行政组织的体制为：国家设卫计委，省、自治区、直辖市设卫计委，地区、市、自治区、县设卫计委，乡镇或城市街道办事处设卫生专职干部，负责所辖地区的卫生工作。卫计委是主管省、自治区、市、县卫生工作的职能部门。主要功能：根据党和国家的统一要求，制定全国和地区卫生事业发展的总体规划、方针及政策；制定有关卫生工作的法律、法规、技术标准和重大疾病防治规划；制定医学科学研究发展规划，组织科研攻关；依据国家卫生法规和标准对社会公共卫生、劳动卫生、食品、药品、医用生物制品和医疗器械等行使监督权；对重大疾病及医疗质量等实施监测；制定爱国方针、政策和措施并组织实施等。

（二）卫生事业组织

卫生事业组织是具体开展业务工作的专业机构。按工作性质大体可分为：

1. **医疗预防机构**　包括各级综合医院、专科医院、疗养院、康复医院、老年院、护理院、医疗保健院、门诊部等。主要任务是承担各种人群的医疗、保健工作。

2. **疾病预防控制机构**　是政府举办的实施疾病预防控制与公共卫生技术管理和服务的公益事业单位。包括各级疾病预防控制中心、职业病、地方病、结核病、寄生虫病防治所（站）及国家卫生检疫机构等。主要承担预防疾病的任务，对传染病、地方病、寄生虫病、慢性非传染疾病、职业病及意外伤害、中毒等发生、分布和发展的规律进行流行病学检测，制定预防控制对策；对影响人类生存环境的危险因素如水和空气的环境污染、食品行业、学校卫生等进行卫生学检测；开展健康教育，促进社会健康环境的建立和人群健康行为的形成。

3. **妇幼保健机构**　指妇幼保健院（所、站）、妇产科医院、儿童医院及计划生育专业机构，如计划生育门诊部、咨询站等。主要承担保障妇女和儿童健康的任务，负责制定妇女、儿童卫生保健规划，对计划生育技术质量标准实行监督检查，开展新技术的开发研究与优生优育等工作。

4. **医学教育机构**　指综合性大学的各类医学院、中医学院、卫生职业技术学院、卫生学校等。主要任务是发展医学教育、培养医药卫生人才，并对在职人员进行专业培训。

5. **医学科学研究机构**　包括医学科学院、中医研究院、预防医学中心以及各种研究所等。主要任务是对医药卫生科学进行研究，推动医学科学和人民卫生事业的发展，为我国医学科学的发展奠定基础。

6. **卫生监督执行机构**　是卫生行政部门行使卫生监督执法职能的执行机构，如卫生监督局（所）。主要任务是运用法律、法规在公共卫生、医疗保健等领域，包括健康相关产品、卫生机构（医疗、预防保健和采血机构等）和卫生专业人员执业许可，开展综合性卫生监督执法工作。

（三）群众卫生组织

群众卫生组织是由专业或非专业人员在政府行政部门领导下，按不同任务所设置的机构。按人员组成的活动内容不同，可分为以下三类：

1. **国家机关和人民团体代表组成的卫生组织**　是由各级党政组织和群众团体负责人组成，主要任务是组织有关单位和部门共同做好卫生工作，协调有关各方力量，推动群众性除害灭病及卫生防病等工作，如爱国卫生运动委员会、血吸虫病或地方病防治委员会等。

2. **卫生专业人员组成的学术性社会团体**　如中华医学会、中华预防医学会、中国药学会、中华护理学会及全国各地成立的分会或地方性学会等。这些学术性社会团体的主要任务是提高医药卫生技术，开展各种学术活动和培训学习、交流经验、科普咨询等。

3. **广大卫生工作者和群众卫生积极分子组成的基层群众卫生组织**　如中国红十字会即为该组织的代表机构，其主要任务是协助各级政府的有关部门，开展群众卫生和社区福利救济等工作。

红十字会

红十字会是从事人道主义工作的社会救助团体，以人道、博爱、和平、进步为宗旨，主要任务是参加国际、国内战时灾时、突发事件中的卫生救护工作。近几年来，我国红十字会在协助有关部门备灾救灾、推动无偿献血、建立中华骨髓库、普及卫生救护和防病知识、开展群众卫生及社会福利救济等方面发挥了重要作用。

链接

积极加入红十字会组织。

（四）其他卫生组织

除以上3种卫生组织外，我国目前还有其他部门，如铁道部、交通部、邮电部等也成立了卫生机构，其行政管理归属于相应的部门，卫生专业活动受主管部门和当地卫生管理组织双重管理，并接受隶属于卫计委的卫生机构的指导、帮助和协作。这些卫生机构为本行业员工和当地居民提供医疗护理服务和公共保健服务。随着社会的不断发展与改革的深化，一些行业的卫生机构已经脱离企业，归属于卫生管理组织统一管理。

军队卫生机构在我国也占有一定的比例，它受中国人民解放军总后勤部的卫生组织领导，包括管理组织、出版社、军事医学图书馆、医学机构（如军队医学院校、军事医学科学院、军区总医院、基层部队卫生服务机构等）。

考点提示： 我国医疗卫生体系的组织设置及其各自的功能

二、城乡三级医疗卫生网

新中国成立以来，我国卫生工作沿着为人民和为社会主义建设服务的方向，遵循面向人民群众、以预防为主的方针，建立起了一个遍布全国城乡的三级医疗卫生网。城乡三级医疗卫生保健网的建立和健全，进一步完善了全国医疗卫生服务体系，在社会主义建设中，为广大人民群众提供了最基本的医疗、预防、保健等综合性卫生服务。

（一）城市医疗卫生网

大城市的医疗卫生机构一般分为市、区、基层三级，中小城市一般分为市、基层两级（图4-2）。

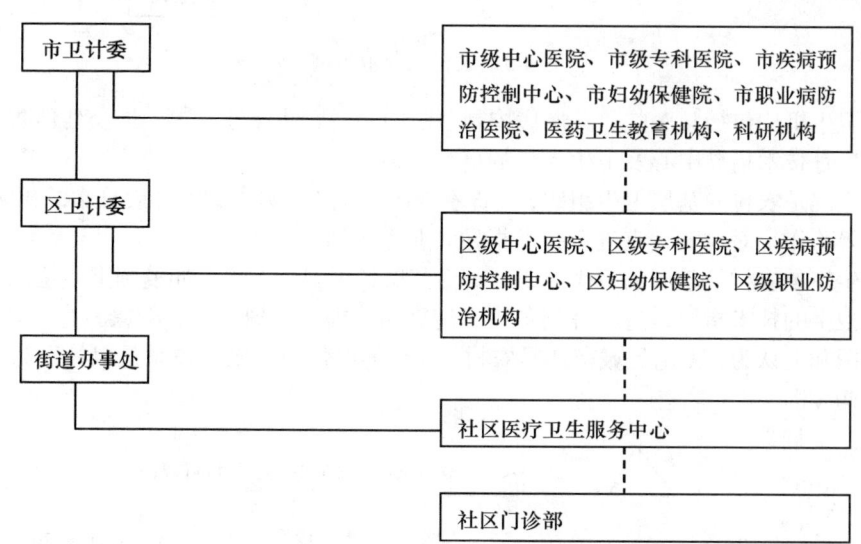

图4-2 城市医疗卫生网

市级医疗卫生机构包括市中心医院、专科医院及市中心防治机构等。市中心医院是全市医疗业务技术的指导中心，在全市它是技术水平较高、设备比较完善、科别比较齐全的综合医院。

市疾病控制中心主要负责常见传染病、流行病的早发现、早预防、早控制等工作。

区中心医院是该地区内医疗业务技术指导的中心，是市级医疗机构与基层医疗机构之间的纽带。

城市基层医疗卫生机构社区医疗卫生服务中心，为居民提供医疗、预防、卫生防疫、妇幼保健及计划生育等医疗卫生服务。各机关、学校、企事业单位的医务室、卫生所、门诊部等也属于城市基层卫生机构。

街道以社区设置社区卫生站，为社区居民提供医疗、保健、康复、健康教育等服务。

（二）农村医疗卫生网

我国约80%的人口在农村，加强农村卫生事业建设一直是国家卫生工作的重点。经过几十年的努力，我国农村已形成以县级医疗卫生机构为中心，乡卫生院为枢纽，村卫生室为基础的三级医疗卫生网（图4-3）。

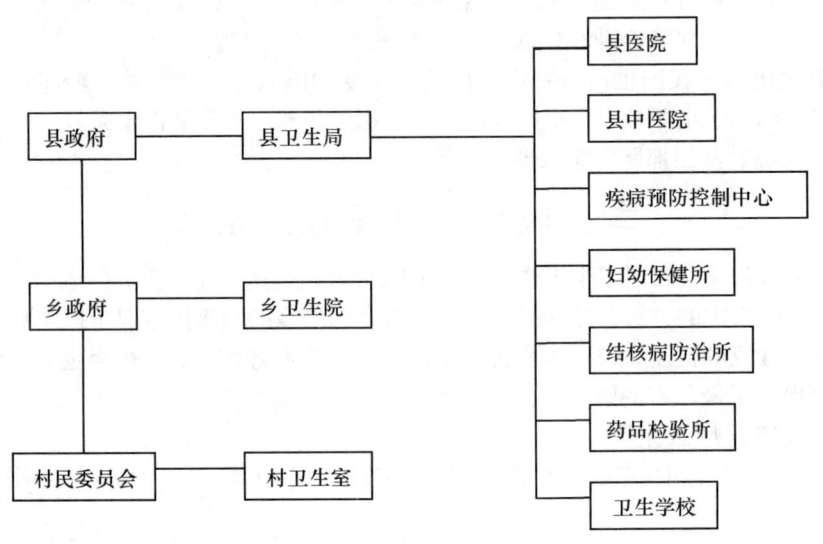

图4-3　农村医疗卫生网

县级卫生机构包括县医院、县疾病控制预防中心、妇幼保健站等，是全县预防、妇幼保健、计划生育技术指导中心及卫生人员的培训基地。

乡卫生院是农村的基层卫生组织，负责本地区的卫生行政管理，开展日常的预防、医疗、计划生育等工作，对村卫生室进行技术指导和业务培训。

村卫生室是农村最基层的卫生组织，负责基层各项卫生工作，如爱国卫生运动、环境卫生及饮水卫生的技术指导，进行计划免疫、传染病管理、计划生育、健康教育等。

目前国际上认为，无论是城市还是农村，理想的医疗卫生服务体系是以社区为基础的正三角形结构（图4-4）。

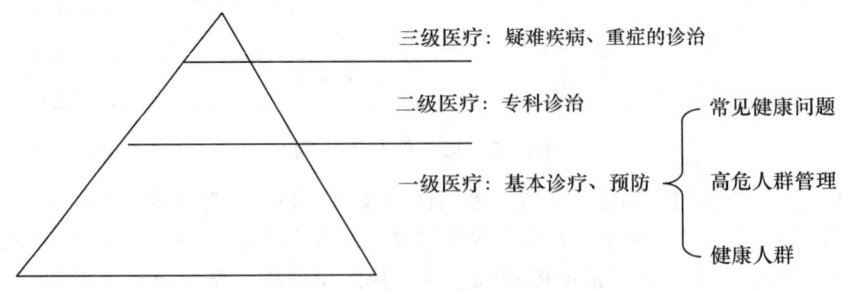

图4-4　理想的医疗卫生服务

图4-4中宽大的底部显示立足于社区，被社区居民广泛利用，提供基本医疗保健和公共

卫生服务的社区卫生服务机构；中部显示的是能够处理需要住院治疗的常见疾病的二级预防保健机构，如二级综合医院或专科医院；顶部是处理疑难疾病和高技术问题的三级综合医院或大学医院等。这种结构意味着在基层用价格合理的基本技术解决大部分健康问题，仅有少数的疾病到大医院进行专科医疗。

三、护理组织系统

为保证我国护理工作的高效运转和护理事业的稳定发展，我国护理组织系统已初步建立并逐步健全。

（一）卫计委护理管理机构

卫计委医疗与护理处是我国护理行政管理的职能机构。它的职责是为全国城乡医疗机构制定和组织实施有关护理工作的政策、法规、人员编制、规划、管理条例、工作制度、职责和技术质量标准等；配合教育、人事部门对护理教育、人事等工作进行管理；通过卫计委护理中心进行护理质量控制和技术指导、专业骨干培训和国际交流合作。

（二）卫计委护理中心

卫计委护理中心于1985年经原卫生部批准成立，2000年国家机构改革期间并入原卫生部医院管理研究所，是卫计委领导全国护理工作的参谋与咨询机构。主要任务：协助卫计委加强对护理管理、护理教育的领导和临床护理质量控制和技术的指导；根据护理学理论与实践发展的需要，负责组织培训护理师资和临床护理骨干；收集、整理国内外护理科技情报资料；开展护理科学研究和学术交流，为我国护理学科建设提供咨询和指导。

（三）各级地方卫生行政部门的护理管理机构

各省、自治区、直辖市卫计委设有一厅（局）长分管护理工作。在地（市）以上卫计委医政处（科）配有一名或几名具有一定专业水平和管理能力的护理骨干，负责本地区的护理管理。部分县以下的卫计局也配有护理专干，负责本地区护理管理工作（图4-5）。

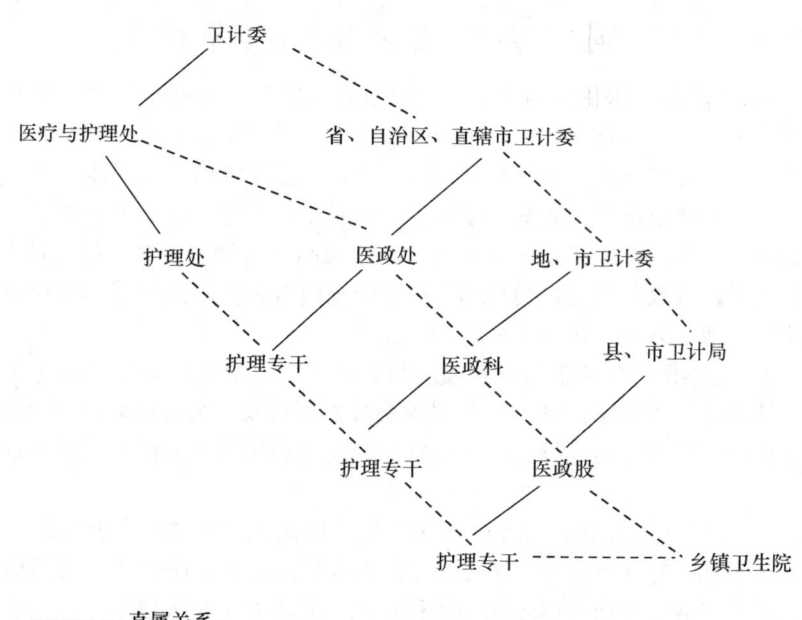

图4-5　各级卫生行政部门护理管理组织

各级护理管理机构针对本地区实际情况，负责制定本地区护理工作的具体方针、政策、法规和护理操作标准，制定护理发展规划和工作计划，检查执行护理工作实施情况，听取护理工作汇报，组织护理工作经验交流，研究解决存在的问题。

（四）中华护理学会

中华护理学会是我国护理科技工作者的学术性群众团体，隶属于中国科学技术协会，受卫计委和中国科协双重领导，在我国30个省、自治区、直辖市成立了分会并形成网络，相互合作或独立进行各种学术活动。现有会员30多万人，设有理事会和各专业委员会。学会的宗旨和任务是团结全国护理人员，为繁荣和发展中国护理事业，促进护理学科出成果、出人才，积极开展国内外学术交流和新知识、新技能的培训；组织重点学术问题的探讨和科学考察；编辑出版《中华护理杂志》和其他护理学术资料，如《华护信息》《中华护理学会会刊》等；向广大群众普及卫生保健和护理知识；开展对会员的继续教育，努力提高会员的学术水平；推荐、奖励优秀学术论文和科普作品；对国家重要的护理技术、政策和有关问题提供咨询、提出合理化建议；反映护理科技工作者的意见和呼声，维护其正当权益。

（五）医院内的护理组织结构

1986年，原卫生部在全国首届护理工作会议上提出《关于加强护理工作领导理顺管理体制的意见》后，各级医院健全了护理管理指挥系统，实行了护理部垂直领导体制，从组织上保证了护理管理结构的健全。

根据原卫生部的规定，县级以上医院和300张床位以上的医院设护理部，实行护理部主任、科护士长、护士长三级负责制；300张床位以下医院实行总护士长和护士长二级管理的护理指挥系统。护理部主任或总护士长由院长聘任，副主任由主任提名，院长聘任；100张床位以上或包含3个护理单元的大科，可设科护士长一名，并有护理部主任聘任，由护理部主任和科主任进行业务指导。病房护士长由护理部主任或总护士长聘任，在科护士长、病房主任的领导下工作，与病房主任配合做好病房管理。

四、国家医疗卫生体制改革政策

《中共中央国务院关于深化医药卫生体制改革的意见》全文见附录7。深化医药卫生体制改革的指导思想是：坚持公共医疗卫生的公益性质，坚持预防为主、以农村为重点、中西医并重的方针，实行政事分开、管办分开、医药分开、营利性和非营利性分开，强化政府责任和投入，完善国民健康政策，健全制度体系，加强监督管理，创新体制机制，鼓励社会参与，建设覆盖城乡居民的基本医疗卫生制度，不断提高全民健康水平，促进社会和谐。

深化医药卫生体制改革的总体目标是：建立健全覆盖城乡居民的基本医疗卫生制度，为群众提供安全、有效、方便、价廉的医疗卫生服务。

到2011年，基本医疗保障制度全面覆盖城乡居民，基本药物制度初步建立，城乡基层医疗卫生服务体系进一步健全，基本公共卫生服务得到普及，公立医院改革试点取得突破，明显提高基本医疗卫生服务可及性，有效减轻居民就医费用负担，切实缓解"看病难、看病贵"问题。

到2020年，覆盖城乡居民的基本医疗卫生制度应该能基本建立。普遍建立比较完善的公共卫生服务体系和医疗服务体系，比较健全的医疗保障体系，比较规范的药品供应保障体系，比较科学的医疗卫生机构管理体制和运行机制，形成多元办医格局，人人享有基本医疗卫生服务，基本适应人民群众多层次的医疗卫生需求，人民群众健康水平进一步提高。

第 2 节 医 院

案例4-2

患者赵某，男性，18岁。被大雨淋后，开始寒战、高热、咳嗽、胸痛、呼吸急促，吐铁锈色痰。在村卫生室治疗，无明显好转。父母决定带他去县里的医院看病。赵某一听去医院，心里非常害怕。

问题：
1. 医院的概念是什么？
2. 医院分为哪些类型？
3. 医院的任务是什么？

医院的由来

医院（hospital）一词来自拉丁文原意为"客人"，因为最初设立时，是供人避难，还备有娱乐节目，使来者舒适，有招待意图。后来，才逐渐成为收容和治疗病人的专门机构。

医院（hospital）是社会服务系统中的一个有机组成部分，是向人类提供诊疗护理服务为主要目的的医疗机构。其服务对象不仅包括患者，也包括处于特定生理状态的健康人（如孕妇、产妇、新生儿）以及完全健康的人（如来医院进行体格检查或口腔清洁的人）。医院设有一定数量的病床及生活基本设施，配备相应的医务人员与医疗设备，医务人员运用医学科学理论与技术，通过集体协作，对住院或门诊患者实施诊断、治疗和护理。对特定生理状态的健康人以及完全健康的人给以健康指导。

考点提示：
医院的概念

一、医院的社会属性

1. **公益性** 医院是卫生事业的重要组成。卫生事业的社会公益性规定了医院的公益性。总的说来，医院不能以盈利为主要目的。即使是属于营利性的医院，亦必须贯彻救死扶伤，实行人道主义。

2. **生产性** 医院不是纯粹的消费性服务，而是通过医疗、预防及康复服务，使患者恢复健康，增强体质，保障社会劳动力的健康。医学科学技术属于生产力的范畴，医务劳动以医学科学技术为手段来防病治病，并在这过程中不断发展这一科学技术，丰富和提高科学技术这一第一生产力。

3. **经营性** 医疗活动需要人力、物力、财力的投入，必须讲究投入与产出的关系。医疗服务活动中存在着社会供求的关系，从而具有经济性质的经营学位，受商品经济价值规律的制约，存在医疗服务市场的一些规律与特点。

二、医院的任务

原卫生部颁发的《全国医院工作条例》指出，医院的任务是以医疗工作为中心，在提高医疗质量的基础上保证教学和科研任务的完成，并不断提高教学质量和科研水平。同时做好扩大预防、指导基层和计划生育的技术工作。

1. 医疗　医疗工作是医院的主要功能。医疗工作以诊治疾病和护理服务两大业务主体，与医院的医技部门密切配合，形成一个医疗整体为患者服务。医院医疗工作一般分为门诊医疗、住院医疗、急救医疗和康复医疗。门诊医疗、急诊医疗是第一线，住院诊疗是中心。

2. 教学　是医院的普遍功能。医院是进行医学临床教育的重要场所。医学生在经过学校教育后，必须进行临床实践教育和实习阶段。毕业后的在职人员也需要不断接受继续教育，更新知识和加强技术训练。因此，教学是医院的重要任务。医学教育所占比重应依据医院的性质和任务做出合理安排。不同医院的教学任务比重不同，医学院校附属医院的教学任务相对较重。

3. 科学研究　医院是医疗实践的场所，许多临床上的疑难未知问题均是科学研究的课题，通过科学研究解决医疗护理中的难题。一方面为临床实践提供新手段、新方法、新技术，将科研成果转化为生产力，推动医学事业的发展，提高医疗治愈率；另一方面，这些科研成果也将不断充实教学内容，促进医疗教学的发展。

> 考点提示：
> 医院的任务

4. 预防和社区卫生服务　在提倡健康的生活方式和加强自我保健的今天，预防保健工作和社区卫生服务成为医院工作的又一重要任务。各级医院不仅承担治疗病人的任务，还应充分利用卫生资源，更好地发挥预防保健功能，如开展社区及家庭卫生服务，进行健康教育，开展健康咨询、妇幼保健指导及疾病普查等工作。

三、医院的类型与分级

（一）医院的类型

根据不同划分条件，可将医院划分为不同类型（表4-1）。

表 4-1　医院分类

划分条件	类型
按收治范围	综合医院、专科医院
按特定任务	军队医院、企业医院、医学院附属医院
按地区	城市医院（市、区、街道医院）、农村医院（县、乡、镇医院）
按所有制	全民所有制、集体所有制、个体所有制、中外合资医院
按经营目的	非营利性医院、营利性医院
按卫计委分级管理制度	一级医院（甲、乙、丙等）、二级医院（甲、乙、丙等）、三级医院（特、甲、乙、丙等）

综合性医院根据规模设有一定数量的病床，在各医院中占有一定比例，分内、外、妇产、儿、急诊、眼、耳鼻喉、口腔、皮肤等各专科及检验、药械、影像等医技科室，并配备相应人员和设备，对患者具有综合治疗和护理能力。

专科医院是为诊治专科疾病及提供医疗保健服务的医院。如传染病院、职业病防治医院、心脏病医院、胸科医院、妇幼保健院、口腔医院、肿瘤医院等。设置专科医院是医学科技发达的象征，有利于发挥医疗技术和设备的优势，集中人力、物力，开展专科疾病的预防、治疗和护理。

非营利性医院指为社会公众福利利益而设立和运营的医疗机构。不以营利为目的，由政府创办的非营利性医院，主要提供基本医疗服务和政府下达的其他任务。我国大部分医院仍属非营利性医疗机构。

营利性医院指医疗服务所得收益可用于投资者经济回报的医疗机构。医院经上报卫生行政部门核准后，根据市场需求，可自主确定医疗服务项目，依法自主经营。

上述各类医疗机构，在国家发生重大灾害、事故、疫情等突发事件时，应有义务根据政府指令执行救治任务。

（二）医院的分级

1989 年，原国家卫生部颁发了《综合医院分级管理标准》，对我国综合性医院实施分级管理。医院分级管理制度就是按照医院的功能和相应的规模、服务地域范围和隶属关系、技术力量、管理水平及服务质量等综合水平，将医院划分为一、二、三级，每一级医院按技术发展、预防、医疗、保健、科研、卫生要求、服务质量和科学管理等方面的综合水平，又划分为不同等次。一、二级医院分甲、乙、丙等；三级医院分特、甲、乙、丙等。三级特等医院为医院中最高档次的医院，除达到三级甲等标准外，还必须达到特等条件标准。

一级医院：是向具有一定人口（≤10 万）的社区提供医疗、预防、保健和康复服务的基层医疗卫生机构。一级医院是提供社区初级卫生保健的主要机构，主要有城市街道医院，农村乡、镇卫生院，某些企事业单位的职工医院等，是我国三级医疗网络的基础。

二级医院：是向多个社区（其半径人口在 10 万以上）提供全面连续的医疗护理、预防保健、康复服务的医疗卫生机构。能与医疗相结合开展教学、科研工作及指导基层卫生机构开展工作。主要有市、县医院和城市的区级医院。

三级医院：是直接跨地区、省、市以及向全国范围提供医疗卫生服务的医院，主要指国家、省、自治区、市直属的大医院及医学院校的附属医院。是国家高层次的医疗机构，是医疗、预防、教学和科研相结合的技术中心，提供全面连续的医疗护理、预防保健、康复服务和高水平的专科服务，指导一、二级医院业务工作，承担下级医院技术骨干的临床进修任务。

> **考点提示：**
> 医院的分类方法及具体包括的范围

近年来，随着医疗体制改革的推进，各级各类医疗已打破原有的地区界限特定服务对象，服务范围不断扩大，卫生资源利用率不断提高。

四、医院的组织结构

随着现代社会的发展，医院的机构设置应尽可能规范，职能部门应分工明确，管理渠道畅通，运行良好。我国医院的组织机构设置具有一定的模式，是按卫计委统一颁布的编制原则规定设置的。虽然不同级别的医院所承担的社会职能和服务功能有所不同，但医院的机构设置基本类同。

（一）医院行政管理组织机构

医院行政管理组织一般包括院长办公室、诊疗部门、预防保健部门和行政部门。一级医院的院长办公室可设人事、保卫、文秘、档案等岗位；行政部门可设财务组、总务组。二级医院和三级医院可设院长办公室、护理部、医务科（处）、科教科（处）、门诊部、设备科、信息科、预防保健科、人事科（处）、保卫科（处）、财务科（处）、总务科（处）、膳食科等。三级医院行政管理组织机构基本模式（图 4-6）。

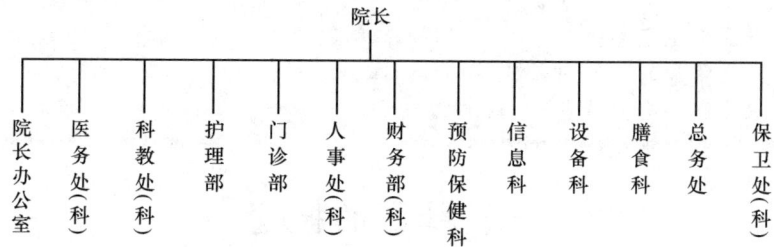

图 4-6　三级医院行政管理组织机构

（二）医院业务组织机构

医院的业务组织机构主要由临床业务组织和医护组织两个机构组成。由于各级医院的规模、任务不同，医院的机构设置也不尽相同。一级医院中的业务组织和临床科室的开设数量，可根据本院的专业特色、人才情况增减。二、三级医院由护理部和医教科（处）负责临床各科室工作的协调与管理，护理部主要承担医院的护理管理工作。三级医院业务组织机构模式（图4-7）。

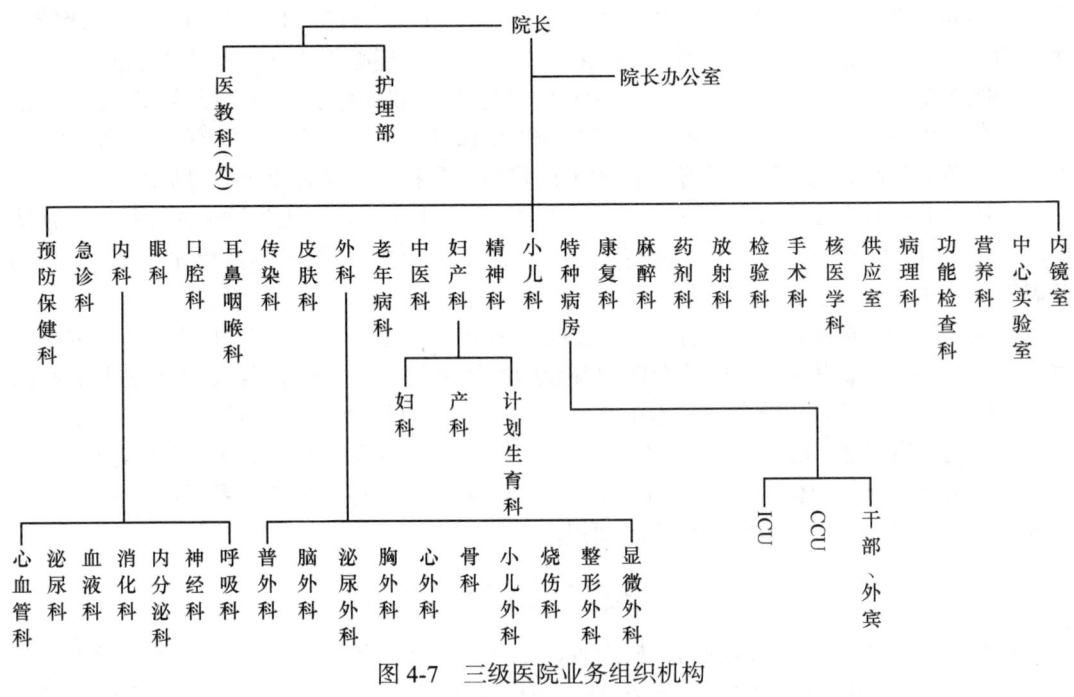

图 4-7 三级医院业务组织机构

第3节 社区卫生服务

案例4-3

患者张某，男性，75岁。咳嗽、咳痰，慢性支气管炎，冬季加重。近几天，气温逐渐下降，冬天即将来临，女儿害怕父亲旧病复发，遂来到社区卫生服务中心诊治。

问题：
1. 何谓社区卫生服务？
2. 社区卫生服务的工作内容？
3. 社区卫生服务有何特点？

一、社区的概念

社区是若干社会群体或社会组织聚集在某一个领域里所形成的一个生活上相互关联的大集体，是社会有机体最基本的内容，是宏观社会的缩影。构成社区的基本要素包括一定数量的人口、一定范围的地域、一定规模的设施、一定特征的文化、一定类型的组织。社区就是这样一个"聚居在一定地域范围内的人们所组成的社会生活共同体"。

二、社区卫生服务

社区卫生服务从属于医疗卫生服务体系，而医疗卫生服务体系直接影响社区卫生服务和社区护理的服务模式。随着我国社会经济的不断发展和人民生活水平的日益提高，人们对健康的认识和对生活质量的追求也在不断提高，社区卫生服务将发挥越来越重要的作用。

（一）社区卫生服务概念

社区卫生服务是指社区内的卫生机构及相关部门根据社区内存在的主要卫生问题，合理使用社区的资源和适宜技术，主动为社区居民提供的基本卫生服务。社区卫生服务以人群健康为中心，以家庭为单位，以社区为范围，以需求为导向，以妇女、儿童、老年人、慢性病人、残疾人等为重点，以解决社区主要卫生问题和满足基本卫生服务需求为目的，融预防、医疗、保健、康复、健康教育、计划生育服务等为一体，是一种有效、经济、方便、综合、连续的基层卫生服务。

社区护理是社区卫生服务的重要组成部分。社区护理是在社区范围内开展以健康为中心，向个人、家庭及人群提供集预防、保健、医疗、康复、健康教育和计划生育指导为一体的系统化整体护理服务。社区护理以健康为中心，以社区人群为服务对象，以促进和维护社区内个人、家庭及人群的健康为主要目标。

（二）社区卫生服务网络

社区卫生服务主要有全科医生、社区护理人员和其他社区工作者来提供。全科医生和社区护理人员是社区卫生服务的组织者和管理者，其主要职责是视社区成员群体为一整体，提供促进健康、维护健康、健康教育、管理、协调和连续性照顾，直接对社区内个体、家庭和群体进行护理，已达到促进社区健康的目的。

社区卫生服务机构的设置主要以原有的基层医院（一级医院），如街道、乡镇卫生院等通过转变服务方式、调整服务功能进行合理改造。社区卫生服务中心作为初级卫生保健网的枢纽，与社区卫生服务站及上级综合性医院（二、三级医院）间建立双向转诊关系，通过双向转诊服务，合理分流患者。城市社区卫生服务网络示意图（图4-8）。

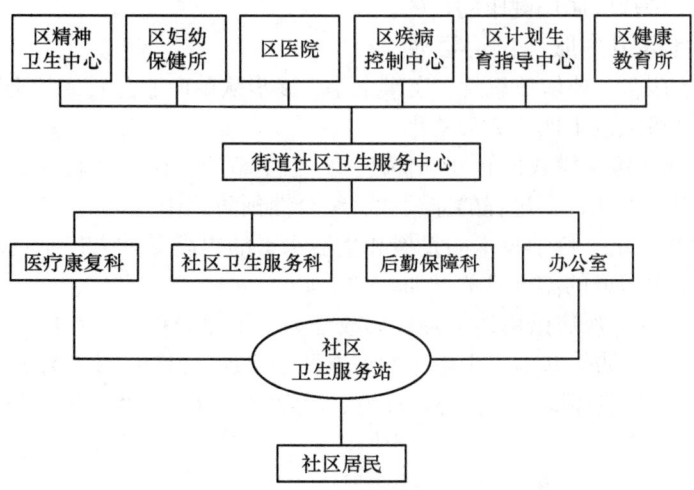

图4-8 城市社区卫生服务网络示意图

(三)社区卫生服务工作内容及特点

1. **工作内容** 社区卫生服务以预防、保护和促进健康三个方面为主要内容。预防主要是如何防止疾病或伤害的发生,如早期对健康人群的体检,或对某些疾病提供康复措施。保护主要是保护群众免受环境中有害物质的侵袭,如设无烟区,对食品卫生的规范管理。促进健康主要是安排有益健康的活动,让社区成员参与,如健身操、饮食营养指导、良好卫生习惯宣教等。

按照社区卫生服务的需要,一级医院开展医疗、预防、保健、康复、健康教育、计划生育技术服务等工作;组织和鼓励医护人员走出院门,深入社区和家庭,提供综合性卫生服务,积极探索全科门诊服务;承担规定的医疗、预防、保健、康复、健康教育和计划生育技术服务与指导任务。二、三级医院以加强社区卫生服务的技术指导为重点,并积极探索医院与社区卫生服务机构之间双向转诊关系的合理机制。

目前,我国已将科普工作作为社区卫生服务的主要职能之一。社区卫生服务要把健康教育作为重要内容,在广播、电视、报刊、新闻出版、教育行政等部门以及社区政府协助下,利用适宜场所,以科普讲座、咨询答疑、健康教育课、制定发放宣传材料、建立社区健康教育阵地等多种方式,大力开展健康教育,普及卫生知识,帮助群众树立科学健康观,增强自我保健意识,提高自我保健能力,倡导有益于身心健康的文明生活方式,自觉抵制封建迷信和伪科学。

2. **特点** 社区卫生服务的特点是以初级卫生保健为主体,以健康为中心,重在预防疾病,促进和维护健康;社区卫生服务奉行社会公益原则,让人人有机会得到健康照顾,社区成员既是受照顾者,亦是参与照顾他人者,从而使全民达到健康。其特点包括如下四个方面。

(1)广泛性:社区卫生服务的对象是社区全体居民,包括有健康问题的人和健康的人,其重点服务对象是妇女、儿童、老年人、慢性病患者、残疾人和精神病患者。

(2)综合性:社区卫生服务包含着初级卫生保健,为社区居民提供预防、医疗、保健、康复、健康教育、计划生育技术服务等为一体的"优质、价廉、方便"的卫生服务。

(3)连续性:社区卫生服务贯穿于生命的始终,覆盖生命的各个周期以及疾病发生、发展的全过程。社区卫生服务不会因为某一个健康问题的解决而终止,而是根据生命各周期及疾病各阶段的特点及需求,提供具有针对性的服务。

(4)实用性:社区卫生服务以满足服务对象的各种需求为宗旨,因此其服务的内容和价格、开设的时间和地点等都必须考虑实用性,以确保社区居民充分享受社区卫生服务,从而真正达到促进和维护社区居民健康的目的。

(四)发展社区卫生服务的必要性

发展社区卫生服务,要解放思想,实事求是,逐步从单向服务转向综合服务。发展社区卫生服务的必要性可从以下四个方面考虑。

1. **现代健康观与医学模式的转变** 促使医疗卫生事业从医疗性转向医疗预防保健性,实施全方位、从出生到死亡全过程的连续性、综合性预防工作。

2. **人口结构的变化** 科学技术的发展和生活水平的提高导致人口结构的变化,人口老龄化使老年人对卫生服务的需求日益增加。

3. **疾病谱的改变** 疾病谱由传染性疾病改变为心脑血管病、恶性肿瘤等慢性非传染性疾病,慢性病管理及预防等基本卫生服务的需求急剧增加。另外,疾病流行病学特征发生明显改变,生物因素、自然环境和社会心理环境、行为和生活方式及卫生服务制度等多种因素影响人群健康。

心脑血管病、恶性肿瘤等是健康的隐形杀手,人们迫切需要了解其预防知识。

4. 医疗卫生费用高涨 经济的迅速发展、医疗技术的不断进步、生活水平不断提高和人们对健康需求的变化等使医疗费用迅速上涨,对合理安排和使用有限的卫生资源提出更高的要求。

社区卫生服务是卫生改革的关键,是建立与社会主义市场经济体制相适应的卫生服务体系的重要基础。大力发展社区卫生服务有利于卫生资源的合理分配和利用,有利于预防和控制慢性疾病和传染病,可以满足人民群众日益增长的卫生服务需求,提高人民健康水平,满足服务对象对卫生服务的需求,有效地控制医疗费用的上涨,满足健全医疗保障体系的迫切需求。

> 考点提示:
> 社区卫生服务的概念及其工作内容

目标检测

单项选择题

1. 医院的中心任务是( )
   A. 科研　　　　　B. 教学
   C. 社区卫生服务　D. 医疗
   E. 计划生育
2. 按医疗技术水平划分可将医院分为( )
   A. 综合性医院　　B. 专科医院
   C. 个体所有制医院 D. 企业医院
   E. 一、二、三级医院
3. 中华护理学会属于( )
   A. 卫生行政组织　B. 卫生事业组织
   C. 医疗预防机构　D. 医学科学研究机构
   E. 群众卫生组织
4. 无论是城市还是农村,理想的医疗卫生服务体系是以社区为基础的( )
   A. 正三角形结构　B. 倒三角形结构
   C. 正方形结构　　D. 长方形结构
   E. 圆形结构
5. 社区卫生服务的对象是( )
   A. 病人　　　　　B. 老年人
   C. 社区内的全体人群 D. 重点保健人群
   E. 健康人群
6. 以下选项不属于医疗卫生体系的组织设置的是( )
   A. 卫生行政组织　B. 卫生事业组织
   C. 群众卫生组织　D. 其他卫生组织
   E. 卫生机构组织
7. 下列哪项为我国科学的发展奠定基础( )
   A. 医学科学研究机构 B. 医疗预防机构
   C. 疾病预防控制机构 D. 医疗教育机构
   E. 卫生监督执行机构
8. 原卫生部护理中心于( )年经原卫生部批准成立
   A. 1985　　　　　B. 1986
   C. 1987　　　　　D. 1988
   E. 1989
9. 社区卫生服务的对象是社区全体居民,包括有健康问题的人和健康的人,体现了社区卫生服务的( )
   A. 复杂性　　　　B. 广泛性
   C. 综合性　　　　D. 连续性
   E. 实用性
10. 社区组成的基本要素不包括( )
    A. 一定数量的人口 B. 一定范围的地域
    C. 一定规模的设施 D. 一定的社会利益
    E. 一定类型的组织

是非题

1. 卫生服务体系指提供医疗、预防、保健、康复、计划生育和健康教育等服务的组织和机构,在提供卫生服务过程中形成相互关联的一个系统。( )
2. 卫生职业技术学院属于医学科学研究机构。( )
3. 中国红十字协会是基层群众卫生组织的代表机构。( )
4. 市疾病控制中心主要负责传染病、流行病的早发现、早预防、早控制等工作。( )
5. 卫计委医疗与护理护理处是我国护理行政管理的职能机构。( )
6. 医院的社会属性包括公益性、生产性和经营性。( )
7. 我国大部分医院属营利性医疗机构。( )
8. 医院的业务组织机构主要由临床业务组织和医护组织两个机构组成。( )
9. 尽管各级医院的规模、任务不同,医院的机构设置却相同。( )
10. 社区是若干社会群体或社会组织集聚在某个领域里所形成的一个生活上相互关联的大集体,是微观社会的缩影。( )

(刁振明　靳璐璐)

第5章 护理程序

> **学习目标**
> 1. 叙述护理程序的意义与特征。
> 2. 叙述护理程序的五个步骤及主要内容。
> 3. 说出护理评估阶段收集资料的来源、种类以及收集资料的方法。
> 4. 列出护理诊断的组成要素。
> 5. 阐述拟定及书写护理计划的原则。
> 6. 会制订护理计划、书写一份护理计划。

程序(process)是做事情的先后顺序,是引导完成既定目标的一系列步骤或行动。护理程序(nursing process)是指护理人员在从事护理工作中所依照的顺序。这个顺序是在护理理论的指导下形成的工作思路,也是一种科学的确认问题和解决问题的工作方法,通过护理程序可以使护理对象得到整体的、全面的照顾,并有利于护理工作向科学化、系统化方向发展。

第1节 概 述

一、护理程序的概念及历史发展

(一)护理程序的概念

护理程序是护理人员在为护理对象提供护理照顾时所应用的工作程序,由评估、诊断、计划、实施和评价五个步骤组成(图5-1),是为护理对象系统地解决问题,增进和恢复护理对象的健康所进行的有计划的护理活动。即护理程序是以增进和恢复人类健康为目标所进行的一系列护理活动,包括评估护理对象的健康状况、列出护理诊断、制定护理计划、实施计划和对护理效果进行评价。

(二)护理程序的发展历史

护理程序一词是1955年由美国的护理学者Lydia Hall首先提出,她认为护理工作应"按程序进行工作";1960年前后,护理学家Johnson(1959)、Orando(1961)与Wiedenbach(1963)等将护理的过程进一步解释为一系列的步骤,包括评估、计划、评价三个步骤;1967年,海伦·尤拉(Helen Yura)和沃斯(Walsh)确定护理程序有四个步骤,即在"计划"之后增加"实施";1973年,美国护理人员学会发展《护理实践标准》(Standards of Nursing Practice),将护理评估、诊断、计划、执行与评价五大步骤纳入标准护理活动执行手册中,使护理程序得到广泛的应用。20世纪80年代,美籍华人李式鸾博士到中国讲学,首次将护理程序引入我国。实践证明,护理程序真正贯彻了以"患者为中心"的科学护理观,是医院、社区、家庭都适用的解决问题的工作方法。

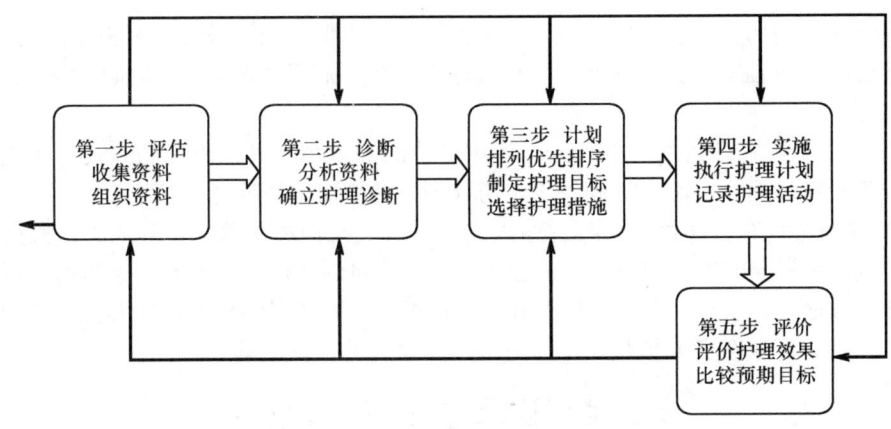

图 5-1　护理程序步骤示意图

二、护理程序的步骤及特征

（一）护理程序的步骤

护理程序由评估、诊断、计划、实施和评价五个步骤组成，环环相扣。

1. 评估　指收集、整理、核实、分析、记录、评价有关护理对象健康状况的资料的过程。资料包括生理、生活、安全、心理、社会等多方面的内容。

2. 诊断　指通过分析将资料归类、得出判断、提出问题的过程。

3. 计划　指针对提出的护理诊断，科学、规范地制定解决方案的过程，包括排列诊断的优先顺序、确立预期目标和选择护理措施三个步骤。

4. 实施　指把护理计划付诸行动的过程。并随时评估服务对象健康进展、护理措施的合理性以及护理对象对于护理活动的反应。

5. 评价　包括两个方面：一方面是指对护理计划制定的预期目标是否达成、护理对象是否满意进行反馈的过程；另一方面则是不断收集新的资料，判断并提出是否有新的问题产生的过程。评价实际贯穿于每个步骤中，如评估过程中对所收集资料的核实与分析，实施过程中对采取措施后所得效果的反馈等。判断是否有现存的或潜在的健康问题，并根据提出的问题制定科学性、专业性的计划，按照计划实施护理活动，自始至终动态监测整个过程，评价问题解决情况，随时再次发现和确认是否有新的问题产生，以解决问题为最后目标。所以，护理程序是一种科学的认识问题和解决问题的工作方法，是以促进和帮助护理对象达到更佳的健康状态为目标，所进行的一系列有目的、有计划的护理活动。

（二）护理程序的特征

1. 护理程序以目标为导向　护理程序是以明确的目标为导向的，它以解决护理对象健康问题，提升其健康水平为根本目标。每一项护理措施都是护理人员依照护理对象的健康问题制定计划的，并以达成护理目标为行为导向。

2. 护理程序以患者为中心　在护理程序中，拟定与执行护理计划，需根据患者的需求和状况而定，护理对象也要参与护理计划的制定。因此护理程序是以患者为中心的。

3. 护理程序具有系统性　一般系统论构成护理程序的框架，护理程序的各个步骤是环环相扣、有序进行的。护理程序作为一个开放系统，与周围环境互相作用。

4. 护理程序具有动态性与循环性　在护理程序中护理人员通常根据患者对护理措施的反应来观察、评估、修正护理措施；任何一个已经制定的护理计划，都需要持续不断地被评估其正确性与执行效果，故护理程序具有动态性。护理程序的各个步骤之间并无特定的开始与结束的分界。例如，护理评价（护理程序的第五个步骤）的结果若是无法如预期中达成，整个护理程序可能必须重新由护理评估开始修正，然后循环进入下一个周期。因此，护理程序具有循环性。

5. **护理程序具有评判性** 护理人员运用专业的知识与评判性思考的方式，系统、逻辑地分析服务对象数据，以确定正确的诊断与计划，并解决健康问题。

6. **护理程序具有合作性** 护理程序强调护理人员与护理对象以及其他医务人员之间的合作与协调。在制定护理计划与实施护理活动时，必须调动护理对象及其家属的主观能动性及参与性，同时也必须与医生及其他医务人密切配合。护理程序是以护理人员与护理对象及其家属、医生、其他医务人员相互合作为基础而完成的护理活动。

> 考点提示：
> 护理程序的定义、护理程序的步骤

三、护理程序应用的意义

（一）使护理对象获得高质量的服务

应用护理程序目的是以护理对象为中心，提供系统的、全面地、个体化的护理，一切护理活动都是为了满足护理对象的需要，护理对象是护理程序的最大受益者。

（二）培养护理人员的专业能力

护理程序的运用要有扎实的医学、护理学、心理学、社会学及其他相关学科的知识做基础，还必须具备良好的人际沟通能力、决策能力以及解决问题的能力、评判性思维的能力。护理人员需要在实践中不断地学习、思考，促进专业素质的培养及形成。

（三）促进护理专业发展

护理程序的运用进一步明确了护理专业的工作范畴，它规范了护理工作的方法，是护理专业化的重要标志。

（四）提高护理管理水平

护理程序为护理管理者提供了一种科学解决问题的方法，对护理管理提出了更高的要求，尤其在临床护理质量评价方面有了新的突破。

（五）推动护理教育改革

护理程序的运用对护理教育改革具有指导性的意义，在课程的组织、教学内容的安排、教学方法的运用等方面促使教学模式的转变。

第2节 评 估

案例5-1

患者王某，男性，38岁。以"左侧腹部疼痛伴恶心呕吐15小时"诊断为急性胰腺炎入院。经内科治疗数日后病情未见好转。会诊决定手术探查。此时患者情绪低落，非常担心自己的病情及手术的效果。

问题： 收集该患者的资料所应用的方法有哪些？

护理评估（nursing assessment）是护理程序的第一个阶段，指有目的、有计划、系统地收集护理对象的健康资料的过程，达到全面了解护理对象健康状态的目的。评估包括收集资料和整理分析资料两个阶段。护理评估是护理程序的起点，同时贯穿于护理程序的始终。它是一个连续、动态的过程，从护理人员与患者的第一次见面开始，一直持续到患者出院结束。如果资料收集的不准确，将会导致护理计划制定和执行的盲目。评估为护理诊断的确定、预期目标的实现、护理措施的制定与落实以及对护理效果的评价打下了基础。

一、收集资料

（一）资料的来源

1. 护理对象本人　是资料的主要来源，护理对象本身通常是资料最好的收集来源，因为护理对象对于自己的健康状况与需求最为了解。

2. 与护理对象有关的人员，如亲属、朋友、同事等　通常护理对象的亲属或有意义的其他人员可以提供补充性的信息，尤其当护理对象昏迷、谵妄、无法表达言语或者是婴幼儿时，亲属所提供的资料便成为护理评估的重要信息来源。

3. 其他相关的医护人员　医院内的营养师、医师、社区人员、检验师等都可以提供与护理对象有关的健康信息，医疗人员之间互相交换健康信息，可以使护理对象数据的收集更趋完整性与正确性。

4. 护理和医疗记录　护理人员可通过护理对象以往的护理与医疗记录等资料，收集过去的健康疾病史、检查报告与护理问题等。通常这些资料可以提供与此次护理对象入院健康问题直接或非直接的信息，让护理人员可以针对护理对象做最完整的过去健康史回顾。

5. 文献资料　如医疗护理文献、教科书等。对于服务对象的疾病症状、常用诊断、治疗方式等，可以通过文献的检阅来了解基础的健康问题可能的原因，提供需要进一步收集资料的方向。

（二）资料的种类

1. 主观资料　是护理对象的主观感觉，其本身所经历的、感觉的、想到的，本人能描述出的主观感受，如头晕、乏力、愉快等，主要指护理对象的主诉与症状。凡是护理对象或家属以语言方式表达的感受，通常被归类为主观资料。应尽量将护理对象表达的语言实际记录下来，不宜加以修饰；家属的主诉也应写在主观资料中。

2. 客观资料　是护理人员通过观察、体检以及借助医疗检查所获得的有关护理对象的资料，包括体征、辅助检查结果及行为表现等（例如生命体征的测量、实验室检查值、痛苦表情等）。在收集客观资料时，护理人员必须确认仪器的准确性，确保资料收集的正确性。如不精确的血压计可能会造成数据的误判，导致给药不足或过量的情况发生。

不论是客观资料或是主观资料，在资料分析的过程中皆扮演着重要的角色。因其所影响的不只是资料的准确性，更关系到下一步诊断与计划过程的执行。

（三）收集资料的内容

1. 一般资料　包括姓名、性别、出生日期、出生地、民族、信仰、婚姻状况、职业、文化程度、入院诊断、主诉及简要现病史、目前主要治疗及用药、既往病史、家族史、过敏史等。

2. 生活状况及自理程度　包括饮食、睡眠/休息、排泄、活动以及自理能力，自我保健及自我安全防护状况，个人清洁卫生习惯以及有无烟、酒等不良嗜好，对自身健康以及危害自身健康因素的认知程度等。

3. 体格检查　包括神志意识，营养发育，呼吸、循环、消化、泌尿、骨骼运动及感官等系统的基本功能情况等。

4. 心理社会方面　情绪状态、就业状态、与人沟通交往的意愿和能力、医疗费用来源及与亲友关系等。

收集资料的具体内容见附录1。

（四）收集资料的方法

1. 观察　护理人员一接触患者，就意味观察的开始，除了观察患者的症状、体征以及精神状态外，还须注意观察患者的表情、下意识的动作、行为方式及所处的环境状况，以便发现一些不明显的、潜在的健康问题以及心理社会方面的问题。观察往往在与护理对象交谈、实施护理活动的同时进行，如与护理对象交谈时观察其表情及下意识的不自主动作，巡视输液患者时除观察液体输入情况外，还要观察患者的面色、呼吸情况等。

2. 交谈　是护理人员通过与护理对象交谈，获取其主观资料的主要方法。护患交谈是带有明确目的、有计划的信息交流。通过交谈，护患之间既可互相获得信息，又可传递信息，既可使护理人员了解护理对象各方面的情况，又可促使护理对象主动参与护理问题的确定及护理计划的制订，从而保证护理质量，促进护患关系的建立与发展。

3. 身体评估　护理人员通过体格检查收集有关护理对象身体状况的客观资料。为护理对象进行体格检查的具体手段有视、触、叩、听、嗅等。

4. 查阅　查阅有关健康资料，以及向其他健康服务人员了解护理对象有关情况，包括有关的各种病历、健康档案、检查结果等。

二、整理分析资料

当资料收集后，护理人员必须应用专业知识、评判性思维与专业的护理经验对收集的资料进行重新检查、核对、分类、整理分析。在组织与分析资料时应注意：一是找出资料的相关性。二是决定资料间的因果关系。三是根据资料与专业知识判断正常与异常的现象。

（一）资料的整理分类

对收集到的资料进行分类，可避免重复和遗漏。常用的有以下几种分类方法：

1. 按马斯洛（Maslow）需要层次分类

（1）生理需要：身体状况，如身高、体重、生命体征及饮食、睡眠、呼吸功能、循环、消化等系统功能，均属生理的需要问题。

（2）安全需要：患者对医院环境感到陌生，对疾病的威胁、术中的安全及手术效果的担忧等，均属安全的需要问题。

（3）爱与归属的需要：患者在患病期间希望得到亲人、朋友、同事的关心和体贴，希望有亲人陪伴或经常来探望等，均属于爱与归属的需要问题。

（4）尊重的需要：患者希望得到医务人员的重视，由于生理功能的改变或丧失而感到自卑、缺乏自信等，均属于尊重的需要问题。

（5）自我实现的需要：患者住院期间，因耽误学习、工作而感到焦虑不安，无法参与决策等而产生失落感，盼望发挥自己能力或做出成就等，均属于自我实现的需要问题。

2. 按人类反应形态分类　此分类方法是北美护理诊断协会确立的护理诊断分类方法，将所有的护理诊断按人类的反应分为9种类型，包括交换、沟通、关系、价值、选择、活动、感知、认识和感觉。因此，按这种分类方式进行资料的分类可以直接做出护理诊断（见附录3"NANDA1994年批准在临床使用和检验的按人类反应型态分类的128项护理诊断"）。

3. 按Gordon的功能性健康形态分类　由Morjor Gordon 于1987年提出，主要涉及人类健康生命过程的11个方面。该分类法目前临床上使用比较广泛，作为询问病史，评估健康问题，以及拟定护理计划的工具。

（1）健康感知/健康管理形态：如健康知识、健康行为等。

（2）营养/代谢形态：如饮食、营养状态等。

（3）排泄形态：如排便、排尿、排汗情况等。

（4）活动/运动形态：如日常活动能力、活动量和活动方式等。

（5）睡眠/休息形态：如每日睡眠、休息情况等。

（6）认知/感知形态：如个人的舒适感、对疾病的认识、感知能力等。

（7）自我感受/自我概念形态：如个人的情感反应、对自己的认识。

（8）角色/关系形态：如家庭关系、邻里关系、同事关系、同学间关系的状态。

（9）应对/应激耐受形态：如生病、丧亲等方面的反应。

（10）性/生殖形态：如月经、生育等方面的情况。

（11）价值/信念形态：如宗教信仰、个人理想、目标等。

（二）复查核实

将收集到的资料进行分类后，对一些不清楚的或质疑的资料需要重新调查，确认，补充新的资料。

（三）筛选

将所收集的全部资料加以选择，剔除对患者健康无意义或无关的资料，并集中需要解决的问题。

（四）分析

目的是发现健康问题做出护理诊断。可采取与正常值作比较或与患者健康时作比较的方法，分析出有改变的部分，这些改变就是诊断依据，同时注意预测潜在性问题。

考点提示：资料的来源、资料的种类、收集资料的内容和方法、资料的分类方法

第3节 诊　　断

案例5-2

患者张某，女性，68岁。肺源性心脏病10年，近日由于受凉引发肺炎而入院。面色潮红，情绪激动，烦躁不安，神志清楚，痰液黏稠不易咳出，生活不能自理。

问题：
1. 患者有哪些主要的护理问题？
2. 如何描述？

护理诊断（nursing diagnosis）是护理程序的第二步，当护理对象的资料经过收集与分析后，护理人员便可以依照所归纳出的线索，确定护理对象的健康问题及引起健康问题的主要原因。

一、护理诊断的概念

在护理诊断的发展历史中北美护理诊断协会（North American Nursing Diagnosis Association，NANDA）起到了非常重要的作用。从1973年第一次会议开始NANDA一直致力于护理诊断的确定、修订、发展和分类工作。目前使用的护理诊断的定义是北美护理诊断协会在1990年提出并通过的定义即：护理诊断是关于个人、家庭、社区对现存的或潜在的健康问题或生命过程的反应的一种临床判断，是护理人员为达到预期目标选择护理措施的基础，这些预期目标应能通过护理职能达到（见附录3"NANDA1994年批准在临床使用和检验的按人类反应型态分类的128项护理诊断"）。

> **护理诊断的发展史**
>
> 1950 年护理相关文献中出现护理诊断一词。
> 1959 年 Abdelah 提出 21 项以护理对象为主的护理问题。
> 1966 年 John 提到护理诊断是有时效性的，要找出造成问题的原因及减除护理对象的症状。
> 1973 年美国护理学会将诊断一词列入护理程序第二步骤，成立全国护理诊断分类 NCCND 小组，每两年召开一次会议。
> 1975 年 37 个诊断被接受，其诊断名称及定义特征被接受时，就被认定还需要更多的数据来证实并支持其正确性。
> 1982 年北美护理诊断护理学会（NANDA）正式成立，其宗旨为"发展、改良并提倡广为专业护理人员所使用的护理诊断分类用语"。提出一个诊断的理论架构，确认出个人的健康是护理所关切的现象，其中以九个互动模式作为基本概念。
> 1986 年发表护理诊断分类学第一版。
> 1994 年形成 128 个护理诊断。
> 1998 年 148 个被认可的护理诊断。

二、护理诊断的类型

（一）现存的护理诊断（actual nursing diagnosis）

指护理对象现时感到的不适或存在的反应，主要的症状和体征是确定现存的护理诊断的重要依据。如"营养失调：低于机体需要量"、"体温过高"等，心理社会方面护理诊断的主要诊断依据则是护理对象的语言、动作、行为，如"恐惧"、"自我形象紊乱"等。

（二）潜在的护理诊断（potential nursing diagnosis）

指护理对象目前尚未发生的，但因为危险因素存在，若不进行预防和处理就会在将来发生问题。如"有皮肤完整性受损的危险""有感染的危险"等。

（三）健康的护理诊断（healthy nursing diagnosis）

指个体或群体所具有的加强健康以达到更高健康水平的潜能的描述。如"寻求健康行为"。

三、护理诊断的组成

北美护理诊断护理学会（NANDA）认可的护理诊断是由名称、定义、诊断依据和相关因素四部分组成。

（一）名称

名称是用简明的术语或词组对护理对象的健康问题进行概括性的描述。如口腔黏膜改变、个人应对无效、气体交换受损等。

（二）定义

定义是对护理诊断的精确、具体、清晰地描述，定义可以充分概括每一个护理诊断的特性，并以此与其他诊断相鉴别。

（三）诊断依据

诊断依据是提出该护理诊断的判断依据。诊断依据是护理对象表现出来的相应症状、体征以及相关的动作、行为。1986 年，NANDA 将诊断依据根据其重要性分为主要依据和次要依据两类。如护理诊断"体温过高",主要依据为体温值高于正常值,次要依据为患者皮肤发红、呼吸急促、口干等。

(四)相关因素

指影响个体健康状况,导致健康问题的直接原因、促发因素、危险因素。包括了四个方面:

1. 病理生理方面的因素 如心功能下降、水肿、血压过低、胃肠道疾患等。
2. 治疗方面的因素 如卧床休息、石膏固定、医疗仪器限制性体位等。
3. 情境方面的因素 如病房嘈杂、环境陌生、感觉障碍、语言沟通障碍等。
4. 年龄方面的因素 如儿童或老年人对自身健康的维护能力不足等。

护理诊断举例

名称:清理呼吸道无效。
定义:个体处于无法清理呼吸道中的分泌物和阻塞物以维持呼吸道通畅的状态。
诊断依据:
1. 主要依据:①咳嗽无力或无效。②无力排除呼吸道分泌物。
2. 次要依据:①呼吸音改变,有水泡音。②呼吸的速率、节律或深度异常。
相关因素:
1. 病理生理方面:①呼吸道感染,分泌物多而黏稠。②因疼痛惧怕咳嗽或无力咳嗽。
2. 治疗方面:①手术创伤导致的疼痛,咳嗽受限。②应用镇静剂或麻醉剂后,咳嗽反射消失。
3. 情境方面:①长期卧床,体位不当。②病房湿度不足,使痰液黏稠。
4. 年龄因素:如老年人活动少,反射迟缓,咳嗽无力。

四、护理诊断的陈述方式

(一)护理诊断的陈述结构

护理诊断的陈述包括三个结构要素:健康问题(problem)、症状或体征(symptoms or signs)、相关因素(etiology)。

1. 问题 以各个护理诊断的名称表示,应用简单确切的术语说明个体的健康问题。
2. 相关因素 是对引起问题的原因的描述,以"与……有关"的词语陈述。如:一位心脏病患者,由于心功能低下不能满足机体日常活动对氧和能量的需要,而表现为活动后心慌、气促、发绀,此时提出护理诊断"活动无耐力:与心功能低下有关"。
3. 症状或体征 症状、体征作为构成护理诊断的要素,是现存的护理诊断形成的最直接、最容易获得的支持性资料。

(二)护理诊断的陈述方法

1. 三部式 即 PSE 式,P 代表健康问题,即护理诊断的名称,S 代表与健康问题有关的症状或体征,E 代表病因,即相关因素。多用于现存的护理诊断。

例:
P(问题):睡眠形态紊乱。
S(症状与体征):入睡困难、早醒。
E(相关因素):与病房环境嘈杂、陌生有关。

2. 二部式 即 PE 式,只有健康问题和相关因素(危险因素),没有症状和体征的表述。

潜在的护理诊断的"P"部分统一以"有……危险"进行陈述。用于潜在的护理诊断，也可用于现存的护理诊断，即健康问题与症状、体征一致时。

例1：
P（问题）：有皮肤完整性受损的危险。
E（相关因素）：与皮肤水肿有关。

例2：
P（问题或症状体征）：焦虑。
E（相关因素）：与疾病诊断未明确有关。

3. 一部式　只有P，因为所有此类的护理诊断的诊断依据和相关因素都是同样的：某个体或群体有进一步增强自身健康水平的需求和愿望。其陈述方式为护理诊断的名称。用于健康的护理诊断。

例：
P（问题）：寻求健康行为。
P（问题）：母乳喂养有效。

五、合作性问题

在对护理对象的疾病进行观察和治疗时，护理对象的有些健康问题无法单纯只运用独立性护理活动解决，而必须与其他医疗人员共同预防或处理。Linda Carpenito 在 1983 年提出了"合作性问题"这个概念。合作性问题是需要护理人员进行监测，及时发现患者出现的并发症，并且需要医疗人员和护理人员共同来处理的问题。

但并非所有的并发症都是合作性问题，通过护理措施可以预防和处理的并发症属于护理诊断，如"有皮肤完整性受损的危险"；而护理人员不能通过护理措施独立预防和处理的并发症才是合作性问题，如脑损伤后，护理对象可能会发生脑组织水肿、颅内压升高，其健康问题仅通过护理措施是无法预防和处理的，必须医生和护理人员合作处理。

合作性问题的陈述方式是以"潜在并发症（potential complication，PC）"开始，即都以"潜在并发症：XX"或"PC：XX"。如"潜在并发症：颅内压增加"。

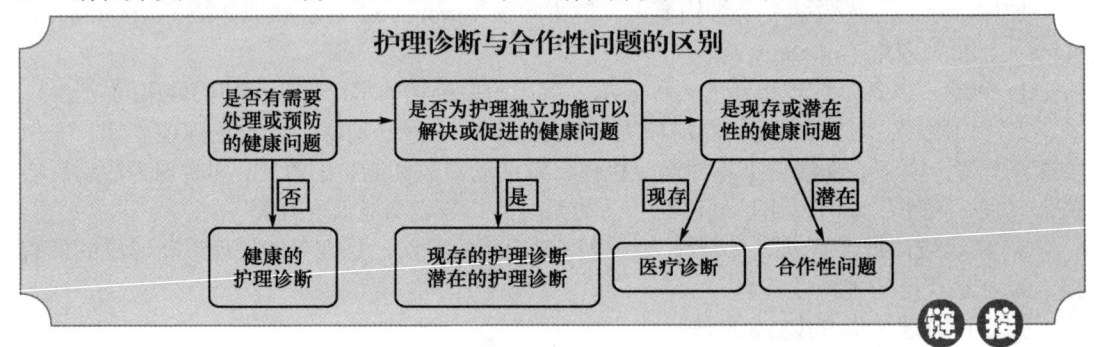

六、护理诊断与医疗诊断的区别

护理诊断是护理工作的范畴，是针对人类疾病的病理变化和健康变化所引起的已存在的或潜在的行为反应，包括生理、心理、社会、文化和精神方面的反应问题，是可以通过护理手段来解决的问题。医疗诊断是医疗工作的范畴，针对疾病或疾病潜在的病理过程，是对一种疾病、一组症状体征的叙述，是用一个名称说明一个疾病，是用医疗的手段对疾病生理和病理变化进行治疗（表5-1）。

表 5-1　护理诊断与医疗诊断的主要区别

护理诊断	医疗诊断
描述人类对健康问题的反应	描述患者的疾病或病理变化
适用于个体、家庭、社会的健康问题	适用于患病的个体
在护理职责范围内，护理人员是决策者	在医疗职责范围内，医疗人员是决策者
往往有多个	一般只有一个
随对象的健康状况而变化	一旦确诊相对稳定不变

七、形成护理诊断的步骤

护理诊断的形成是一个决策过程，需按系统的步骤进行。

第一步：对评估的资料进行整理与分类，可按需要层次理论或 Gordon 的功能性健康形态进行资料的整理。

第二步：对资料进行分析，与标准值或正常值进行比较，找出异常问题。

第三步：根据现有的资料及出现的问题，明确相关因素和危险因素，进行健康问题的初步诊断与推论。

第四步：对初步形成的诊断进行验证，验证就需要再次收集资料进行核实，形成科学的诊断。这一步骤不可或缺，如患者主诉口干、出现唾液减少，针对资料初步诊断：患者有口腔黏膜损伤的危险，再次去验证时发现患者口干只是因为做特殊检查需半日禁水，因而此护理诊断推论需要修正，不能成立。

第五步：再次验证后，根据问题的相关因素，确立相应的护理问题或护理诊断。

八、书写护理诊断的注意事项

（一）护理诊断名称使用应规范

尽量使用 NANDA 认可的护理诊断名称，不要随意编造护理诊断。如在 NANDA 的护理诊断中找不到合适的名称，也可用护理问题的形式提出。

（二）护理诊断应指出护理方向

护理诊断必须列出相关因素，有利于护理措施的制定，潜在的护理诊断应列出危险因素。

（三）贯彻整体护理观念

对护理对象应作全面的诊断，护理诊断的名称、依据、相关因素都应考虑生理、心理、社会各方面。一个护理诊断只针对一个健康问题。故一个护理对象可有多个护理诊断，并随病情发展而变化。

（四）"知识缺乏"护理诊断的陈述

"知识缺乏"护理诊断的陈述应为"知识缺乏：缺乏XX方面的知识"，如"知识缺乏：缺乏糖尿病饮食方面的知识"。

（五）语句使用应慎重并避免价值判断

应避免使用引起法律纠纷的语句，如"皮肤完整性受损：与护理人员未按规定给患者翻身有关"，可引起护理对象家属不满，甚至引起法律纠纷；另外应避免出现带有价值判断的词语，不要在护理诊断中批评护理对象，如"父母不称职：与道德低下有关"。

> 考点提示：
> 护理诊断的定义、组成、陈述结构、陈述方法、形成护理诊断的步骤、书写护理诊断的注意事项，能够正确地书写护理诊断

第4节 计　　划

患者赵某，男性，73岁。咳嗽、咳痰30年，活动后气促15年。近段时间病情加重，疲乏无力，精神差，睡眠欠佳，并伴有呼吸困难入院。入院后给以对症治疗。

问题：
1. 请根据以上资料列出该患者的护理诊断。
2. 针对该患者的具体情况，如何制定护理目标，以促进患者的康复？

　　护理计划（nursing planning）是护理程序的第三个步骤，包含设定护理诊断的优先顺序、建立护理目标与拟定护理措施、护理计划的书写等步骤，是护理人员在评估和诊断的基础上，对护理对象的健康问题及就解决问题所采取的措施的书面说明，通过护理计划，使护理活动有组织、有系统地进行。

一、护理计划特征

护理计划是对患者实施护理的行动指南。一个良好的护理计划具有以下特性：

（一）具有差异性
护理计划应按照护理对象的需求与健康问题来设计。因此，不同护理对象如有相同护理诊断，其护理计划的内容也可能会不同。

（二）具有沟通性
良好的护理计划应具有沟通性，需详细说明护理的目标、措施与执行方法，让不同的护理人员在为护理对象提供连续性的护理上无障碍。

（三）具有可变性
由于护理对象的健康状况是变化的，因此护理人员应依照护理对象的具体情况，调整计划的内容。

二、制订护理计划的步骤

（一）排列护理诊断或护理问题的顺序
由于护理诊断或护理问题往往有多个，在计划阶段应首先根据问题的重要性和紧迫性明确排列出问题先后顺序，以便护理人员按问题的轻重缓急确定护理的重点，有条不紊地采取行动。对护理诊断或护理问题进行排序方法可分为以下几类。

1. 依据问题对护理对象健康危害的程度：一般对护理诊断的排序按首优、中优、次优进行排列。问题的性质描述见表5-2。分出轻重、缓急，先解决主要问题或以主要问题为重点，再依次解决其他问题。

2. 依照Maslow人类基本需要层次论来排列：先解决低层次需要问题，再考虑高层次需要问题。

3. 在与治疗、护理原则无冲突的情况下，患者主观上迫切需要解决的问题，可优先解决。

表5-2 护理问题优先顺序的设定

优先顺序	问题描述	举例
首优问题	指威胁患者的生命，需立即解决的问题	心排血量减少、气体交换受损等
中优问题	指不直接威胁患者生命，但给其精神上或躯体上带来极大的痛苦，严重影响其健康的问题	组织皮肤完整性受损、睡眠型态紊乱、有感染的危险等
次优问题	可能跟人们在应对变化时所产生的问题或潜在性问题有关	角色冲突、自尊紊乱、保持健康能力改变等

4. 一般认为现存问题应优先解决，但有时潜在问题也需要优先考虑，例如：对于外伤大失血患者，"潜在并发症：血容量减少性休克"更需要优先得到处理。所以，潜在的护理诊断和潜在并发症应与现存的护理诊断一同按病情需要排序。

（二）确定预期目标

预期目标也称预期结果，指护理对象在接受护理照顾之后，能够达到的健康状态，也是护理效果评价的标准。

1. 目标的分类　预期目标按时间划为短期目标和长期目标两类。

（1）短期目标指在较短时间内可以达到的结果，通常少于1周。例如：患者术后3天能下床活动。

（2）长期目标指需要较长时间才能实现的结果，通常需几个星期或几个月。例如：患者能在术后半月内恢复生活自理能力。长期目标的实现要在一系列短期目标实现的基础上完成，所以应同时制订一系列短期目标，以逐步达到长期目标的实现。

2. 目标的陈述方式　预期目标的陈述公式：主语+谓语+行为标准+条件状语+评价时间。

例：7天内　　　患者　　　借助拐杖　　　能行走　　　50m

（评价时间）	（主语）	（条件状语）	（谓语）	（行为标准）
2天内	患者	在护理人员指导下		自测血压并准确记录

（评价时间）（主语）（条件状语）　　　（行为标准）

（1）主语：指护理对象或其身体的任何一部分。在目标陈述中可省略。

（2）谓语：指护理对象将要完成的行为动作，用行为动词来描述，如演示、陈述等。

（3）行为标准：护理对象完成该行为动作所要达到的标准或水平。这个标准或水平是可以测量或评价的，如时间、速度、正确性等。

（4）条件状语：护理对象完成该行为动作必须具备的条件状况，如在什么地点、什么状态下完成行为动作，如在学习后、使用拐杖等。

（5）评价时间：指达到预期目标所需要的时间。如：3天内、出院前等。

3. 陈述预期目标的注意事项

（1）目标针对的是护理对象的行为，并非护理人员的行为。

例：出院前教产妇给新生儿洗澡。（错误）

出院前产妇学会给新生儿洗澡。（正确）

（2）目标应是护理活动的结果，而非护理活动本身。

例：每2小时翻身一次，使患者皮肤颜色恢复正常。（错误）

3天内，患者皮肤颜色恢复正常。（正确）

（3）目标所描述的行为标准应具体，可观察，可测量，可评价。

例：2日内患者了解有关预防低血糖方法。（错误）

2日内患者说出有关预防低血糖的方法。（正确）

（4）目标的制定以护理诊断为依据，可通过护理措施达到。

例：护理诊断体温过高：与肺部感染有关。

目标：3日内患者体温恢复正常。（错误）

发热期间患者主诉舒适感增加。（正确）

（5）目标切实可行，能够在患者能力及客观条件范围内实现，比如需要综合考虑患者身体、心理状态，经济条件等。

（三）制定护理措施

护理措施是围绕已明确的护理诊断和拟定的护理目标所设计的护理活动及其具体的实施方法。

1. 护理措施的类型　护理措施可分为三类：

（1）独立性护理措施（又称护嘱性措施）：指护理人员根据所收集的资料独立思考、判断后做出的护理活动，即护嘱。包括协助护理对象完成的日常活动、治疗性的护理措施、对护理对象的心理、社会反应进行观察和支持、提供健康教育和咨询等。

（2）合作性护理措施：合作性护理措施指护理人员与其他医务人员合作完成的护理活动。如与营养师讨论和执行护理对象的饮食计划等。

（3）依赖性护理措施（又称医嘱性措施）：指护理人员遵医嘱执行的措施，如给药。

2. 制定护理措施的注意事项　在护理措施制定之前，护理人员必须先回顾护理对象的护理诊断与导因，确认护理目标，思考所有可能帮助达到护理目标的措施。例如：哪些活动是护理人员必须执行的、哪些活动是可以由护理对象来完成的、哪些活动是可以由家属与护理对象一同参与的等。亦可参考专业书籍、咨询其他医疗同事、倾听护理对象与家属的建议来选择最适合的护理活动。应当考虑以下几个原则：

（1）护理措施应保证护理对象的安全：任何情况下，都应首先把保证护理对象的安全放在第一。

（2）护理措施考虑现有资源和条件：如护理对象的年龄、身体情况、病情、认知水平及本人的愿望，护理人员的数量、知识水平和经验，医院及病区的设施、设备情况等，都直接影响护理措施的实施。

（3）与护理对象的价值观与信仰不相违背：鼓励护理对象参与护理措施的制订，使其乐于接受和配合，使护理措施收到最佳效果。

（4）与医疗工作相协调：制定护理措施时，应参阅医嘱和有关病历记录，与医疗措施和其他保健人员的治疗计划保持一致，或通过协商达成共识，以免使患者无所适从。

（5）针对预期目标制定：护理措施的制定是为了达到预期目标，解决健康问题，所以应针对护理诊断提出的原因制定，其目的是为了达到预期目标。

（6）应以科学的理论为依据：护理措施应以自然科学、社会人文科学为依据，结合护理人员的个人知识技能和临床经验，以及护理对象的实际情况选择和制定。

（7）护理措施的制定应具体细致：护理措施应准确、明了，一项完整的护理措施应包括日期、该做什么、如何做、执行时间和签名等。

（四）护理计划成文

护理计划是将护理诊断、预期目标、护理措施和评价等各种信息按一定规格组合而形成的护理文件（格式见附录2），用以指导和评价护理活动。书写时应注意写明制订计划的日期和责任护理人员的签名，应用标准的医学术语。

为了节省护理计划的书写时间，减轻护理人员的工作负担，护理专家针对常见病和多发病患者常见的健康问题，推测出相应的护理诊断、护理目标和护理措施，预先印刷好护理计划表格，形成标准护理计划。护理人员使用时，只需要根据护理对象的情况选择适合的项目，执行标准的护理措施，并且书写补充标准护理计划上没有的，护理对象具有的特殊的护理诊断、护理目标和护理措施。护理计划明确了护理对象健康问题以及健康问题的主次，确定了护理活动的先后顺序和目标，制定了解决护理对象健康问题的预期目标和措施，是护理活动的行动指南和依据。

考点提示： 护理诊断排序、预期目标的正确制定，制定护理计划的步骤

第5节 实 施

护理实施（nursing implementation）是为达成预期目标，将计划中的措施付诸行动的过程，是落实护理计划的过程。通过实施，可解决现存的或预防潜在的健康问题，并可验证护理措施是否切实可行。在实施阶段，护理人员不但要具备丰富的专业知识和熟练的操作技能，还要有良好的人际沟通能力，才能保证计划得以实施。实施过程的工作内容包括：执行计划、记录实施过程、继续收集资料。

一、执 行 计 划

（一）准备阶段

在执行计划之前，护理人员应做好自身的准备；做好护理的用物、仪器、设施的准备；做好护理的环境与条件的准备，如温度、照明、遮挡等；并且选择和创造护患双方良好的心境、稳定的情绪等。

护理人员在执行护理计划前，应考虑5个"W"，即what、who、how、when、where。

1. 做什么（what） 指评估患者目前的情况，回顾已制订好的护理计划，以保证计划的内容与患者的目前情况相符合，并且是科学、安全的。由于护理诊断的排序，使护理措施也有先有后。临床工作中，护理人员在实施护理计划前，应将计划中的措施加以组织，以便每次接触患者时可以有次序地执行多个措施，解决这些措施对应的护理问题，从而提高工作效率。

2. 谁去做（who） 将护理措施进行分类和分工，确定是由护理人员做还是由护工或辅助护理人员做；是由一名护理人员单独执行还是多名护理人员协作完成。

3. 怎样做（how） 实施前，护理人员应掌握实施过程中需要的技术、技巧等；此外，需要考虑如在实施过程中遇到比较棘手的问题，如患者情绪不佳、无法合作，或者实施中出现意外，护理人员该如何应对。

4. 何时做（when） 护理人员应根据患者的情况、医疗上的需要等多方面因素选择执行护理措施的时机。例如：入院宣教应选择入院初期，其他医疗或护理措施无冲突时进行，若患者正身体不适或情绪欠佳，或正准备去做其他检查，此时进行健康教育则无法取得预期效果。

5. 在何地（where） 实施前应确定在什么环境下实施护理措施，对于涉及患者隐私的操作或谈话，应选择较隐蔽的场所。

（二）执行阶段

在实施过程中首先要强调的是合作性的原则。一是取得护理对象的合作，应使护理实施过程在双方互动的状态下进行，才可能达到最佳效果；二是取得医生或其他医务人员的合作，以助于措施的真正落实。对不同类型的措施均应本着及时准确的原则实施，体现出护理的专业性和科学性。

（三）继续收集资料

在实施计划的过程中，为了随时监测和评价问题解决的如何以及是否有新的问题发生，应有目的地收集各方面的资料。如原有的症状体征的动态变化、个体的情绪、心境、表情、动作、语言的表述等。

（四）注意事项

实施护理措施执行的目的应不只限于执行护理计划，亦应在执行过程中注意以下方面。

1. 贯彻整体观　在实施护理措施中，应依照护理对象不同的年龄、健康状况、价值观、教育程度等随时评估护理对象的反应及需要，提供具有灵活性与个性化的执行技巧。注意护理对象的舒适感与隐私保护。

2. 注重反馈　随时评估护理诊断与计划执行的正确性与有效性，如有问题，应随时做修订与补正。

3. 鼓励护理对象参与　适时教导护理对象自我照顾的知识与技巧，并评估护理对象自我照顾的进展，给予支持鼓励，增进其身体上与精神上自我控制的自信与成就感。

4. 正确执行医嘱　明确医嘱意义，准确执行，保持医疗护理的有机结合。

二、记录实施过程

在实施任何一项护理活动后需要如实记录，以便了解护理计划的执行情况，国内大多采用"PIO"护理记录格式（表5-3）。

1. P（problem）代表问题　指护理诊断或护理问题。应记录提出问题的日期和时间。

2. I（intervention）代表措施　即针对患者的问题所进行的护理活动，记录中应遵循"做了什么就记什么"的原则，即时记录。

3. O（outcome）代表结果　是对问题处理后按预期目标或病情观察规律进行评价反馈后的即时记录。并标明记录的日期和时间。

表 5-3　PIO护理记录单

科别：呼吸内科　床号：3床　姓名：×××　年龄：43岁　医疗诊断：肺炎　住院号：123456

日期	时间	护理记录	护理人员签名
2015.03.06	7am	P：体温过高：与肺部感染有关，39.5℃	
		I：1. 按医嘱静脉滴注抗生素 2. 用冷敷、乙醇擦浴以降温 3. 嘱患者每天饮水 2000ml，饮食营养丰富、易消化，少食多餐 4. 出汗后及时更换内衣以及床单	
2015.03.09	1am	O：体温38℃	

其他记录方式的简介

护理计划记录的方式已发展了多种，除了 PIO 记录法，比较常用的有 DART 式记录法和 SOAP 式或 SOAPI 式记录法。

1. DART 式记录法又称为焦点记录法，以 D、A、R、T 四个项目来书写护理记录。在美国采用过焦点记录法的医疗机构及 NANDA 一致认为护理焦点记录法的架构是最能表达护理诊断及护理过程的记录系统。

D：患者资料（data）：描述支持护理人员提出护理诊断的资料，包括：主观（患者主诉)、客观(护理人员观察)的症状。
　　A：护理行为(action)：针对前述的患者资料所采取的护理措施。
　　R：反应(response)：患者接受护理措施后的反应结果。
　　T：教育(teaching)：描述指导患者或家属的内容。
　　2. SOAP 式或 SOAPIR 式记录法是以解决问题的理论为框架
　　S：主观资料(subjective date)：自我感受、自觉症状、患者或家属的主诉。
　　O：客观资料(objective date)：由测量或检查而得的资料。
　　A：评估(assessment)：依据主、客观资料评估健康问题及原因。
　　P：计划(planning)：依据评估结果拟订目标、安排护理措施方针。
　　I：执行(implementation)：执行护理措施。
　　E：评价(evaluation)：是否达到目标、问题是否得到解决。
　　R：修订(revision)：重新评估及修订计划。

考点提示：PIO 记录方式

第6节 评 价

　　护理评价(nursing evaluation)为护理程序的最后一个步骤，是将护理对象的健康状况与护理计划中的预期目标作比较，并对执行护理程序的效果、质量做出评定的过程。在护理评价的过程中，护理人员必须运用相关的知识与原理，有计划地和持续地收集、分析、综合资料，最后运用评判性思维的技巧决定整个护理计划是否需要终止、修正或继续执行。
　　护理评价贯穿于护理程序全过程。护理评价的目的在于评价服务对象预期目标达成的结果与进展、护理计划的效果以及护理整体质量。护理评价彰显护理专业的科学性，提供护理人员对于护理过程做全面性检查的机会，确认护理过程执行成果，并为执行的护理措施负责。

一、评价的内容

　　可以从结构、过程、效果3个方面来评价对护理对象所提供护理的质量。
　　(一)结构评价
　　结构指为患者提供护理的机构。对结构的评价即是对机构的管理方式、人员配备、设备情况等的评价。没有足够的护理人员和资源配备则不可能有高质量的护理，然而有足够的护理人员和资源配备并非就一定能保证护理的质量。对护理的结构评价可就是否为患者提供了足够数量的有胜任能力的护理人员，是否运用了最佳设备、仪器等方面进行评价。
　　(二)过程评价
　　对护理过程的评价指检查护理人员进行护理活动的行为过程是否符合要求，如各种护理操作的过程、与患者的沟通交流情况、健康教育的组织开展过程、计划实施的过程。
　　(三)效果评价
　　对护理效果的评价指评价患者经护理照顾后的健康状态是否达到预期目标。

二、评价的步骤

　　(一)收集护理对象相关的资料
　　主要是实施相应护理措施后护理对象的反应。

（二）把收集到的资料与预期目标比较，测量实现程度

目标的实现程度有三种：一是预期目标完全实现，二是预期目标部分实现，三是预期目标未实现。

（三）分析原因

对结果部分实现和未实现的原因进行分析探讨。收集的资料是否真实；护理诊断是否正确；预期目标是否切实可行或可评价；护理措施是否得当；护理措施是否已执行；护理对象情况是否有变化等。

（四）修订计划

对已实现的护理目标与已解决的问题，停止原有的护理措施。对继续存在的健康问题，修正不适当的诊断、预期目标或措施。对出现的新问题，在收集资料的基础上做出新的诊断，制订新的目标与措施，进行新一轮的护理活动直至最终达到护理对象的最佳健康状态。

三、评价的方式

（一）持续性评价（ongoing evaluation）

指护理人员依照护理计划执行护理活动时，检查与评估护理对象每日健康状态的变化与其对护理措施的反应。护理人员依据评估结果视情况修正护理计划，并将评估过程与计划修正的内容与决策做记录。通常持续性的评价可直接地检查护理措施是否合适与实施效果。

（二）总结性评价（concluding evaluation）

是在整个护理计划实施后，护理人员对服务对象资料与健康变化的结果进行评估，在原订护理计划评价的日期将服务对象在护理过程执行前后的健康状况进行比较与分析，并检查是否达成预期的目标。

> 考点提示：
> 评价的步骤、评价的方式

四、护理评价的特征

（一）护理评价是一种持续性的过程

在护理服务的过程中护理人员可以通过持续性的评价不断地对所提供的护理服务与护理对象健康变化状况做检查，以适时地修正护理计划与执行过程。

（二）护理评价是一种评判性思考与分析的过程

护理评价必须运用专业的知识，理性地思考、比较与评价护理过程。因此，不应单凭经验累积与直觉下定论，应依照先前所设定的目标与护理知识来检查护理过程。所以，护理人员必须具备敏锐的观察力与判断力，对服务对象的健康状况与护理效果作全面的比较与诠释。

第7节 评判性思维在护理程序中的应用

一、评判性思维的概念

评判性思维（critical thinking）是20世纪30年代德国法兰克福学派创立的一种合乎逻辑的、辨证的思维方式。在20世纪80年代以后，评判性思维受到护理教育界的高度重视。护理人员的辨证思考有助于产生正确的判断，从而显著提高工作的科学性、合理性。评判性思维现已成为护理教育的重要组成部分。1989年，美国全国护理联盟（NLN）在护理本科的认证指南中将评判性思维能力作为衡量护理教育水平的一项重要指标。

评判性思维的概念主要来自哲学和教育学领域,目前尚不统一,学者们主要从认知过程、思维判断过程、思维能力等不同角度对评判性思维的概念进行阐述。综上所述,评判性思维是指个体在复杂情景中,能灵活地应用已有的知识和经验对问题的解决方法进行选择,在反思的基础上加以分析、推理、作出合理的判断,在面临各种复杂问题及各种选择的时候,能够正确进行取舍。从护理角度来看,评判性思维是对临床复杂护理问题所进行的有目的、有意义的自我调控性的判断、反思、推理及决策过程。

二、评判性思维的特点

(一)分析性
在思维过程中不断地分析解决问题所依据的条件和反复验证已拟定的假设、计划和方案。

(二)策略性
根据自己原有的思维水平和知识经验在头脑中构成相应的策略,然后使这些策略在解决问题中生效。

(三)全面性
在思维活动中善于客观地考虑正反两方面的依据,认真地把握问题的进展情况,随时坚持正确的计划,修改错误方案。

(四)独立性
即不为情境性的暗示所左右,不人云亦云,盲从附和。

(五)正确性
即思维过程严密,组织有条理,思维结果正确,结论实事求是。

三、评判性思维在护理程序中的应用

护理程序为解决护理问题提供了科学方法,为护士的思维提供了结构框架。评判性思维能使临床护士在护理程序的各个步骤中作出更加合理的有效决策,评判性思维既可以是对一个特定的护理对象或临床情境作出判断,也可以是对选择最好的干预措施作出决策。

(一)评估阶段
护理人员需要进行周密细致的观察,向患者及家属了解病情,对患者进行体格检查等。然后对资料进行组织、核实、整理,这些活动均离不开思维,如果护理人员没有使用评判性思维技巧,而是盲目地进行或者顺从别人的思维,这将使评估资料混乱不堪,导致后面各步均误入歧途。而应用评判性思维进行主动的、独立的思考,积极参与评估,作出自己的判别,这将使资料归类清楚,系统合理,全面完整,为下一步找出护理对象的健康问题做好充分准备。

(二)诊断阶段
在确定护理诊断时,首先要对收集的资料进行分析、综合,从而确定健康问题,评判性思维作为一种评判形式,可对现有资料不断加深理解,进行深入分析,以求得对患者的健康问题作出合理、正确的推论。例如一位患者感到过度的、持续的疲劳,以及体力及脑力活动能力下降,而且休息后不能缓解。我们要重点考虑患者是否在活动中会有虚弱、头晕、呼吸困难的症状,如果没有这些症状,健康问题则为"疲乏"。这就是我们在确定患者的健康问题前,运用了评判性思维,判断资料的可信性,看依据是否充分,能否进行合理解释,分析是否合理等。经过这种对思维的反思、评判、分析,才能对患者的健康问题提得有理有据,令人信服。

（三）计划阶段

计划阶段是确定预期目标，选择护理措施的阶段。这相当于科学方法中形成假设的阶段，同样需要评判性思维的参与来做出决定。我们在制订护理计划的时候，要把抽象的知识运用于实践，或者把从其他环境中得来的经验运用于另一个环境当中，即完成知识和经验的转化，这就是一个评判性思维的过程。另外，我们在护理计划中要明确护理目标，确定评价护理效果的标准。

（四）实施阶段

在实施阶段，需要护理人员运用以往掌握的智能、技巧、技能等为患者解决问题，这是一个回忆所学知识，用反思和理性的评判，来指导我们的行为过程。在此，针对不同患者，护理人员在评判的基础上，产生新思想、新观点。

（五）评价阶段

在评价阶段，护理人员需要再次收集资料、分析资料，并将目前情况与预期目标比较，确定目标达成情况，分析影响因素，评估现状等。此阶段的活动是以目标做引导的思维，是一个全方位、多视角的审视，是采用评判性思维，进行具体分析，作出判断的过程。通过评价获得的反馈信息资料进行归纳推理和判断，对尚未解决问题或措施提出质疑，反复推敲，并可采用角色换位思维来进一步考虑患者所需的护理措施，这样，通过评价反思，不断针对个体情况，再提出有效的应对措施，最终使患者获得全方位且效果满意的整体护理。

综上所述，护理程序的各个阶段均与评判性思维密切相关，护理程序的实施过程是评判性思维在护理实践中的具体体现。而评判性思维在护理程序中的运用，又必须是以护理程序为基础的。

> **考点提示：**
> 评判性思维的定义，如何在护理程序中应用评判性思维

掌握收集资料、分析资料、确认问题、解决问题的工作方法与程序，确保护理对象得到整体的、全面的照顾。

目标检测

单项选择题

1. 护理程序的结构最基本的理论框架是（　　）
   A. 系统论　　　　B. 自理理论
   C. 方法论　　　　D. 解决问题论
   E. 基本需要论

2. 评估时资料的主要来源是（　　）
   A. 与护理对象有关的人员
   B. 其他相关的医护人员
   C. 护理对象本人
   D. 护理和医疗记录
   E. 文献资料

3. 属于护理程序评估阶段的内容是（　　）
   A. 收集分析资料　　B. 确定预期目标
   C. 制定护理计划　　D. 实施护理措施
   E. 评价护理效果

4. 贯穿于护理活动全过程的是（　　）
   A. 护理评估和护理诊断
   B. 护理诊断和护理计划
   C. 护理计划和护理评价
   D. 护理评估和护理评价
   E. 护理诊断和护理评价

5. 下列哪项不是护理诊断（　　）
   A. 完全性尿失禁　　B. 营养失调
   C. 体液不足　　　　D. 体温过高
   E. 急性胃肠炎

6. 患者女性，23岁。因急性心肌炎入院，护士进行评估收集资料，全部属于主观资料的是（　　）
   A. 心悸、疲乏、周身不适
   B. 气促、感觉心慌、心率快
   C. 心动过速、气促、发热
   D. 感觉心慌、发热、疲乏

E. 心动过速、发热

7. 气体交换受损：与水肿有关，这一护理诊断中的相关因素（　　）
   A. 治疗方面的　　　B. 情境方面的
   C. 病理生理方面的　D. 年龄方面的
   E. 心理素质方面的

8. 李女士，48岁。因严重脑外伤住院，评估有以下健康问题，你认为应优先解决的健康问题是（　　）
   A. 皮肤完整性受损　B. 尿失禁
   C. 清理呼吸道无效　D. 营养缺乏
   E. 语言沟通障碍

9. 患者女性，70岁。心力衰竭，心功能四级，医嘱：立即静脉缓慢注射毛花苷 C 0.4mg 加 50%葡萄糖 40ml，此属于（　　）
   A. 非独立性护理措施　B. 独立性护理措施
   C. 辅助性护理措施　　D. 依赖性护理措施
   E. 协作性护理措施

10. 患者男性，65岁。高血压病史30年，因情绪激动，呼吸急促，左胸部剧烈疼痛，以"急性心肌梗死"收住院。对该患者的护理，属于依赖性护理措施的是（　　）
    A. 遵医嘱应用止痛药
    B. 嘱患者绝对卧床休息
    C. 观察吸氧后的病情变化
    D. 通知营养科调整患者饮食
    E. 安定患者情绪，进行心理护理

是非题

1. 护理评价贯穿于护理程序全过程。（　　）
2. 评判性思维（critical thinking）是20世纪30年代美国的护理学者Lydia Hall创立的一种评判理论所提倡和主张的，是一种合乎逻辑的、辨证的思维方式。（　　）
3. 护理评估是护理程序的起点，同时贯穿于护理程序的始终。（　　）
4. 护理诊断的陈述包括三个结构要素：问题、症状和体征、相关因素。（　　）
5. 护理措施可分三类：独立性护理措施、合作性护理措施和依赖性护理措施。（　　）
6. 护理程序是以护士为中心的，护士独立制订护理计划。（　　）
7. 护理人员在执行护理计划前，应考虑5个"W"，即 what、who、how、when、where。（　　）
8. 护理程序五步骤按照先后顺序分为诊断、评估、计划、实施和评价。（　　）
9. 在护理评估收集资料的阶段，护理对象本人是资料的主要来源。（　　）
10. 不同服务对象如有相同护理诊断，其护理计划的内容也是相同的。（　　）

（邢　爽）

第6章 护理健康教育

学习目标

1. 解释健康教育、健康行为的概念。
2. 阐述健康教育的意义。
3. 明确护理人员在健康教育中的作用。
4. 熟悉健康相关行为改变模式(知信行模式、健康信念模式)。
5. 正确运用健康教育的方法和原则,针对护理对象开展健康教育工作。

随着疾病谱的变化、新的传染疾病的出现以及人类行为和生活方式的改变,人们对健康教育的需求越来越强烈。护理工作者需要通过健康教育发动和引导人们树立健康意识,关注健康问题,养成良好的卫生习惯和生活方式,提高自身的保健能力,促进群体的健康水平,提高全民族的健康水平及生存质量。

第1节 护理健康教育概述

一、护理健康教育概念

1988年8月国际健康教育联合会、WHO和联合国儿童基金会(UNCIF)召开的第十二次健康教育大会上,将健康教育定义为"健康教育(health education),是一门研究以传播保健知识和技术,影响个体和群体行为,预防疾病,消除危险因素,促进健康的科学"。其核心是通过信息传播帮助个人和群众树立健康意识,养成良好的行为习惯和生活方式,以消除或减轻影响健康的危险因素,预防疾病、促进健康和提高生活质量。

护理健康教育是卫生知识和健康行为之间的纽带和桥梁,是一种行为干预,它帮助人们学会了解自己的健康状况并做出合理的选择,如在面对促进健康、预防疾病、治疗、康复等各个层次的健康问题时,有能力、有计划并自觉自愿地采取利于健康的行为和生活方式。

预防优于治疗

世界卫生组织前总干事马勒博士说过:"是任凭人们吸烟、酗酒、吃甘咽肥,得心脏病,我们再建医院为他们治疗呢,还是把饮食、锻炼、不吸烟等卫生知识告诉群众,使他们建立健康的生活方式,从而不得病好呢?"显然,结论是不言而喻的。

护理健康教育活动是有组织、有计划、有系统和有评价的过程。它与卫生宣传有很大的不同。传统意义上的卫生宣传常以生物医学模式的观念看问题,不注重信息反馈和效果的观察,是单向的卫生知识的传播,没有关注改变或干预人们的行动。实际上卫生宣传很难达到改变人们行为的目的,只能看作是实现健康行为的一种重要手段。

二、护理健康教育意义

1. 教育人们树立正确的健康观念，提高人们的健康意识。
2. 促进人们养成良好的行为和生活方式，改变不良习惯，提高自我保健的能力。
3. 促进人们减低和消除影响和危害健康的因素，从而有效地维护和改善自身健康和生存的环境。
4. 有效地降低发病率和死亡率，减少医疗费用。

三、护理健康教育的原则

（一）优先满足患者需要原则

对急诊、病情危重或急性发作期的患者，护理健康教育的原则是首先考虑满足其生存、休息、睡眠等基本的生理需要，待病情允许时，再考虑患者的学习需要。但即使危重病患者也有接受护理健康教育的需要，这些需要直接与治疗护理效果有关。因此，必要时可做简短、必要的说明。

（二）因人施教原则

由于受年龄、职业、文化、疾病特征等因素的影响，患者对护理健康教育内容的接受能力不尽相同，应根据患者的不同特点，因人施教。护理人员在健康教育中应成为失明者的眼睛、失聪者的耳朵、昏迷者的意识。

（三）适用性原则

患者最感兴趣的是与自身疾病特征直接相关的健康知识。如外科患者最关心的是术后疼痛的处理、并发症的预防、功能的恢复和出院后的饮食、活动与休息；内科患者最关心的是疾病的控制和正确用药知识等。这些需求特点说明患者对待护理健康教育普遍持"实用主义"的态度，所以选择护理健康教育内容、确定教学目标时应遵循实用、切题的原则，尽量满足患者的需要。

（四）合作与共同参与的原则

在卫生保健服务及护理健康教育中，要求个人、家庭、社区组织、卫生专业人员及相关的卫生结构以及政府应共同承担健康促进的责任，才能成功的实现护理健康教育的目标。

（五）循序渐进原则

在护理健康教育中，护理人员应按照教学内容的逻辑顺序和患者认识能力的发展顺序，由浅入深、由易到难、由简到繁、由感性到理性、由具体到抽象，循序渐进地开展教学，并尽量使用公众化和通俗易懂的语言，如对于文化层次较低的人群，辅助一些方言，则可以帮助其更好地理解。

（六）分段教育原则

患者入院后要经历不同的治疗阶段，每个治疗阶段、护理项目不尽相同，护理健康教育的内容也应有所不同。例如：对围手术期护理的外科患者，术前、术后、出院前等的护理，就应有明显的阶段性和目的性。因此，护理健康教育应分阶段进行，使患者在疾病及康复的不同阶段都能获得适时和连贯的健康指导。

（七）直观性原则

在护理健康教育中，许多健康知识对患者来说都是陌生与抽象的，因此，护理人员在护理健康教育的教学过程中，应利用形象直观的教学手段，使患者易于理解。例如，床边演示、图解、录像、照片、动画等图文并茂的教学手段及现身说法和现场观摩等护理健康教育方法，考点提示：
健康教育的概念、意义、原则

这样不但有利于提高学习兴趣，还能增强学习者对知识的理解和掌握。

（八）激励原则

通常情况下，患者的学习态度和效果都会受到其兴趣、动机、爱好等的影响。因此，在护理健康教育中，护士应利用激励手段激发患者的学习动机，提高患者的学习兴趣和求知欲望，利用反馈机制对患者学习情况作出及时评价，充分肯定患者的学习态度及学习效果，利用以往学习经历和现实学习过程中的每一点进步，激发患者的学习动机，形成良好的学习机制。

国内外护理健康教育现状

1. 国外护理健康教育现状　国外护理健康教育内容主要涉及各种疾病、特殊检查、手术、出院指导、环境介绍等。护理健康教育形式和手段多样化。护理健康教育程序合理化。成立病人健康教育咨询中心，并设立专门的健康教育服务部。社区及社会有专门的健康教育机构。建立与健康教育相关的网站及销售健康教育软件，开辟了新的护理健康教育传播渠道。

2. 国内健康教育现状　自20世纪80年代引进整体护理模式后，护理健康教育越来越受到临床护士的关注和重视。护理健康教育的内容主要集中在对疾病的认识、活动量、饮食、排泄、服药、心理卫生及复查项目等；护理健康教育形式主要通过一些病区卫生宣传墙、给病人进行讲课、健康小册子、多媒体课件等形式；有的医院开设了护理咨询门诊；为了使护理健康教育更能符合我国的国情，学者们积极探索适合我国医疗制度改革需要的护理健康教育工作模式，主要包括建立标准化护理健康教育工作程序、组织管理体系、质量评价体系、护士工作职责条文及记录表格。

第2节　健康相关行为改变模式

案例6-1

患者，王某男性，50岁，公司职员。一年前，妻子因车祸不幸身亡，导致生活极不规律，且吸烟、酗酒。据了解，其父亲死于冠心病，母亲死于脑卒中。

问题：

护理人员应如何教育王先生养成良好的健康行为？

一、行　为　概　述

（一）行为的概念

行为（behavior）是人类及其他动物在内外环境的刺激下所引起的反应。具体地说，行为是机体面临内外环境变化时内在生理和心理变化的反应。

（二）行为的分类

人具有生物性和社会性，因此，人类的行为可分为本能行为和社会行为。

1. 本能行为　是由人的生物属性决定的，包括摄食和睡眠行为、攻击和自我防御行为、探究和追求刺激行为、性行为等。人的本能行为受到文化、心理、社会等因素的影响。例如，人在疲倦的情况下会产生睡眠行为，但是如果受到时间、地点、环境甚至纪律的限制，人会主动抑制这种行为，以适应当时的情况。

2. 社会行为 是由人的社会性决定的。主要来自社会环境的影响，即个体的社会性行为是人与周围环境相适应的行为，是通过社会化过程确立的，行为的来源包括家庭、学校、单位、大众传媒。人类就是这样通过不断的学习、模仿、受教育、与他人交往的过程，逐步理解到必须使自己所做的事情得到社会的承认，符合道德规范，具有社会价值。

（三）行为与健康

人的行为产生受知识、个性、态度、需要和价值的影响，人的行为与健康密切相关。良好的行为可以增进健康、预防疾病，不良的行为则严重危害健康。当前发达国家中的主要死亡原因已经不是传染病和营养不良，而是心脏病、肿瘤和意外事故，这类疾病的致死因素与行为有十分重要的关系。

在影响人类健康的四个因素（环境、心理、生物学、生活方式）中，生活方式和行为因素对健康的影响最大。不良的生活方式和行为主要包括嗜烟酒、饮食失调、吸毒、药物成瘾、自杀行为、意外行为、神经症行为、A型行为（争强好胜、时间紧迫、无端敌意）等。

（四）影响行为的因素

1. 遗传因素 人的行为是有遗传基础的。基因的可传递性，使人类在长期种族进化中获得的优点得以继承，并代代延续；而基因的突变、选择和整合，又导致人类行为的多样性，使人类行为得以不断发展和延伸。

健康的生活方式
①戒烟限酒；②合理膳食；③适量运动；④心态平衡。

---

2. 环境因素 人的行为均诱发自某种程度的环境刺激；反过来，这些行为都发生在环境中，并对环境造成影响。因此，环境既是行为的激发者，又是行为的接受者。影响人的行为环境因素包括内部环境因素（人体的内环境）和外部环境因素（自然环境和社会环境）。其影响行为的作用可以是直接的，如知识与态度、技术与能力、亲友的态度等。也可以是间接的，如生态环境、人文地理环境、医疗卫生、风俗习惯、宗教信仰、教育环境、法律制度、经济基础、事物的发展规律和意外事件等。

3. 学习因素 人类的各种行为都是后天学习所得。学习是行为发展的促进条件，学习的方式分为两种：

（1）模仿：包括无意模仿、有意模仿、强迫模仿。大多日常生活行为都属于无意模仿，如随地吐痰的行为；有意模仿带有主动性，被模仿的大多是自己崇拜或钦佩的行为；强迫模仿指按照规定的行为模式学习，如队列训练等。

（2）系列教育和强化教育：当学习一些复杂、专门的高级行为时，需要使用系列教育和强化教育。即先在教育者的启发下，全面认识和理解目标行为，从理性上感受到自身对它的需要，然后再去实现和学习该行为，并在各种促成和强化因素的作用下得以强化和巩固。通过健康教育改变不良行为和培养新的健康行为的过程，大多是依靠强迫模仿学习形式。

二、健康相关行为

（一）健康行为

1. 健康行为的概念 健康行为（health behavior）是指个体在身体、心理、社会各方面都处于良好状态时的行为。即一个自己认为健康的人为了预防疾病和维护自身健康而表现出来的一切行为。例如，接受有关健康检查、预防接种等行为就是一种健康行为。

2. 健康行为的分类　按其研究对象的不同分类。

（1）团体健康行为：是以社会群体、团体为主体而采取的旨在保证公众健康的活动。

（2）个体健康行为：是以每一个体为主体而采取的旨在保证自身健康的活动。按表现形式分为以下2种。

1）外显健康行为：饮食的定时定量、充足的睡眠时间、适当的体育锻炼、不吸烟、不酗酒、体重适中。

2）内在健康行为：可表现为情绪愉悦、关系和谐、自知之明、适应环境、健康投资。

3. 学习健康行为的目的　从复杂纷繁的个体行为和群体行为中，揭示人类有关健康行为活动的一般规律；从心理和社会文化角度理解人们健康和疾病的行为表现，以便有效地利用健康教育手段和医疗保健手段来更好地控制、干预、预测人的健康问题，诱导和激励公众的健康行为，去除或降低不健康行为和疾病行为。

（二）健康相关行为

健康相关行为是指个体或团体的与健康和疾病有关的行为。

1. 促进健康行为（health-promoted behavior）

（1）促进健康行为的概念：促进健康行为是指个体或群体表现出来的、客观上有利于自身和他人健康的一组行为。在日常生活中的各种促进健康行为，一般具有五个基本特征，即：①该行为表现为有利于自己、他人和全社会，如不抽烟、不酗酒；②行为的规律性，如定时定量进餐；③行为的和谐性，即个体的行为既有自己的鲜明个性，又能根据环境的变化做出调整，使个体或团体行为有益于他人和自身的健康；④行为的一致性，外显的行为和内在的思维动机与能力的协调一致性；⑤行为的适宜性，即个体能表现出忍耐和适应，无明显冲动表现。

（2）促进健康行为的分类：一般分为以下3类。

1）预防保护性行为：发生在健康、无疾病征兆的人身上，是个体为预防疾病、促进健康采取的主动行为，属于一级预防的范畴。包括：①日常健康行为，如合理的营养、平衡膳食、适量睡眠、积极锻炼；②保健行为，如定期体检、预防接种；③避免有害环境行为，如调适、主动回避、积极应对；④戒除不良嗜好行为，如戒烟、不酗酒、不滥用药物；⑤预防事故发生，一旦发生事故后正确处理的行为，如乘飞机、汽车系好安全带，发生车祸后能自救和他救。

2）求医行为：指个体觉察到自己有某种疾病但尚未确诊时，寻求可靠的医疗帮助的行为，属于二级预防。包括主动求医、真实提供病史和症状、积极配合医疗护理、保持乐观向上的情绪等。

3）疾病角色行为：已被确诊的患者采取的促进健康行为，属于三级预防。包括遵医行为（发生在已知自己确有病患后，积极配合医生，按照医生开列的处方进行治疗和遵照医嘱进行预防保健的一系列行为）和患者角色行为（多层含义：如有病后及时解除原有的角色职责，转而接受医疗和社会服务；在身体条件允许下发挥主观能动性；伤病致残后，身残志不残，积极康复；以正确的人生价值观和归宿感对待病残和死亡）。

2. 危害健康行为（health-risky behavior）

（1）危害健康行为的概念：危害健康行为是指个体或群体在偏离个人、他人、社会的期望方向上表现的一组行为。这种行为表现为对人、对己、对整个社会的健康有直接或间接的、明显的或潜在的危害作用；对健康的危害有相对的稳定性，即对健康的影响具有一定作用强度和持续时间；这种行为一般是个体在后天生活经历中习得的，故又被称为"自我创造的危险因素"。

（2）危害健康行为分类：一般分为以下4类。

1）日常危害健康行为：吸烟、酗酒、吸毒、性乱。

2）致病性行为模式：是导致特异性疾病发生的行为模式。如：A型行为（冠心病易发行为），该行为表现为不耐烦和敌意，有A型行为者，冠心病发病率、复发率和致死率均比正常人高2~4倍；C型行为（肿瘤易发行为），该行为表现为情绪压抑、性格克制，表面上处处依顺、谦和忍让，内心却是强压怒火，爱生闷气。C型行为者为宫颈癌、胃癌、食管癌、肝癌和恶性黑色素瘤的发生率都比正常人高3倍左右。

3）不良生活习惯：饮食过度、高脂、高糖、低纤维饮食、偏食、挑食、过多吃零食等容易导致各种成年期退行性病变，如肥胖症、糖尿病、心血管疾病；不良进食习惯，进食过热、过硬、过酸饮食，对食管的机械性刺激，在长期、反复刺激下易诱发食管癌。

4）不良疾病行为：如与"求医行为"相对应的瞒病行为、恐惧行为、自暴自弃行为；与"遵医行为"相对应的角色行为超前，把身体疲劳和生理不适误当成疾病等。

医院健康教育应遵循的标准

美国卫生保健组织联合委员会（The Joint Commission on Accreditation of Healthcare Organization of U. A，JCAHO）提出了医院健康教育应遵循的标准：

1. 护理对象的学习需要、能力、喜好和学习准备的评估。
2. 健康教育是互动式的活动，需要施教者和受教者共同参与。
3. 在对患者及其家属进行指导时，应对承担持续护理患者任务的组织和个人进行相同的教育。
4. 医院应计划、支持、协调健康教育活动，并配备相应的资源。

许多疾病与不良的生活方式和生活习惯有关，如暴饮暴食、吸烟、酗酒、吸毒、药物依赖、体育锻炼和体力活动过少、生活工作紧张、娱乐活动安排不当、家庭结构异常等。

三、健康相关行为改变模式

（一）知信行模式

知信行模式（KABP：knowledge，attitude，belief，practice）是有关人们行为改变较成熟的理论模式之一。这一理论将人们行为改变分为获取知识、产生信念和改变行为三个连续的过程。在这个过程中，获取知识与信息是基础，建立积极、正确的信念与态度是动力，行为改变过程（产生促进健康行为和消除危害健康行为）是目的。例如，对艾滋病的教育宣传，教育者通过多种方法和途径将艾滋病的全球蔓延趋势、严重性、传播途径和预防方法等知识传授给群众。群众接受知识后，通过思考，加强了对保护自己和他人健康的责任感，形成信念。在强烈的信念支配下，绝大多数群众能废弃各种不良性行为，并确信只要切断艾滋病的传播途径，人类就一定能战胜艾滋病。预防艾滋病的健康行为模式就此逐步建立。

然而，让人们从接受知识、形成信念并转化为行动是一个非常复杂的过程。其中，信念的确立和态度的改变是两个关键的步骤。在信念确立之后，如果没有坚决的态度转变，实现行为转变的目标就会招致失败。因此，态度转变是行为转变的前提，护理人员在护理健康教育中应学会促进态度转变的方法。促进态度转变的方法有以下几种。

1. 增强信息的权威性和传播效能,让被学习者对信息引起兴趣,感到有需要,进而做出自己的思考、选择和决定。

2. 利用信息接受者身边的实例,现身说法,强化对行为改变所获效益的宣传。

3. 有针对性地强化行为干预措施,例如,对明知吸烟有害,但又不能主动戒烟的人,可借助外力,如政策法律、经济和组织手段、公共舆论等,加速其态度和行为的转变。

4. 利用凯日曼(1961年)提出的"服从、同化、内化"态度改变的阶段理论,对严重危害社会的行为可依法采取强制手段,促进其态度的转变。例如,对吸毒者可以采取强制手段将其送往戒毒所。在戒毒所,吸毒者开始是被迫服从,内心并不心甘情愿("服从");一段时间后,他从内心深处接受"吸毒有害"的信念,彻底改变态度("同化"),并把这一新观点纳入自己的价值观体系,成为动机的内在行为标准("内化")。

(二)健康信念模式

健康信念模式(health belief model,HBM)是利用社会心理学方法解释健康相关行为的重要理论模式,它以心理学为基础,由刺激理论和认识理论综合而成。是由霍克巴姆(Hochbaum)于1970年研究了人的健康行为与其健康信念之间的关系后推出的。1974年,又经贝克(Becker)及同事修改完善而发展成健康信念模式。常常被用来预测人的预防性健康行为或实施健康教育。健康信念模式(图6-1)主要由以下三部分组成。

1. 健康信念(health belief) 即人如何看待健康和疾病,如何认识疾病的严重程度及易感性,如何认识采取预防措施后的效果及采取措施所遇到的障碍。人的健康信念受以下四种认知程度的制约。

(1)对疾病易感性的认知。

(2)对疾病严重程度的认知。

(3)对预防性措施所产生效果的认知。

(4)对预防性措施障碍的认知。

形成疾病易感性和严重性的信念是健康教育成功的关键。如果公众认为某一疾病的易感性和严重程度高,预防性措施的效果好,采取预防性措施的障碍少,则其健康信念越强,越易采取医护人员所建议的预防性的措施。

2. 行动的线索或意向(cue to action) 指人能否采取预防性措施的促进因素,包括大众传播媒体的宣传、别人的劝告、卫生保健人员的提醒、报纸杂志的介绍、家人或朋友患过此病等。

3. 影响及制约因素(modifying factors) 主要有以下3个方面的因素。

(1)人口学因素:年龄、性别、种族。

(2)社会心理学因素:个性、社会地位、社会压力。

(3)知识结构因素:关于疾病的知识、以往与疾病的接触等。

健康信念模式在产生促进健康行为和摒弃危害健康行为的实践中遵循以下步骤:①让人们对他们目前的不良行为方式感到害怕——产生恐惧。②让人们坚信一旦他们改变不良行为会得到非常有价值的后果,同时清醒地认识到行为改变中可能出现的困难——效果期望。③使人们感到有信心、有能力通过长期努力改变不良行为——效能期望。

在应用知信行模式和健康信念模式时,护理人员利用手册、电视、报刊及宣传单等方式传播预防疾病的知识和方法,帮助人们形成正确的健康认识,增强健康信念,促进人们自愿采取积极的措施纠正不良的行为习惯,养成良好的生活方式,从而达到预防疾病的目的。

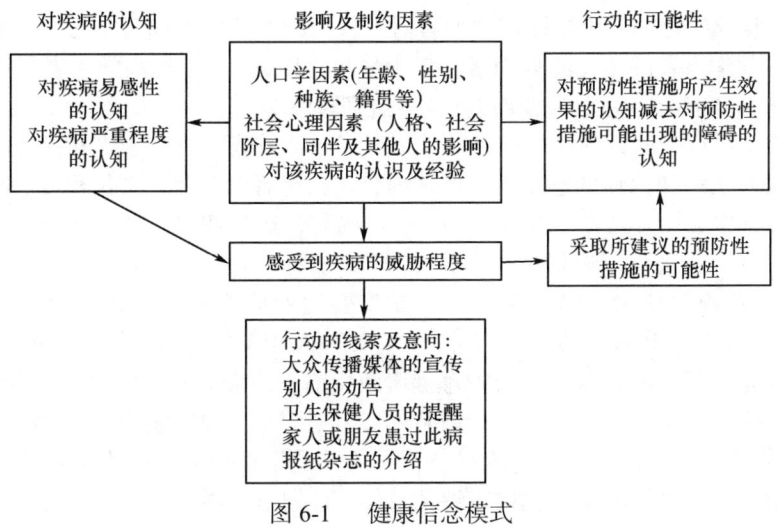

图 6-1　健康信念模式

第 3 节　护理健康教育的过程与方法

**案例6-2**

患者男性，70岁，吸烟史40年。近2年来劳累时感到胸骨后压榨性疼痛，常在休息或含化硝酸甘油5分钟内缓解，今晨突发胸骨后持续性疼痛，休息、含化硝酸甘油均无效，持续3小时，伴烦躁、出汗，家属送其急诊入院。经1周药物治疗，目前病情稳定。

问题：

作为患者的责任护士，现在如何为其制定合适的护理健康教育方案？

一、护理健康教育的过程

护理健康教育是一个连续不断的过程，可应用护理程序的方法实施。包括五个步骤。

（一）评估

评估是指在收集学习者主、客观资料的基础上，对学习者、学习资源和学习准备状态估计的过程，其目的是为制定有针对性的教育计划提供依据，这是护理健康教育的准备阶段。

1. 对学习者的评估　应从以下几方面进行评估。

（1）学习需求的评估：人的学习需求受个人经历、疾病特征、学习能力和治疗因素等的影响，也受以往学习经历的影响，因此，对需要的应答是动态多变的。相同的健康状况可能有不同的学习需求，不同的健康状况也可能有相同的学习需求。例如，在医院和社区、在治疗期和在康复期学习者的需求就不尽相同。

（2）学习能力与态度的评估：学习能力的评估主要是指对学习者的年龄、性别、教育程度、视力、听力、记忆力、反应速度、健康状态的了解；学习态度的评估主要是学习者的学习愿望、对护理健康教育是接受还是反对、在行动上是否做好了学习准备的评估，通过评估，护理人员可确定学习者的学习能力，是否能够接受相应的学习，并及时发现和纠正学习者对学习的消极态度，以指导制定学习计划。

（3）心理状况的评估：重点评估学习者对于疾病的适应模式和对学习的认知能力。护理人员应及时发现学习者的不良心理因素，有针对性地开展心理，提高学习者对疾病的适应能力和对学习的认知能力，为学习者创造良好的心理条件。

（4）社会文化背景的评估：重点评估学习者的生活方式，因为生活方式将影响其健康行为的建立以及对疾病和治疗的态度等。评估内容包括患者的职业、文化程度、经济收入、住房条件、居住地区、饮食习惯、睡眠习惯、烟酒嗜好、运动情况、性生活等。此外，学习者的价值观和信仰模式也会影响其对疾病的看法及对护理健康教育态度。

2. 对学习资源的评估　学习资源一般是指要达到护理健康教育目标所需要参与的人员、时间、教学环境、教育资料，如小册子、宣传单及相关的设备（如幻灯机、投影仪）等。护理人员不论是在医院或社区，进行护理健康教育前，均应对所需要的学习资源作出评估，并根据相应的学习资源来制定护理健康教育的方式、方法，以确保护理健康教育目标的实现。

3. 对准备情况的评估　这里讲的准备情况主要是指护理人员在为学习者提供护理健康教育前，应对自己工作的准备情况进行评估。如，计划是否周全、备课是否充分、对学习者是否了解、教学用具是否齐全、护理健康教育环节的统筹是否到位等，旨在提醒护理人员要做好充分的准备工作。

（二）确定教育目标

护理健康教育是有目的、有组织、有计划、有评价的教育活动，既是学习者通过学习预期达到的结果，又是实施教育计划的行动导向。其目的是为教育计划的实施提出标准和要求，并可以作为以后评价护理健康教育效果的依据。因此，确定护理健康教育目标是护理健康教育中的一项重要内容，明确护理健康教育的具体目标有助于护理健康教育计划的实施，也是评价护理健康教育效果的依据。

1. 目标应具有针对性和可行性　制定护理健康教育目标时需要清楚以下情况，即：学习者对学习的兴趣与态度、缺乏哪些知识与技能、学习的能力如何、支持系统怎么样等等，从而制定切实可行的目标。

2. 目标应具体、明确、可测　护理健康教育的目标应标明具体需要改变的行为，以及要达到目标的程度及预期时间等，目标越是具体、明确、可以测量，越具有指导性和可及性。如：帮助学习者实现戒烟的目标。目标可以表述为学习者每周能减少吸两支烟等。

3. 目标应以学习者为中心　护理健康教育的目标要充分尊重学习者的意愿，通过共同讨论，达成共识，激励和调动受教育者的主观能动性，取得较好的效果。

（三）制订教育计划

护理健康教育计划是为了实现护理健康教育目标而事前对措施和步骤做出的部署。计划可以使工作变得有序，减少不确定性和变化的冲击；同时，计划也是一种协调，可以减少重叠性和浪费性的活动。因此，护理健康教育计划既是护理人员组织护理健康教育活动的依据，又是学习者实现学习目标的保证。他是对护理健康教育工作的内容、措施、步骤和方法做出的规定，以使护理人员能按照计划的要求，有效地组织实施护理健康教育工作。一个好的计划应是实现目标的行动纲领。

1. 明确实施计划的前提条件　制定计划时应根据目标列出实现计划所需的各种资源，可能遇到的问题和阻碍，找出相应的解决办法，确定计划完成的日期。

2. 将计划书面化、具体化　整个护理健康教育计划应有具体、详细的安排，如：每次教育活动有哪些人员参加，教育地点及教育环境、内容、时间、方法、进度、教育所需的设备和教学资料等都应有详细的计划。

3. 完善和修订计划　完成计划初稿后，进一步调查研究，提出多种可供选择的方案。

最好邀请学习者参与修订计划，经过比较分析，确定最优或最满意的方案，使计划更加切实可行。

（四）实施教育计划

实施护理健康教育计划是护理健康教育过程的关键步骤，其重点要解决护理人员"怎么教"和学习者"怎么学"的问题。在教与学的互动中，许多因素可以影响学习效果。例如，护理人员的知识和技巧、与学习者的沟通和相互建立的关系；而学习者的学习动机、他对健康的认知，以及能否创设一个良好的学习环境等，都将影响护理健康教育计划的实现。

为达到良好的教育效果，在实施计划前，应对实施护理健康教育的有关人员做相应的培训，使之详细了解护理健康教育的目标、计划和具体的任务。在实施计划的过程中，应及时了解教育效果，定期进行阶段性的小结和评价，重视与各部门及组织之间的密切配合与沟通，根据需要对计划进行必要的调整，以保证计划的顺利进行。计划完成后，还应及时进行总结。

（五）评价教育效果

评价是整个护理健康教育活动中不可缺少的一环，它应该贯穿在活动的全过程。评价的目的在于根据结果及时修改和调整护理健康教育计划、改进教学方法、完善教学手段，以取得最佳的教学效果。

护理健康教育效果评价可以是阶段性的、过程性的或结构性的。评价的内容包括：是否达到教学目标，所提供的护理健康教育是否切实可行，执行教育计划的效率和效果如何，是否需要修订教育计划等。具体如：学习者的学习需要是否得到了满足，所选的教育方法、时机与场合是否恰当，学习者对健康和疾病的态度、行为的转变是否达到预期的效果等。

护理健康教育的内容

1. 入院教育。是住院病人健康教育的基础内容，包括病室人员、环境、工作与休息时间、住院规则等内容的介绍等。其目的是使住院病人积极调整心理状态，尽快适应医院环境，配合治疗，促进康复。

2. 心理指导。所有住院病人都可能或多或少存在这样或那样的心理健康问题，护理健康教育的首要任务就是要帮助病人克服这些问题，安心住院治疗。

3. 饮食指导。合理适当的饮食将有助于疾病的康复，如高血压病人宜用低盐饮食，发热病人宜多饮水等。饮食指导要注意培养病人的饮食习惯。

4. 作息指导。凡有活动能力的病人都应鼓励其适当的活动和休息。对需要卧床的病人也应指导其做力所能及的床上锻炼，并注意调整卧床休息与睡眠的关系，避免日间睡眠过多造成夜间失眠。

5. 用药指导。应告诫病人谨遵医嘱，按时服药。同时应策略地讲清有些药物可能出现的副作用，严重时及时与医生和护士联系。

6. 特殊指导。凡需要特殊治疗及护理的病人都应做好相应的教育指导。如手术的病人应做好术前、术后指导。

7. 行为指导。护士指导病人掌握一定的自我护理或促进健康的行为方法，是护理健康教育的重要内容。

8. 出院指导。病人住院基本恢复健康后，在出院前，护士应给予出院指导，目的是巩固住院治疗及健康教育效果，进一步恢复健康。出院指导犹应注意预防疾病再次发生的指导。

链接

二、护理健康教育的方法

护理健康教育的方法很多，护理人员可以根据教育的目的选择恰当的教育方法。如果目的是增加学习者的知识，可应用个别会谈、讲授、分发阅读资料、讨论等方式；如果要改变学习者的态度，可用小组讨论、角色扮演、辩论等方式；如果要帮助学习者获得某种技能，可用示范法、回示法及角色扮演等方法。

（一）专题讲座法

专题讲座法是一种较正式的传统护理健康教育方式。一般是由卫生专业技术人员对有关健康的某个专题进行讲座，以口头配合书面的方式，将信息传达给学习者。专题讲座的方式能将健康知识系统地传递给学习者，帮助其了解有关健康的知识或信息，为学习者观念、态度及行为的改变打下一定的基础。适用于受教育者人数较多，需要了解某种知识或邀请专家举行专题讲座时。

1. 优点　经济，容易组织并适合各种大小的团体，能在有限的时间内，将知识系统完整地传授给许多人（信息传递快捷）。

2. 缺点

（1）单向沟通，讲授者无法了解听众对讲授内容的反应。

（2）人数太多时无法达到预期的效果。

（3）学习者缺少参与机会，影响意见的表达，不易引起学习兴趣。

3. 注意事项

（1）预先了解听众的人数、教育程度、职业等基本资料。

（2）讲授者必须具有相当好的专业知识及讲授能力，讲授内容简明扼要。

（3）注意讲授环境的布置，如照明、通风、试听教具的使用、避免噪声。

（4）注意以提问等方式及时取得听众对内容的反馈。

（5）在演讲结束后，鼓励听众发问，形成双向沟通。

（二）小组讨论法

讨论法是针对学习者的共同需要，或存在相同的健康问题，以小组或团体的方式所进行的健康信息的沟通及经验交流。大家就共同关心的问题展开讨论，畅所欲言。一般小组成员由三人以上组成，共同参与对某一健康问题或主题的讨论。通过小组成员的意见及经验的表达，使学习者得以集思广益，以获得知识及分享感受，扩大个人的经验范围，加深对某一问题的认识及了解，以刺激其态度或行为的改变。

护理人员在讨论中充当组织者及引导者的角色。一般在开始前介绍参与人员及讨论主题，在讨论过程中注意调节讨论气氛，在讨论即将结束时应对结果进行简短的归纳及总结。

1. 优点

（1）所以人员共同参与讨论。大家对某一问题根据自己的经验及判断提出自己的看法或意见。组员之间可以相互影响，相互学习。

（2）适用范围广，如：高血压患者的居家护理、糖尿病患者的自护训练、社区妇女的婴幼儿喂养知识讨论等。

（3）容易改变小组人员的态度及行为。

2. 缺点

（1）小组的组织及讨论较浪费时间。

（2）可能会出现不平衡现象，有的人可能过于主导，而有些人很少发言。指导者需要根据讨论的方向，控制局面，以免讨论会失控。

（3）有时会出现小组讨论离题的现象，使应讨论的问题不能达到圆满的解决。

3. 注意事项

（1）小组讨论的人数：以 7~8 人为最佳，最多不要超过 15 人。

（2）应选择年龄、健康状况、教育程度等背景相似的人组成同一小组。

（3）讨论前了解讨论的主题，并拟出讨论的基本内容。

（4）选择讨论的场地应便于交流。

（5）准备有关视听教具。

（三）角色扮演法

角色扮演法是一种制造或模拟一定的现实生活片段，由学习者扮演其中的角色，将角色的言语、行为、表情及内心世界表现出来，以学习新的行为或解决问题的方法。它可以用两种方式来进行：一种是预先准备好的角色进行扮演，参与扮演者通过观察、操作、模仿、分析等而学习相关的健康知识及经验；另一种是自发式的角色扮演，预先不做准备，由操作及模仿达到学习的目的。

1. 优点

（1）提供具体而有兴趣的学习环境。

（2）所有人员都参与了学习过程，有助于沟通技巧的提高。

能充分表达态度、价值观和情感。

2. 缺点

（1）有些成员可能比较羞怯，感到参与有压力。

（2）希望或预期表现的内容，有时会无法表现出来。

（3）需要较多的时间组织安排。

3. 注意事项

（1）角色扮演前，应注意整个扮演主题的选择与编排、角色的分配与排练。

（2）角色扮演前，主持者应报告此项教学活动的目的与意义，并对剧情及相关表演人进行简单的介绍。

（3）角色扮演后进行讨论，可先由表演者谈自己的感受，然后让其他人员积极参加讨论。主持者可以引导参加人员讨论剧中的重点及内容，以使其了解相关的知识及原理。讨论部分为角色扮演的重点，通过讨论，可以让有关人员真正获得相关知识。

（四）实地参观法

带领学习者实际参观某一健康场所，以配合教学内容，让学习者获得第一手资料。如：实地参观结核病防治所，以了解结核病的防治情况。

1. 优点

（1）学习者能在参观场所了解某一疾病的实际情况。

（2）可刺激学习者寻找更多的学习经验。

（3）在实际参观中，有利于提高学习者的观察能力。

2. 缺点

（1）不一定有充分的时间安排参观，可能有些学习者无法参加。

（2）很难找到合适的参观场所。

（3）行程表可能较难安排。

3. 注意事项

（1）配合教学目标，选择合适的参观地点和内容。

（2）事先需要与参观单位取得联系，沟通参观访问事宜。

（3）参观前告知参观者参观的目的、重点及注意事项。

(五)示范法

示范法常常应用于教授某项技能操作,教学者先对该技能操作进行示教,同时给予详细的讲解,使学习者能仔细了解该项技能操作的步骤及要点。然后,在教育者的指导下让学习者进行练习。在结束时让学习者作回示,以便教育者评价学习者是否获得了此项技能。

1. 优点

(1)直观性强,有利于激发学习者的学习兴趣,以获得某项技能。

(2)当学习者掌握某种技能时,可获得成就感,对学习有促进作用。

(3)可根据学习者的具体情况安排示范的速度,也可以根据实际情况安排重复示范。

2. 缺点

(1)对教育者要求高,要求教育者理论知识、动手能力和表达能力并重,使学习者看得清、听得明,易于理解,容易掌握。

(2)对学习者要求高,要求学习者听、看、理解及动手能力均达到一定要求,方能产生教育效果。

(3)受到教学仪器及场地的限制。因为有些示范所用的仪器较昂贵且不易搬运,所以只能在指定的场所进行教学。

3. 注意事项

(1)示范时,动作不要太快,应将动作分解,且让所有参与者能清楚地看到。在示范的同时,应配合口头说明。

(2)操作应规范,切不可在示范过程中一次一个样,一个教育者一个样,使学习者无所适从。

(3)鼓励所有的参与者都参加练习。

(4)如所示范的内容较复杂,则可事先利用视听教具,如用录像带,说明此项操作的步骤及原理,然后再示范。

(5)安排一段时间让参与者有练习的机会,并让示范者在旁边指导。

(6)示范者在纠正学习者错误时,切忌使用责备的口气,了解其所存在的困难,并详细说明错误的地方。

(六)个别会谈式教育

个别会谈式教育是一种简单易行的护理健康教育方法,常在家庭访视及卫生所的诊前和诊后等时候采用。此方法便于切入敏感话题(如性病)。一般会谈时应该注意与学习者建立良好的关系,及时了解其存在的困难及问题,以便实施正确的护理健康教育。实施个别会谈式教育时应注意以下几点。

1. 实施者对学习者的基本背景资料,如姓名、年龄、教育程度、家庭状态、职业等有一定的了解。会谈应从最熟悉的人或事物谈起,使学习者产生信任感。

2. 施教者对所教育的内容必须熟悉,并事先做好准备。

3. 及时观察及了解学习者对教育内容的反应,并鼓励学习者积极参与交谈。尊重对方的想法及判断。

4. 一次教育内容不可过多,以防学习者发生思维混乱或疲劳。

5. 会谈时,防止谈话内容偏离主题。

6. 结合视听教材或教具,如录像、小册子等。

7. 会谈结束时,应总结本次教育的内容,并了解学习者是否掌握了教育的内容。如有必要,预约下次会谈的时间。

(七)视听教材的应用

视听教材是利用有关教具,如单页材料、小册子、录像、幻灯等,使学习者在最短的时间内对某一教学内容有所了解。常用的视听教材有单页宣传材料或折叠卡、挂图、幻灯、投影、电影等。

1. 单页宣传材料或折叠卡　这种宣传材料成本低,可大量印刷,有选择性地分发给所需的人。例如,在门诊、卫生所门口等可以摆放此类宣传材料,供候诊的患者及家属自由阅读。使用时应注意,不要无选择地分发,使大家随意乱丢而造成浪费。

2. 挂图　主要是用来帮助说明内容的,使内容更直观、更具体。一般挂图的文字较少,需要有人旁边解释或说明。使用挂图时,听众人数一般不要超过 30 人。应用挂图应配合教育内容,并及时注意听众的反应,同时还可以根据挂图的内容引导听众讨论。

3. 幻灯、投影、电影等　这类视听材料可根据学习者的兴趣及背景来安排学习,由于利用了学习者的视、听等其他感官,能激发学习者的学习兴趣,提高学习效果。

(八)计算机辅助教学法

计算机辅助教学法(CAI)是一种借助计算机进行教学的崭新教学形式。它可以综合利用多种媒体有效地表达传统教学手段难以表现的教学内容,充分使教学内容形象化、多样化。激发学习者的学习兴趣。CAI 可以不受时间、地点的限制,针对每个学习者的学习需要和学习特点,将学习者难以理解的理论和难以掌握的方法,通过计算机的信息转换和处理功能,将学习内容形象化和具体化,降低了学习难度。把计算机这一现代技术引进到护理健康教育中,不仅有利于加强护理健康教育的时代性和开拓性,而且还有利于教育者和学习者在护理健康教育的过程中形成新思想、新观念和新方法。

(九)展览法

利用图表、模型、标本的展示,系统地将学习资料提供给学习者,以激发学习者的学习兴趣,提高学习效果。在没有压力及紧张的气氛中,使学习者获得健康知识。

各护理单元可根据自己病房的特征或社区的服务对象,展示适合学习者需要的知识。主题大小一般不做过多的限制,地点可以在病区的走廊或门诊大厅,时间可长可短,各单位可以根据实际情况选择。例如,在门诊的产科候诊室外可以安排孕期卫生的小型展览;在儿科的走廊可以根据季节安排儿童疾病的预防宣传等。

(十)护理中其他护理健康教育方式

护理人员在护理健康教育中,除了应用正规的教育方式外,还可以采用其他各种非正式的方式。

1. 利用门诊、家庭访视、巡回医疗等机会为公众提供护理健康教育。
2. 在社区诊所内对居民实施护理健康教育。
3. 利用各种社会团体及民间组织活动的机会进行护理健康教育。
4. 利用报纸、书籍、杂志等唤醒公众的健康意识。
5. 利用大众传媒,如广播、电视等介绍预防保健知识及健康行为。

护理健康教育的方法多种多样,在实际应用中应遵循以下原则:

1. 目的性　所选择的教学方法应是达到教学目标的最佳途径。
2. 经济性　教学方法的选择必须充分利用当地的资源。
3. 实用性　教学方法的选择要符合学习者的社会及文化背景。
4. 综合性　可多种教学方法联合使用,以取得最好的效果。

> **考点提示:**
> 如何选择护理健康教育的方法

第4节 护理人员在健康教育中的作用

一、为服务对象提供有关健康的信息

护理人员应该根据服务对象的不同特点和需要,为其提供相关的预防疾病、促进健康的信息。把健康知识传播给社会与大众,提高人们对自身及社会的健康责任感,使人们积极投入到卫生保健的活动中来,从而提高大众的健康水平。

二、帮助服务对象认识影响健康的因素

影响健康的因素主要包括环境因素、行为习惯和生活方式等。环境因素对人类的健康和生存有直接的影响。护理人员应帮助人们认识危害个体健康的环境因素及不良的行为习惯和生活方式,并根据人群、家庭和个人的具体情况,有针对性地教育人们保护环境,鼓励人们保持健康的生活方式和行为,提高人群的健康素质。

三、帮助服务对象确定存在的健康问题

护理人员在对个人、家庭、社区的健康状况做出评估的情况下,帮助服务对象认识其现存的和潜在的健康问题,并通过健康教育的实施,帮助服务对象解决问题,恢复和保持健康。

四、指导服务对象采纳健康行为

护理人员为服务对象提供有关卫生保健的知识和技能,使其能够运用,以解决自身的健康问题,从而增进人群的自我保健能力。

> **考点提示:**
> 护理人员在健康教育中的作用

五、开展健康教育研究

健康教育在我国还是一门年轻的学科,需要不断完善及提高。因此,护理人员应重视不同人群、不同地域等方面健康教育方法与手段的研究,如城市、农村、学校等不同社区的健康教育,不同职业人群的健康教育、不同患者的健康教育等。

单项选择题

1. 传授某项技术或技巧常用的方法有(　　)
   A. 专题讲座法　　　B. 团体讨论法
   C. 示范法　　　　　D. 展览法
   E. 计学法

2. 要使学习者对难以理解的理论和难以掌握的计算机辅助教学方法易于掌握,常选用的方法是(　　)
   A. 专题讲座法　　　B. 团体讨论法
   C. 计算机辅助教学法　D. 角色扮演法
   E. 展览法

3. 角色扮演法的优点有(　　)
   A. 提供了具体而有兴趣的学习环境
   B. 容易改变小组人员的态度和行为
   C. 可刺激学习者寻找更多的学习经验
   D. 将理论知识应用于实际,以获得某项技巧或能力
   E. 当学习者掌握某种技能时,可获得成就感

4. 下列哪个属于健康信念(　　)
   A. 对疾病严重程度认知
   B. 行动线索或意向
   C. 影响因素
   D. 报纸杂志的宣传
   E. 视听教材的应用

5. 利用有关的教具如单页材料、小册子等，使学习者在最短时间内对某一教学内容有所了解的健康教育方法是（　　）
   A. 专题讲座法　　　B. 视听教材的应用
   C. 计算机辅助教学法　D. 角色扮演法
   E. 展览法
6. 它是一种简短易行的健康教育方法，常在家庭访视及卫生所的诊前和诊后等时采用。此教育方法为（　　）
   A. 个别会谈式教育　B. 展览法
   C. 实地参观法　　　D. 角色扮演法
   E. 专题讲座法
7. 使用挂图进行健康教育时，听众的人数一般不要超过（　　）
   A. 15人　　　　　B. 20人
   C. 30人　　　　　D. 40人
   E. 50人
8. 健康教育的目的不包括（　　）
   A. 提高人们的健康意识
   B. 提高人们的自我保健能力
   C. 提高人群自我保健意识和能力的需要
   D. 降低发病率和医疗费用
   E. 促进国民经济发展

是非题
1. 健康教育的核心是通过信息传播帮助个人和群众树立健康意识，养成良好的行为习惯和生活方式。（　　）
2. 健康教育活动是有组织、有计划、有系统和有评价的过程，它与卫生宣传基本相同。（　　）
3. 人类的行为可分为生物行为和社会行为。（　　）
4. 环境既是行为的激发者，又是行为的接受者。（　　）
5. 危害健康行为是指个体或群体在个人、他人、社会的期望方向上表现的一组行为。（　　）
6. 知信行理论模式是将人们行为改变分为获取知识、产生信念和改变行为三个连续的过程。（　　）
7. 制定健康教育目标时，只需要考虑目标的针对性和可行性，同时目标具体、明确、可测即可。（　　）
8. 通过健康教育改变不良行为和培养新的健康行为的过程，大多是依靠强有意仿学习形式。（　　）

（许慧红）

第7章 护患关系及人际沟通

学习目标

1. 角色、护患关系、沟通、护患沟通、治疗性沟通的概念。
2. 简述患者角色特征。
3. 叙述角色适应不良的问题。
4. 叙述现代护士的角色与功能。
5. 简述患者的权利和义务。
6. 阐述护患关系的性质和基本模式。
7. 叙述建立良好护患关系及促进患者角色适应的方法。
8. 阐述沟通的种类及技巧。
9. 叙述沟通的层次。
10. 阐述护理工作中常见的沟通错误。

案例7-1

德国哲学家尼采说过,伟大的人是自己理性形象的扮演者。社会是一个大舞台,每一社会成员都在这一舞台上担当一定角色;每一个角色都进行自身的特定表演。

问题:
1. 角色的概念是什么?
2. 角色的特性有哪些?

第1节 角色理论

角色理论是用角色的概念来研究人的社会行为的一种理论。包括角色理解、角色期待、角色转变、角色冲突等。

一、角色的基本概念

(一)角色

角色(role)又称社会角色,原为戏剧、电影中的术语,指剧中的人物。后被广泛应用于分析个体心理、行为与社会规范之间的相互关系中,成为社会心理学中的一个专门术语,角色就是处于一定社会地位的个体或群体,在实现与这种地位相联系的权利和义务中,所表现出符合社会期望的模式化行为。因而,角色是对于一个人在特定社会系统中,一个特定位置的行为期望和行为要求,表明了一个人在社会结构和社会制度中的特定位置、相应权利和担负的责任。

角色和地位是不可分割的,角色是人们在现实生活中的社会地位、身份,如工人、农民、教师、学生。角色的成功完成又需要通过互动才能实现,即每个角色都是在同与之相关的角色伙伴发生互动关系过程中表现出来的,如一个护士的角色,只有在与医生、患者等角色伙伴发生互动关系的过程中才能表现出护士角色的义务、权利和行为。

角色的获得是个体社会化的结果。每个人一生中在不同的时间、空间里，会扮演着许多不同的角色。从长远时间来看，一个人可能担任过学生、父亲或母亲、雇主、雇员等角色，而在短时间里，一个人也往往同时扮演几种角色。

（二）角色期待

角色期待是角色理论中的一个非常令人关注的核心问题。国外学者，如萨尔滨在其角色理论、格罗斯和梅森麦凯克伦在其所写的《角色分析中的探索》中都对这个问题有过专门的论述，且中外学者的看法是一致的。角色期待指社会（或是他人或是自我）对某一社会角色所应具有的一组心理与行为特征的期望。角色期待在多数情况下都是明确的，例如，家长往往期望子女将来成为对社会有用的人才。角色期待不是一些行为的清单，而是包括了认知、情感和态度的总和，是一个复杂的系列。角色期待往往是在个人社会化之前，或是扮演某种角色之前就已经规定好了的。当然，有时候也会出现对某一种角色期待不一致的情况，这样就必然会出现两个结果，一是不同人们在扮演同一角色时，其行为表现不一样，即个别差异；二是使某些个体在扮演角色时出现无所适从的困难。

（三）角色转变

一个人在不同的空间里可以同时担任多种角色，而不同的角色有不同的权利义务和"角色期待"。所以同时担任不同角色或即将担任一种新角色的人就有一个角色转变的问题。角色转变指个体承担并发展一种新角色的过程。如一中年妇女，在家可能是父母的女儿、丈夫的妻子、孩子的母亲；在医院可能是患者的护士，领导的下级。不同的角色，担负不同的责任，表现不同的功能。当个体承担并发展一种新角色时，便出现角色转变过程。在这过程中，个体必须通过学习、实践，逐步了解角色的转变过程，了解社会对角色的期望，并改变自己的情感、行为，以符合社会对角色行为的期待。

考点提示：
角色的基本概念

角 色 扮 演

角色扮演游戏（<u>RPG</u>，英文全称 Role-playing game）是一种游戏，在游戏中，玩家扮演<u>虚拟世界</u>中的一个或者几个特定角色在特定场景下进行游戏。角色根据不同的游戏情节和统计数据（例如力量、灵敏度、智力、魔法等）具有不同的能力，而这些属性会根据游戏规则在游戏情节中改变。另有 Cosplay，也即角色扮演或称服饰扮演。

角色扮演是心理学中常说的名称。角色扮演的目的在于运用戏剧表演的方法，使人发现问题，了解问题<u>症结所在</u>，进而更好地调整心理状态，解决心理问题。在角色扮演中，人们能亲身体验和实践他人的角色，从而能够更好地理解他人的处境，体验他人在不同情况下的内心情感，同时，反映出个体深藏于内心的感情。

角色扮演是指运用戏剧表演的方法，将个人暂时置身于他人的社会地位，并按照这一位置所要求的方式和态度行事，以增进人们对他社会角色和自身角色的理解，从而学会更有效地履行自己角色的心理技术。

<u>角色扮演法</u>是指通过赋予被试一个假定的角色，要求其按照角色的要求表现自己的行为、观察、记录并评价角色扮演的行为，评价角色接近程度或胜任力。

链 接

体验角色扮演。

二、角色的特性

(一) 角色之间相互依存

不同的角色在社会中不是孤立存在的，而是与其他角色相互依存的。如要执行学生的角色，必须有教师角色的存在；要完成护士的角色，必须有患者角色的存在。

(二) 角色行为由个体完成

角色行为是由个体来执行完成的。社会对每一个角色均有"角色期待"，如学生要有学生的样子，教师要有教师的形象。这种角色期待形成价值体系，经由社会化过程，融入每个人的认知系统中。若个人或群体的行为符合角色期待，则社会或群体将能和谐、圆满地共同生活，反之，则导致紧张与冲突。

(三) 复式角色普遍存在

个体在社会中的一切行为都与其特定的角色相联系，社会要求每个人必须履行各自的角色行为。一个人在不同的空间里可以同时担任多种角色，不同的角色有不同的角色期待，社会要求各有不同。如前文所说的中年妇女，在家是女儿、妻子、母亲；在医院是患者的护士，领导的下级。角色不同，责任不同，功能也不同。当集多种社会角色于一身时，就成为一个"复式角色"。复式角色在人类社会中普遍存在。

第2节 护患关系

案例7-2

患者女性，45岁，肝癌。患者性格内向，心理承受力差，真实病情家人详知，患者自以为是肝炎，积极配合治疗，病情趋于稳定。一日，护士小王在为患者输液时无意间说出病情，患者得知后，于当晚跳楼自杀。

问题：

请分析：护士小王是否应为此事负责？

一、护士角色

护士角色（nursing role）是指护士应具有与职业相适应的社会行为模式，是社会所期望的护士的行为，其形成源于职业的要求，并随着社会的变迁而变化。

自19世纪中叶南丁格尔首创护理专业以来，护理学在深度和广度上都得到了科学的发展，护士的形象也发生了根本的变化。护士作为一个受过护理教育、有专门知识的独立的实践者，被赋予多元化角色功能。

(一) 健康照顾者（care-giver）

为护理对象提供健康照顾是护士的首要职责。患病的护理对象即患者由于疾病的缘故，或多或少地会导致一些基本需求的缺陷。护士应提供日常生活照顾及护理相关活动，帮助患者满足基本需要，直到患者恢复自我护理能力。

(二) 健康咨询者（consultant）

护士应运用沟通技巧等，解答护理对象的问题，提供相关信息，给予情绪支持和健康指导，消除护理对象对疾病和健康问题的疑虑，使其清楚自己目前的健康状况，并以积极有效的方法去应对，提高人群的健康认知水平。

（三）健康协调者（coordinater）

在为服务对象服务的过程中，护士需联系并协调与相关人员及机构间的相互关系，才能使诊断、治疗、护理和其他卫生保健工作顺利进行，才能保证护理对象获得最佳的整体性医护照顾。

（四）健康教育者（educator）

护士可以在医院、家庭、社区等场所，针对护理对象的不同特点进行健康教育，使人们有正确的健康态度和行为，以达到预防疾病，促进健康的目的。

（五）促进康复者（rehabilitator）

在服务对象由于疾病或意外伤害时，护士应想方设法提供康复护理的专业技术及知识，帮助患者最大限度地恢复躯体健康并能做到最大限度的独立及自理。

（六）护理计划者（planner）

护理程序本身就是一连串经过计划的步骤与措施，以有效地满足患者的需要，解决患者的健康问题。在这一系列的计划过程中，护士必须应用自己扎实的专业知识及敏锐的观察和判断能力，为服务对象做出符合需要及特征的整体性的护理计划。

（七）护理决策者（decision maker）

护士应用护理专业的知识及技能，收集服务对象的有关资料，找出健康问题，做出护理诊断，并计划执行及评价，在整个护理活动过程中，护士始终要做出决策。

（八）护理管理者（manager）

护士应对日常护理工作进行有计划地组织、管理和整体的协调，以合理地利用各种资源，提高工作效率，满足患者的需求，使护理对象得到优质的服务。

（九）护理研究者（researcher）

护理专业的发展离不开科学研究，为扩展护理理论知识，发展护理新技术，提高护理质量，促进专业进展，护士在临床工作中必须积极地进行科学研究，从而使护理地整体水平从理论和实践上不断提高。

（十）患者代言人（advocate）

护士是患者权利的维护者，特别是对那些因各种原因不能表达其意愿的人。他们有责任维护患者的权益不受侵犯。

> 考点提示：
> 护士的角色功能

二、患者角色

患者角色是由于某些原因引起生理、心理的变化或有阳性体征出现而导致个体行为改变且得到社会承认的人，是形形色色社会角色中的一种，有其特定的行为模式和权利义务。值得注意的是，并非所有患病的人都会去寻求医护帮助而成为"患者"，也非所有寻求医护帮助的人都一定是遭受疾病痛苦的人。

（一）患者对疾病的行为反应

当人们感到身体或心理方面异常时，可能会产生某些行为反应。

1. 没有行动或延缓行动　患者可能对已出现的症状不注意，认为不要紧而不采取任何寻求诊治的行动，或认为症状并不严重，抱着"等等看"的态度，而不立即采取求医行动。

2. 寻求帮助　患者开始注意自己的健康问题，可能采取一些行动以获得帮助。如有的人进行自我诊断，自行服药治疗；有的人则就医以寻求医护人员的帮助。

3. 犹豫不决　患者既想寻求帮助以早日解除痛苦，又担心诊断治疗过程带来的麻烦和不适或经济问题等。因此，对是否就医犹豫不决。

4. 抵抗　患者不愿接受患病的事实而采取对抗的行为。如有的人否认自己患病，有的则到处寻医以证实自己并非患有不治之症。

（二）患者对疾病的心理反应

患病改变了一个人正常的生活状态或生活模式，从而冲击着患者的内心世界，改变其原有的精神状态和生理状态，改变其社会适应能力。因此，患者在出现身体不适等生理反应的同时，也会产生各种不同的心理反应，这些反应的产生，与个人对于自我概念、生活哲学、生理功能的改变、以往患病的经验及社会对患者角色的期待等有关。常见的心理反应有：

1. 焦虑及恐惧　由于环境的陌生、诊断治疗的不明、学业或事业受限、家庭经济负担过重等诸方面的原因，每一个人患病时都有不同程度的焦虑。患者常表现为紧张、食欲缺乏、失眠、坐立不安等。部分患者有恐惧心理，他们害怕可能发生不愉快或伤害。如疼痛、残疾、被忽视或被遗弃、被当作治疗的实验者、死亡等。一般情况下，病情较重的患者和儿童更易产生恐惧心理。

2. 依赖性增强　由于疾病本身对机体的影响，加上患病后常受到亲人及周围同事的照顾，成为人们关心、帮助的重点，患者常有意无意地变得软弱无力、行为幼稚而依赖性增强，此时，原本大胆泼辣的人也可能变得小心翼翼、畏缩不前，对生活缺乏信心。

3. 自尊心增强　患者一方面需要别人的关心、照顾，并感到理应如此，另一方面又认为别人的关照意味着自己的"无能"，是"任人摆布"，这种矛盾的心理使其自尊心增强，他们比平时更需别人的尊重。若这一需要得不到满足，患者则心情沮丧，自我价值感丧失。

4. 猜疑心加重　患者对周围事物比较敏感，表现为多疑和行为矛盾，对别人的好言相劝将信将疑，听到别人的低声说话总以为是在议论自己的病情。既想了解有关疾病的信息，又对听到的一些解释抱有怀疑，甚至曲解别人的意思。过度的怀疑使患者产生较大的精神和心理压力。

5. 情绪波动大　患者不能忍受疾病带来的痛苦，顾虑疾病对家庭、工作、前途带来的影响，对周围的一切感到不顺心，始终处于焦躁不安状态，遇事不能控制自己，爱生气、易发怒。但有时患者表现悲观，难以集中思想，常被失望、无援、孤独和凄凉的感情所包围，表现为言寡行独、厌恶社交、抑郁苦闷、胡思乱想、偷偷哭泣。在绝望中，为摆脱身体上、精神上的折磨和痛苦，可能企图自杀。

6. 害羞与罪恶感　有的患者认为生病是自己行为不当的结果，内心常产生害羞和罪恶感，尤其当患者自认为所患疾病是不易被社会接受的疾病（如艾滋病、性病等）时，常感到无地自容。

7. 主观感觉异常　患者对周围环境的刺激如声、光、温湿度等感觉过敏，常指责环境不洁、声音嘈杂，有时过分注意自己躯体的变化，总觉得这里不适那里不好，如心跳正常，他觉得心慌，胃肠活动正常，他觉得消化功能不良。

8. 习惯性心理　患者的心理活动不能立即适应环境变化，处于一个过渡过程。表现为患病初不能接受患病事实，否认其患病情况，不愿与医护合作，而一旦适应了患者生活，又往往对疾病产生习惯性，总认为自己需要治疗和休息。

（三）患者角色的内涵

美国著名的社会学家帕森斯（T.Parsons）提出患者角色应包括以下四个方面。

1. 可免除正常的社会角色所应承担的责任　不能期望患者做平常应做的工作或履行他们应尽的职责。

2. 对其陷入疾病状态没有责任　一个人是否患病不以自己的意志为转移，患病后也不能完全依靠其本身的力量恢复健康，他们需要受到照顾，有权力接受帮助。

3. 应该主动寻找专门技术的帮助　包括寻求医生、护士的技术上帮助及知识上的帮助，也必须寻求家属情感上的支持帮助。

4. 有恢复健康的责任　患者应积极配合治疗护理，进行适宜的锻炼，尽早恢复健康，以担当自己在社会中应承担的角色。

（四）患者角色适应不良的问题

患者角色是一个令人厌恶、惧怕的角色，当人们不得已担当了这个角色时，常会出现许多新问题，即在角色适应上出现许多心理和行为上的改变，患者常见的角色适应不良问题有：

1. 角色行为冲突　患者在患病后不能适应患者角色，意识到自己有病，但不能接受患者角色，放不下病前各种角色所承担的责任，常表现为烦躁不安、悲伤、茫然等。这是一种视疾病为挫折的心理表现。如一位年轻的母亲，住院后因惦念自己年幼的孩子而不能安静休息，造成母亲角色和患者角色的冲突。

2. 角色行为缺如　患者没有进入患者角色，不承认自己有病，并且自我感觉良好，认为医生诊断有误或认为症状还未严重到需治疗的程度。这也是患者的一种心理防御表现。

3. 角色行为消退　患者已适应患者角色，但由于某些原因又重新承担其本应免除的社会角色的责任，并将其上升到主要位置而放弃患者角色。如一位母亲因女儿骨折而毅然出院，担负起照顾女儿的责任，这是因为母亲的角色在她心目中上升为主导地位，她放弃了患者角色而重新承担起母亲角色。

4. 角色行为强化　患者安于患者角色，对承担原有的社会角色缺乏信心，多发生在病愈初期。表现为依赖性增强，对承担其他角色的责任感到恐惧不安。另外，生病也使患者具有一些特权，免除了其本应承担的社会责任，这可能成为患者"第二位利益"的根源，此时，患者"恢复健康"的要求就没有"继续患病"的要求那么强烈，他们常希望继续扮演患者角色以能享受特权。这是角色适应中的一种变态现象。

5. 角色行为异常　久病或重病患者对患者角色常有悲观、厌倦甚至自杀等行为表现。

（五）影响患者角色适应的因素

1. 疾病的性质和严重程度　疾病的类型对患者来说极为重要，预后和预期的病程是患者关注的附加因素。如患者警觉到自己的病情严重或症状妨碍到个人的活动时，通常会立即寻求医护帮助，并易于适应患者角色。

2. 症状的可见性　人们通常比较容易为一些显著的症状（如外伤出血）去就医并承担患者角色，对不显著的症状（如食欲缺乏、消化不良）则不去关心和重视。

3. 人际关系的变化　家属、亲友、周围同事及医护人员与患者的关系影响到患者角色的适应。个人如能获得人们的关心和帮助则比较容易适应患者角色。有些疾病社会难以接受，甚至对他人构成威胁，常引起他人的害怕或厌恶，在寻求帮助时，所面临的压力较大，因此患者常常不愿承认自己患有某病，而拒绝承担患者角色。

4. 医院规则　每个医院根据各自具体情况，制定自己的院规，为患者能得到良好的医疗照顾提供条件，使预防和控制感染工作易于实施。然而，院规对患者有一种约束，难免产生一定的影响。首先患者感到不适应的是不能按照自己的意愿行事，不能广泛对外接触等，这些都影响着患者角色的适应。

5. 患者的社会特征　患者的年龄、性别、性格、文化程度、生活习惯、事业、家庭经济状况等也都影响着患者角色的适应。如老年人易产生角色行为强化，女患者易出现角色行为的冲突和消退。

考点提示：患者常见的角色适应不良问题

患者角色适应状况，影响患者的康复，因此，帮助患者适应角色十分重要。在护理过程中，护理人员应正确评估患者角色适应中存在的问题，准确把握每个人在生理、心理、社会方面的特点，适时给予必要的帮助和指导，使他们尽快适应角色。

三、护患关系

在了解护士与患者的各自角色后，如何发挥角色功能，就涉及护士与患者角色间的关系。护患关系是护理工作中最重要的人际关系，为了建立和发展护理工作中良好的人际关系，首先要明确一些基本概念。

（一）护患关系的概念

护患关系（nurse-patient relationship）是指护患双方在相互尊重并接受彼此民族文化差异的基础上，在相互学习和促进的过程中形成的一种特殊的人际关系。护患关系有广义及狭义之分，广义的护患关系是指围绕服务对象的治疗及护理所形成的各种人际关系，包括护士与服务对象、医生、家属及其他人员之间的关系；狭义的护患关系是护士与服务对象之间在特定环境及时间段内互动所形成的一种特殊人际关系。

（二）护患关系的性质

1. 护患关系是一种专业性人际关系（也称治疗性人际关系）　护患关系是护士在帮助患者满足其无法满足的基本需要时产生的。护士作为一个专业帮助者，需了解患者目前的健康状况，制定积极有效的护理计划和措施来满足患者的基本需要。是以治疗为目的的专业性、帮助性关系。

2. 护患关系是多元化的互动关系　文化的传递与传播过程，也是人际互动的过程。没有人与人之间的社会交往，就不能产生共同的意识，护患之间要达成健康知识的共识，就需要一种专业性的互动关系。护患关系不完全局限于护士与患者之间，而是涉及医疗护理过程中多元化的人际关系。医生、家属、朋友、同事也是护患关系中的重要组成部分，这些关系会从不同的角度、以多方位的互动方式影响护患关系。所以，护患关系是一种工作关系；是一种多方位的人际关系，是一种短暂性的人际关系。

（三）护患关系的基本模式

1976年，美国学者萨斯和荷伦德提出了医患关系的三种模式，此模式同样适用于护患关系。

1. 主动—被动型模式　这是一种传统的护患关系模式。在对患者的护理中，护士处于主动的、主导的地位。所有对患者的护理活动，只要护士认为有必要，并不须经患者同意。而患者处于完全被动的、接受的从属地位，只有完全服从护士的决定，而不会提出任何异议。护患双方的心理为显著的心理差位关系，这一模式发生在患者难以表达自己意见的情况下，如患者为婴儿或处于昏迷、休克状态，或处于全麻手术过程中。此时，患者无法参与表达意见，需护理人员发挥积极能动作用。所以，对于这类全依赖型的患者，护士要加强责任心，勤巡视。但目前一般来说，不提倡采用这种模式。

2. 指导-合作型模式　在护理活动中，护患双方都具有主动性，护士决定护理方案、措施，也指导患者有关缓解症状、促进康复的方法。而患者则尊重护士的决定，并主动配合，向护士提供与自己疾病有关的信息，对护理方案、措施提出建议与意见。此时，患者希望得到护士的指导，能发挥自己的主观能动性，积极合作，因而有利于提高护理成效。护患双方的心理为微弱的心理差位关系。目前，提倡采用这种模式，适用于清醒的、急性、较严重的患者。

3. 共同参与型模式　这一模式是双向的，是一种新型的以平等合作为基础，护患双方具有大致同等的权利，共同参与护理措施的决策和实施。在这一模式中，患者不是被动接受护理，而是积极主动的配合并亲自参与护理，护士也能尊重患者的权利，与患者共同商定有关护理措施，共同分担风险，共享护理成果，体现了护患之间的双向作用。护患双方的心理为心理等位关系，此模式适用于慢性病患者或受过良好教育的患者，他们对自身健康状况有比较充分的了解，把自己看作战胜疾病的主体，有强烈的参与意识。

三种护患关系各有特点，指导-合作型与共同参与型更能发挥患者的主动性，有利于提高护理效率。因此，只要患者能表达自己的意见，护理人员就应该尊重患者的权利，鼓励他们共同参与护理活动。

考点提示： 护患关系的概念、性质及模式

（四）护患关系的分期

护患关系的分期可分为三期。

1. **初始期** 从护士第一次与患者寻求专业帮助接触时护患关系开始建立。此期主要任务是建立信任感，确认患者的需要。护士在查阅患者资料、询问有关人员，了解到患者信息的情况下，以真诚的态度，向患者介绍自己，解释自己所负责的护理工作，建立一个有助于增进患者自尊自信的环境，以取得患者的信任。护士应注意诚恳待人、给人以温暖和善解人意，即敏感而准确地找出患者的需要。

2. **工作期** 在彼此信任的基础上护患双方开始合作。此期主要任务是帮助患者解决已确认的健康问题，满足其需要，或是通过制定护理计划、实施护理措施来达到既定的护理目标。在这个过程中，护士应尽可能与患者商讨，鼓励他们积极参与，以增进其自主性，减少对护理的依赖。要注意的是没有信任的行动会造成患者的被迫感而影响护理效果。

3. **结束期** 此期主要任务是成功地结束关系。在此之前，护士应预计可能出现的问题，拟订解决方案，并征求患者的意见，以便今后改进工作。护士还应了解患者对结束彼此关系的感受，回顾双方所做的努力和达到的预期目标，以减轻失落感。此期常以患者出院而结束。

（五）影响护患关系的因素

1. **护士的行为模式** 包括护士的道德、服务态度、护士良好的业务技能等。良好的职业道德，是建立和发展护患关系的基础，护士的服务态度是影响护患关系的重要因素，服务态度不仅表现在柔声细语和礼貌用语等有声语言中，还表现在护士的仪表、行为举止等无声的语言中。在护患交往中，患者能感受到被尊重、被关注、被爱护，患者对护士的信任度就会增加，双方就容易建立起良好的护患关系。

2. **患者及家属对护理服务的期待** 患者及家属来寻求帮助，带着种种不同的期待，如果他们期待过高，现有的条件达不到，他们会很失望，有的认为护士业务水平不够，也可能认为护理人员对他们不够尽心尽力，进而导致对护理人员的不满和信任下降。如果他们期望不很高而得到预想不到的护理和帮助，他们会很高兴，认为护士关心他，理解他，会改善护患关系。所以，患者一入院，护士就要向患者介绍自己的工作职责，以便使患者了解护士能为他做些什么，实事求是的引导患者和家属了解自己的疾病和预后，理解治疗和护理原则，以防期望过高造成失落、不信任、悲观失望等。

3. **人格的差异** 护士和患者都有各自不同的人格，所以他们的处事方法、对人的态度亦不尽相同。

总之，对待不同的患者，护理人员要采取不同的方法处理好护患关系，因为良好的护患关系是护理工作的基础，是有效沟通的保障。另外，护患之间的良好沟通，有利于建立护患信任关系，减少法律纠纷，提高护士的工作满意度，更有助于完成健康评估，实施护理计划，促进患者康复。

（六）建立良好护患关系对护士的要求

要使护患关系和谐发展，处于主导地位的护士在工作中应注意以下几个方面：

1. **保持健康的生活方式和良好的情绪** 一名合格的护士应有健康的生活方式，能自觉

调控自己的情绪，以一种良好的心理状态投身于工作中，使患者受到感染，体验到积极向上的心境，从而有利于康复。

2. 应具有真诚的态度和适当的移情　移情指人际交往中人们互相间情绪、情感相互交流的替代性体验。在与患者产生互动关系时，护士应以真诚的态度对待患者，尽量了解患者的经历，体会患者的感受。只有这样，才能增进护患间的了解，促进护患关系的良性发展。

3. 不断充实自己，提高护理质量　护理是一门综合自然、社会及人文科学的应用科学，社会赋予了护士多元化角色。

4. 尊重患者权利，调动患者积极性　护士应尊重患者的权利，提供合适的环境，最大限度调动患者及其家属的积极性，使其参与到护理计划和护理措施中。只有这样才能促使其早日康复和提高其对健康水平的认识。

5. 掌握沟通技巧，全面了解患者需要　有效的沟通是护理工作顺利进行的基础，也是建立良好护患关系的前提。

护理人员所从事的工作包括对"生命的尊重"及对"人的关切"，护士只有不断提高自身素质，与患者建立起良好的护患关系，才能为其提供全面的护理帮助，满足患者的身心需要。

第3节　沟通与交流

患者刘某，女性，42岁。因头痛、恶心、呕吐来院就诊。MRI检查提示：脑胶质瘤。入院后给予对症治疗。在一次静脉穿刺准备输液时，患者自诉头部剧痛，烦躁不安，护士随口说道："头痛有什么大不了，你不能忍一忍？"这时，患者及家属非常生气，和护士发生了口角。

问题：
1. 护士和患者及家属的冲突是什么原因造成的？
2. 如果你是该护士，应如何与患者沟通交流？

一、沟通的概念及意义

（一）沟通的概念

沟通（communication）又称交流，是指人与人之间交换信息、意见、观点或感情的过程，是将一系列信息从一个人传递到另一个人的双向过程。在护理工作中护士有很多时间与机会接触患者及其家属，良好沟通可维持及增进护理人员与患者良好的人际关系，增进治疗效果，更好地为患者服务。

（二）沟通的意义

1. 信息沟通的功能　人们通过与他人的沟通，可以提供及传递信息，并收集自己所需的资料。

2. 心理保健功能　人际沟通对人的身心健康有非常重要的作用。沟通是人最基本的社会需要之一，也是人们赖以同外界保持联系的重要途径。通过人际间的沟通，人们可以诉说自己的喜怒哀乐，促进人与人之间的情感交流，增加了个人的安全感，消除个人的孤独、空虚情绪，化解人的忧郁及悲伤，从而使人精神振奋，维持正常的精神心理健康。

3. **自我认识功能** 人与人之间的不断交往及沟通，为个体提供了大量的社会性刺激，从而保证了个体社会性意识的形成与发展。同时，人的自我意识的发展，是在与他人沟通及相互作用中发展和成熟的，一个人在与别人的比较中可以认识及完善自己。美国心理学家费士丁曾说："人在缺乏客观非社会标准的情况下，会通过与他人的对比来认识及评估自己。"说明人通过与他人的沟通，以了解他人对自己的态度及评价来认识自己，形成个人的自我形象及概念。

4. **建立及协调功能** 人际沟通有利于提供信息，调节情绪，增进团结。人们之间通过相互交往及沟通，形成一定的社会关系，通过与他人的沟通，可以增进人们之间的相互了解，以建立及协调人际关系，促进相互之间吸引及友谊关系的发展。

为了协调社会中人们共同活动的需要，使社会成员之间能有秩序的生活，避免各种矛盾和冲突，人们在团体交往中制定了一系列团体规范和社会行为准则。这些规范及准则作用的发挥，必须通过人际沟通，将信息传达给社会中的每个成员，使人们的社会行为保持一致，使社会处于和谐、稳定、有秩序的状态之中。

5. **改变人的知识结构、态度及能力** 只有通过人际沟通，才能掌握特定社会环境的语言，并从中了解及获得社会知识。通过与他人交换意见、思想及感受，增加自己的社会知识及能力。

二、沟通的类型

信息可概括为语言和非语言两大类，因此，沟通也可分为语言性沟通和非语言性沟通。

（一）语言性沟通

语言性沟通是指使用语言、文字或符号进行的沟通。自从人类产生语言后，语言性沟通就成了人类社会交往中不可缺少的组成部分，包括书面语言和口头语言。在护理工作中，护士在收集病史、介绍医院环境和有关疾病康复知识，实施护理措施等过程中都需要通过语言与患者沟通。为了达到语言沟通的有效性应注意：①沟通双方使用相同语言系统，对相同的语言有相同的理解；②尽量避免使用患者难以理解的医学术语。

（二）非语言性沟通

非语言性沟通是指不使用语言和文字进行的沟通。它可以是伴随着语言沟通所发生的一些非语言性的表达方式和行为，包括面部表情、身体姿势、语气、语调、手势、眼神和空间位置。一个人很难控制非语言反应，所以较能表达真实的感受。

信息表达公式

美国心理学家艾伯特·梅拉比安曾经提出过一个公式：信息的全部过程＝7%语调+38%声音+55%表情。

---

1. 非语言性沟通的作用

（1）表达情绪、情感：可表现为喜怒哀乐、振奋或压抑等。

（2）调节互动：非语言暗示如皱眉、点头、摇头都是一种信息的传递。

（3）验证语言信息：用非语言信息来辅助或替代语言表达。如妇女在分娩时疼痛的表情可以反应宫缩情况。

（4）展示自我形象：一个人的年龄、身份、兴趣、爱好都可以从非语言行为中表现出来。

（5）表示人际关系状态：如握手动作表示良好的人际关系，而挥拳相向动作表示人际关系紧张。

2. 非语言性沟通的特点

（1）情境性：相同的非语言符号在不同的情境中会有不同的意义。如流泪可表达为悲痛与幸福，生气与高兴，仇恨与感激。

（2）整体性：即同时使用躯体器官传达信息。如一个剧烈腹痛患者常表现为皱眉、握拳、蜷缩身体等。

（3）可信性：语言信息常常受理性控制，而非语言信息很难掩饰与压抑，所以非语言沟通可信程度高。

3. 非语言性沟通形式

（1）环境选择：环境选择体现出人们对沟通的重视程度。环境包括物理环境和社会环境。物理环境包括建筑、空间、光线和噪声等。社会环境包括是否有他人在场、社会文化背景和隐私等。

（2）体语：包括人的仪容仪表、面部表情、目光接触、身体姿势等。

1）仪容仪表：指人的容貌形态和服饰打扮。沟通双方通过仪容仪表可以提供有关信息：如身体健康状况、职业、文化修养、宗教信仰、自我概念等。在护理工作中，护士要注意自身的仪容仪表，给患者良好的印象。

2）面部表情：面部表情是非语言沟通中最丰富的源泉，个体可以通过面部表情表达"喜、怒、哀、乐、悲、惊、恐"。观察患者的面部表情可了解有关信息，同样护士的面部表情与患者也有关联。因此，护士面对患者时应控制紧张、厌烦、害怕等表情。

3）目光接触：指眼神的交流。在沟通过程中，通过目光接触表示尊重并愿意倾听对方讲述，同时沟通双方目光在同一水平上可以体现相互的平等。

4）身体姿势：包括手势和身体其他姿势。手势可用来强调或澄清语言信息，身体姿势可以反应一个人的情绪、身体健康状态和自我概念。

（3）类语言：伴随语言产生的声音，包括音质、音域、音量、音调、音色、语速、节奏等，不同的语气、语调可以表达不同的情感。

> **考点提示：**
> 语言性沟通、非语言性沟通

（4）空间距离：指的是沟通双方如何去理解和利用沟通中的空间和距离。个人空间为一个人提供了安全感，每个人都需要个人空间进行思考、感觉并与他人进行沟通。如果个人空间受到侵犯，会使人丧失隐私，有威胁感。距离是沟通过程中影响自我暴露程度及舒适感的非语言因素，在人类交往中基本上分为4种距离：①亲密距离：指沟通双方相距小于45cm，触摸或做治疗时的距离属于此距离。应注意避免尴尬，保护患者的隐私。②个人距离：指沟通双方相距在 45～120cm，是护患沟通的理想距离。③社会距离：指沟通双方相距在 1.2～3.6m，是工作单位或社会活动时常用的距离。④公众距离：指沟通双方相距 3.6m 以上，是正式公开讲话的距离，如上课、演讲等。

尝试：微笑、赞美、共情、倾听、己所不欲，勿施于人、换位思考。

三、沟通的层次

美国护理专家鲍威尔（Powell）认为，沟通可以大致分为五个层次：一般性的交谈、陈述事实的沟通、分享个人的想法和判断、分享感觉和沟通的高峰。

这五种沟通层次的主要差别在于一个人希望把他真正的感觉与别人分享的程度，而与别人分享感觉的程度又直接与彼此的信任度有关，信任度越高，彼此分享感觉的程度就越高，反之，信任度越低，彼此分享感觉的程度就越低。

（一）一般性交谈

这种沟通方式只表达表面的、肤浅的、社会应酬性的话题。如您好吗？我很好、谢谢等。没有牵扯到感情的投入，但这种沟通使对方沟通起来觉得比较"安全"，因为不需要思考和事先准备，精神压力小，而且还避免发生一些不期望发生的场面。一般多用于护士与患者第一次见面时的寒暄话，在开始时使用有助于打开局面和建立信任关系，但护患双方不能长时间停留在这个层次，否则影响患者资料的收集和护理计划的实施。

（二）陈述事实的沟通

这种沟通是一种只罗列客观事实的说话方式，不加入个人意见或牵扯人与人之间的关系，是护士与患者在工作关系时常用的沟通方式。

（三）分享个人的想法和判断

这是比陈述事实又高一层次的沟通。当一个人开始使用这种层次的沟通方式时，说明他已经对你有了一定的信任感，因为这种沟通交流方式必须将自己的一些想法和判断说出来，并希望与对方分享。

（四）分享感觉

分享感觉（shared feeling）较难实现，只有相互信任，有了安全感的时候才容易做到，才会愿意告诉对方他的信念以及对过去或现在一些事件的反应，他们将彼此分享感觉，这样的分享是有建设性的，而且是健康的。所以，护士应以真诚的态度和正确的移情来帮助患者建立信任感和安全感。

（五）沟通的高峰

沟通的高峰（peak communication）指互动双方达到了一种短暂的"一致性"的感觉，或者不用对方说话就知道他的体验和感受。这是护患双方沟通交流所达到的最理想境界，这种高峰只需要短暂的时间即可完成，也可能伴随着分享感觉的沟通时就自然而然地产生了。

以上五种沟通层次都有可能发生在护患关系的治疗性关系中，在沟通过程中要顺其自然地使用某种沟通交流的层次，不要强迫非拘泥于某种方式，生搬硬套地按五种层次顺序进行，要自然、诚恳、坦然。

另外，为了避免护士因为本身行为的不当而造成护患双方沟通不良，护士要经常评估自己的沟通方式，争取很快地取得患者的信任，达到高层次的沟通。

四、影响沟通的因素

人际沟通是一个复杂的过程，常常会受到各种因素的影响，概括起来可以分为两类。

（一）信息因素

信息传递的速度、量和质等对信息能正确传递，双方相互沟通都有不可替代的作用。在沟通的过程中，一次提出多个问题，可能导致对方无法完全接受，发生沟通障碍。

（二）个人因素

1. 身体情况　任何一方有身体不适，如疲劳、疼痛、失语、耳聋等都会影响沟通效果。
2. 情绪状态　双方或一方处于情绪不佳时，如兴奋、发怒、焦虑、悲哀等情况，就会影响交流的效果。
3. 知识水平　双方的文化程度不同或个人经历不同，对事物的理解也不同。一般来说，知识水平越接近，知识面重叠程度越大（例如专业相同或相近等），沟通时越容易相互理解。知识面广、认知水平高的人，比较能适合与不同认知范围和水平的人进行沟通。
4. 社会背景　不同的社会阶层、职业、种族的人，由于生活习惯的不同，表达其思想、感情和意见的方式也不一样，会造成许多误解。

（三）环境因素

1. 物理因素　主要指环境的舒适度，包括温度、湿度、光线、通风、噪声等。嘈杂声的干扰，光线昏暗，室温过高或过低，难闻的气味，会使沟通者精神涣散，注意力不集中；单调、庄重的环境布置和氛围，有利于集中注意力，进行正式而严肃的会谈，但也会使沟通者感到紧张、压抑而词不达意；色彩活泼的环境布置和氛围，可使沟通者放松、愉快，有利于随意交谈和促膝谈心。

2. 社会环境　主要指环境的隐秘性和安全性，当沟通内容涉及个人隐私时，若缺乏隐私条件，或有其他无关人员在场，便会使沟通者产生顾虑，无法畅所欲言。如需有外人在场应征求患者同意，在没有征得患者的同意有其他人员在场时，也会影响沟通效果。

影响沟通的因素还有很多，重要的是双方应在最舒适的时候进行沟通，护士应经常评估自己的沟通方式，避免由于自己的言行不当而使自己与患者、患者亲属的沟通关系停留在低层次上。

五、促进沟通的技巧

为了使护患沟通能顺利进行，护士必须掌握一些沟通技巧并合理运用，建立良好的护患关系。

（一）倾听的技巧

倾听是通过视觉、听觉接受和理解对方信息的过程。倾听并不是单纯地听别人说话，而应"整个人"参与进去观察了解患者非语言行为所表达的信息。使用倾听技巧应注意以下几点。

1. 参与　表示全神贯注地倾听。
（1）坐下来与患者保持个人距离较为合适。
（2）保持放松、舒适的姿势，身体稍向对方倾斜。
（3）与患者保持目光交流，避免注意力不集中的表现，如不时地看表。
（4）给对方及时的反馈和适当的鼓励，如轻声说"是"或点头等，表示你在全神贯注地听并鼓励患者继续说下去。
（5）用心体会患者的"弦外之音"，了解并确认患者要表达的真正意思。

2. 核实　就是核对自己的理解以获得或给予反馈。
（1）复述：将患者的话重复一遍，尤其关键内容，不加于任何的判断。如："你说你听到声音？"
（2）意述：将患者的话用自己的语言复述，但保持原意。如："你的意思说你很担心这件事？"
（3）澄清：将患者一些模棱两可、含糊不清、不够完整、不够明确的陈述弄清楚，有时可获得意外的收获。如："你的意思是说……？"
（4）总结：用简单、概括的方式将患者的话再叙述一遍。

在核实时，护士应注意稍作停顿，以便让患者纠正、修改、补充或明确一些问题。

3. 反映　将对方所说的全部内容回述给对方，尤其是患者语句中隐含的意义，使对方明确你已理解他的意思。如患者说："早上我跟邻床谈了很多，现在我有点不信任我的医师了"。护士接着说"你不信任你的医师？"

（二）交谈的技巧

1. 交谈的种类
（1）根据交谈的目的，可分为发现问题式交谈和解决问题式交谈两种形式。前者是为了收集资料以发现问题；后者则是针对某一个已确认的问题进行讨论，提供解决问题的方法。
（2）根据交谈的方式，可分为有目的询问式交谈和无目的开放式交谈。前者护士是主动的，将准备好的问题进行提问，适用于收集一般的资料；后者患者是主动的，护士只提供主题引导交谈，答案是开放式的。

2. 交谈阶段

（1）准备阶段：护士在交谈前做好细致周密的准备，了解交谈的对象、目的、内容、时间、环境、患者和护士的准备。

（2）开始阶段：建立良好的第一印象非常重要，护士应注意礼貌地称呼对方，同时自我介绍，解释交谈目的和时间，说明交谈中允许患者提问及澄清问题。

（3）展开阶段：随着交谈进行，护士的任务把谈话引向既定重点上，应始终把握三个重点：澄清问题；患者的反应；非语言沟通表达。

（4）结束阶段：顺利地结束交谈会为下一次交谈、讨论创造条件，也为护患关系打下良好的基础。故应注意提醒患者结束交谈的时间，总结交谈的主要内容，预约下一次交谈的时间，不再提出新问题。

（5）记录阶段：为了不遗漏信息，护士应及时记录。为防止患者产生误会，应向患者说明记录的原因。记录要简明扼要，主要精力应放在交谈聆听上。

（三）其他沟通技巧

1. 沉默　护患沟通中适当应用沉默会有意想不到的效果。因为沉默可以给患者思考的时间，也给护士观察患者非语言行为和调适自己的机会，尤其患者悲伤、焦虑时，沉默使患者感觉到护士在认真地听、体会他的心情。如果护士在沟通中不善于运用沉默会感到不自在，或急于打破沉默，这将阻碍有效的沟通。

2. 触摸　对一些不适于语言表示关怀的患者，可适当地使用触摸来加强沟通的作用。触摸可引起积极作用，但有时也可产生消极的影响，影响因素有：年龄、性别、种族、社会文化背景、触摸的部位及形式、触摸的情景、双方关系等。可见触摸表达非常个体化，应谨慎。

3. 提问　通过提问可以获得更多信息，无论开放性问题或封闭式问题提问时都应掌握一定的技巧。

开放式问题和封闭式问题

开放式问题的问题范围广，不要求有固定的回答；封闭式问题的问题范围窄，只要求做简单的选择，答案有限制性，如回答"是"或"不是"。

（1）善于组织提问的内容：内容应少而精，不能漫无边际，解释清楚医学术语。

（2）注意提问时机：在沟通过程中遇到某一问题未能获得明确解释，应等待双方充分表达的基础上再提出问题。

（3）注意提问的语气、语调：语气生硬、语调过高容易使患者反感，不愿回答问题。

（4）避免诱导式提问或不愉快的提问：护士应注意避免诱导患者同意自己的观点或答案，更不能提一些不愉快的问题。

六、护理工作中沟通技巧的应用

（一）护患沟通

护患沟通是沟通理论在护理工作中应用。指护士与患者之间的信息交流及相互作用的过程，交流的内容是与患者的护理及康复相关的信息，也包括双方的情感、愿望及价值观等方面的沟通。

1. 护患沟通的目的　护患沟通旨在双方建立一种相互信任和开放的关系。在双方的沟通和交流过程中，护士能更全面地了解患者的有关资料并与患者商讨有关护理的计划，鼓励

考点提示：
沟通的技巧

患者配合和参与，患者也可从中掌握更多有关自己疾病、防病治疗和护理的信息，从而获得知识和心理的支持，促进患者尽快适应角色的转变和身心的康复。

2. 治疗性沟通　护患沟通属治疗性沟通，以患者为中心，护士帮助患者进行身心调试，使患者从疾病状态向健康方向发展，能应对应激、调整适应，并与他人和睦相处的一种专业性技巧。在治疗性沟通中，护理人员应做到：

（1）建立双方互相信任的基础，确保沟通的有效。
（2）收集必要的信息，提供知识和教育。
（3）观察非语言性交流的表现，了解患者的情绪和态度。
（4）表示支持患者的行为，通过眼神、倾听等方式达到移情的效果。
（5）能与患者合作，共同努力达到预期目的。

（二）与特殊患者的沟通

护士在工作中，常会碰到一些较特殊的患者，如发怒的患者、悲哀的患者、抑郁的患者、甚至是感觉和知觉障碍的患者，对于不同的患者，应采用不同的沟通方法和技巧，才能有效地与患者进行交流，满足患者之需要，为他们提供良好的照顾和服务。

护患沟通技巧应注意

1. 设身处地为患者着想，理解体谅患者。
2. 尊重患者的人格，维护患者的利益。
3. 对患者的需要及时作出反应。
4. 随时向患者提供有关健康信息。
5. 对患者所提供的信息保密。

（三）护理工作中常见的沟通不当

在护患沟通过程中，不当的沟通技巧会导致信息传递受阻，甚至产生信息被完全扭曲或沟通无效等现象，从而影响或破坏护患关系。因此，护士应尽量避免以下不良的沟通方法。

1. 突然改变话题　在沟通过程中，如果直接或间接地利用无关的问题突然改变话题或转移谈话的重点，会阻止服务对象谈出有意义的信息。

2. 虚假的、不恰当的保证　当患者表示对病情、治疗或护理的害怕或焦虑时，护士为了使患者高兴，而说一些肤浅的宽心话，给患者以虚假的保证。如患者担心自己的手术能否成功时，护士不了解患者担心的问题是什么，而是用一种轻松的口气对患者说"当然会成功"，这样的回答使患者不愿意或无法将自己真实的感觉表达出来，患者感觉护士并不理解他的感受或对他的感受漠不关心。

3. 主观判断或说教　在沟通过程中使用一些说教式的语言，表达自己的主观判断，使患者没有机会表达自己的情感，或觉得自己像学生一样在接受老师的教育。如护士对患者说："如果是我，我会如何做"，使患者感觉自己的感受对护士毫无意义，会停止与护士的沟通。

4. 信息发出的量及速度超载　当人患病时，由于身心的不适，会对沟通过程中的信息接受能力下降，而护士有时在工作繁忙的情况下，会急于求成，特别是在进行健康教育时，速度太快，信息量太大，患者接收的效果不好。

5. 言行不一　护士的语言及非语言信息表达不一致，会使患者产生误解，或从护士的表现来猜测自己的病情，而产生护患沟通障碍。

6. 急于阐述自己的观点，过早地作出结论，打断患者　护士如果在沟通中没有经过思考很快对一个问题作出回答或直接打断,会阻断患者要表达的感情及信息,无法表达真正困扰他们的问题及感觉,将使患者有孤立无助,无法被理解的感觉。

7. 过度发问或调查式提问　指对患者持续提问,对其不愿讨论的话题也要寻求答案,这会使患者感到被利用和不被尊重,而对护士产生抵触情绪。因此,护士应该注意患者的反应,在患者感到不适时及时停止互动,避免对患者采用调查式的提问,如"告诉我,你妈妈去世以后,你是如何看待她的"等。

8. 表示不赞成　在护理工作中,一些表示不赞成的非语言性行为与语言会阻碍护患之间的沟通。此外,护士不应该责备患者并不意味着对患者的错误行为表示赞同,而是在患者讲话时,护士应该只是倾听而不采取行动或评论。在谈话的尾声,护士可以引出希望看到的患者行为上的改变。

在临床护理工作中,运用良好的沟通技巧,避免错误的沟通方法,才能进行良好的护患沟通,使护患关系更加融洽。

考点提示:
护理工作中常见的沟通错误

(四)促进及培养护理人员的沟通交流技巧

良好的沟通交流技巧是护士的一种基本技巧及能力,需要从以下几个方面注意培养护士的沟通技能。

1. 管理层进行有关护理工作中的人际沟通训练　如举办护理沟通技巧学习班或进行相关的训练,使护士掌握有关的沟通技能,做好良好的护患及其他专业性的人际沟通。

2. 护士个人应注重人际沟通　特别是培养自己的人际沟通技巧,重视人际关系在护理中的重要性,注意疏导及控制自己的不良情绪。

沟通既是一种科学的工作方法,同时也是一门艺术,是护理工作中的一个重要环节。良好的沟通技巧,可以建立护理中的良性人际关系,使护理工作在友好的气氛中进行。护士应通过有效的护患沟通,发展及促进良好的护患关系,及时满足患者的身心需要,使患者真正接受科学的、整体的、全方位的现代护理。

自觉学习培养自己的沟通技巧和能力。

单项选择题

1. 护患关系开始建立的时间是(　)
   A. 患者入院24小时内
   B. 护患双方自我介绍时
   C. 护士与患者第一次见面时
   D. 在双方知道彼此姓名之后
   E. 正式评估患者,收集资料时

2. 有关患者的义务,下列陈述正确的是(　)
   A. 知情同意
   B. 要求保密
   C. 交纳费用
   D. 免除一定的社会义务
   E. 以上都不对

3. 关于现代护士的角色,下列陈述错误的是(　)
   A. 健康协调者　B. 患者权益的维护者
   C. 健康教育者　D. 朋友
   E. 护理管理者

4. 良好护患关系的表现不妥的是(　)
   A. 护患双方相互尊重
   B. 护患双方相互理解
   C. 患者听从护士的一切安排
   D. 患者积极主动参与护理活动
   E. 医嘱和护理计划得以顺利实施

5. 护士在进行护患沟通提问时应注意避免(　)
   A. 交替使用封闭式提问和开放式提问
   B. 过多地使用医学术语
   C. 一次只提一个问题
   D. 围绕预定目的进行谈话
   E. 核实患者给出的信息

6. 晨间护理时，护士带着微笑走进病房，向病人问"早上好！""您晚上睡得好吗？"你对这话的理解是（　　）
   A. 一般性的交谈
   B. 打扰患者休息
   C. 分享感觉
   D. 给患者增加烦恼
   E. 探听患者的隐私
7. 主动-被动型护患关系不适用于（　　）
   A. 昏迷患者
   B. 阑尾炎术后恢复患者
   C. 婴幼儿患者
   D. 休克患者
   E. 重度精神障碍患者
8. 患者女性，28岁。因右腹部转移性疼痛就诊。入院后诊断为急性阑尾炎，经手术治疗后好转。术后护士应采取的护患关系模式为（　　）
   A. 主动-被动型　　B. 指导-合作型
   C. 共同参与型　　D. 并列互补型
   E. 相互独立型
9. 下列哪一项不能促进建立良好的人际关系（　　）
   A. 营造民主和谐的工作氛围
   B. 遇到争执时，据理力争
   C. 构建互相帮助、互相理解的工作环境
   D. 管理者应进行人性化管理
   E. 护士之间应加强沟通
10. 患者男性，32岁。因咳嗽咳痰5天伴右胸部疼痛3天入院。入院后责任护士小王正与其交谈，进行护理评估。从护患关系发展阶段判断，现患者与护士的关系属于哪一阶段（　　）
    A. 初始期　　　　B. 工作期
    C. 分离期　　　　D. 结束期
    E. 康复期
11. 护患关系初始期的工作重点是（　　）
    A. 与患者共同评价护理目标的完成情况
    B. 根据问题制订相应的对策
    C. 赢得患者信任
    D. 满足患者的需要
    E. 解决患者的健康问题

是非题

1. 护士在为患者进行口腔护理时是履行健康照顾者的角色。（　　）
2. 角色只是电视剧当中的人物。（　　）
3. 老师回家需要完成角色转变。（　　）
4. 望子成龙，望女成凤—这句话体现的是父母对子女的角色期待。（　　）
5. 护士这个角色可以独立存在，不依赖患者。（　　）
6. 良好的沟通具有心理保健功能。（　　）
7. 角色行为由个体完成。（　　）
8. 护士是患者人生的规划者。（　　）
9. 护士是患者的代言人。（　　）
10. 患者对疾病抱着"等等看"的态度是其寻求帮助的表现。（　　）
11. 经济问题可能导致患者就医犹豫不决。（　　）

（黄　玲）

第8章 护理伦理与法律

学习目标

1. 说出护理伦理学的概念。
2. 概述护理伦理的基本内容及范畴。
3. 说明医疗事故级别的划分。
4. 简述护士执业注册应具备的基本条件。
5. 阐述护士执业中的主要法律责任。
6. 举例说明护理工作中潜在的法律问题及应对。

案例8-1

某日下午,一女性到某医院妇产科门诊做人工流产。当她脱下衣服以截石位于手术床上时,这时主治医师又叫进10多名穿着白大衣的青年男女。害羞的该女性当时脑子一片空白,只好将头转向一侧,忍受着。第2天,该女性找到主治医师,责问她为什么把自己当成教学模型,而事先不告知。医生回答说:没有必要。该女性以侵犯隐私权为由将医院和主治医生诉告法庭。

问题:
1. 在案例中,该女性有哪些权利?
2. 医生的行为是否侵犯了该女性的权利?请说明理由。

随着社会的进步和护理学科的发展,护理工作中所涉及的伦理和法律问题不断增多。护士掌握护理伦理和法律的相关知识,对调整护患关系、解决护理实践中的伦理法律问题及提高护理质量具有重要的意义。本章将着重介绍护士应具备的伦理和法律基本知识,并对常见的伦理和法律问题作初步的阐述。

第1节 护理与伦理

一、概 述

伦理学(ethics)是哲学的一个分支,是研究道德的科学,也可以称作道德哲学。而护理伦理学是研究护理道德的科学。因而,学习和研究护理伦理,应首先掌握伦理、道德的基本知识。

(一)相关概念

1. 道德 是一种社会意识形态,是调节人与人、人与自然之间相互关系的行为原则和规范的总和。它由一定的社会经济关系决定,依靠社会舆论、传统习俗和人们的内心信念来维系。道德作为一个社会现象,它包括三个方面:①道德意识,是对一定社会现象的道德必然性的认识，由道德规范意识和道德思想意识两个因素构成。②道德关系，是指在一定的道德意识、道德原则和道德规范的支配下形成的，并以某种特有的活动方式而存在的特殊的、相对稳定的社会关系体系，包括个人与个人、个人与群体、群体与群体三个层次。③道德活动，是指人们依据一定的道德观念、原则和规范所进行的各种具有善恶意义的行动，包括道德行为选择、道德评价、道德教育、道德修养等形式。

2. 伦理 "伦"指人伦，是指人的血缘辈分关系，转义为人与人之间的关系；理：即治玉，指整理玉石的纹路，引申为事物的条理、道理和规则。因此，伦理是指人与人之间关系的道理或规则。伦理学是以道德现象作为研究客体的科学，规范人们的社会行为。

3. 护理伦理学 是研究护理道德的学科，它用伦理学的原则、理论和规范等指导护理实践，协调护理领域中的人际关系，对护理实践中的伦理问题进行分析、讨论并提出解决方案。它是护理学和伦理学相互交叉形成的一门边缘性学科，是护理学的有机组成部分。

（二）护理伦理学的研究内容

1. 护理道德意识 既包括社会对护理领域中的有关各种道德关系的风俗、惯例和自觉概括表达出来的道德原则、规范的范畴体系，也包括个人对社会风俗和理论体系的认识水平。

2. 护理道德关系 包含护患关系、护护关系、医护关系等。另外，与各种关系相适应的道德规范也是护理道德关系的研究内容。

3. 护理道德活动 护理道德活动一般表现为个体的道德活动。例如，如何对护士进行道德教育、修养和评价等。

（三）学习护理伦理学的意义

1. 提高护理人员的道德水平 学习和掌握护理伦理学的基本原则、规范、范畴，可以提高护理人员对护理伦理与道德的认识，培育和提高护理人员的道德品质，造就优秀的护理人才。

2. 提高护理质量 学习护理伦理学，有利于实现护理技术与护理道德的统一，有利于树立崇高的护德护风，从而提高护理质量。

3. 促进护理学科发展 学习护理伦理学，有利于护理人员明确护理伦理难题的思路和方向，从而帮助护理人员解决伦理难题，指导其执业行为，提高伦理决策能力，促进护理学科发展。

二、护理伦理的基本原则与范畴

（一）护理伦理的基本原则

护理伦理的基本原则是在护理活动中调整护理人员与患者、护理人员与其他医护人员、护理人员与社会相互关系的最基本的出发点和指导原则。它贯穿于护理实践的全过程，指导护理人员树立正确的护理道德观念，选择良好的护理道德行为，进行护理伦理评价和教育。总体来说，护理伦理的基本原则包括自主原则、不伤害原则、公正原则、行善原则等。

1. 自主原则

（1）自主原则的涵义：自主是指自我选择、自主行动或依照个人意愿作自我的管理和决策，可分为思想自主、意愿自主和行动自主。自主原则的含义是指尊重患者自己做决定，体现了对患者自主性的尊重。但在医疗卫生领域，自主原则适用于能够做出理性决定的人，对自主能力减弱、没有自主能力的患者（如婴儿、严重智障者、昏迷患者等）并不适用。自主原则将患者自我决定视为护患关系中的最高价值。所以，在患者自己做出决定的过程中，医护人员应在维护患者的权益下，协助患者自己做合理的判断和决策。

（2）知情同意：自主原则中最能代表尊重患者自主的方式是"知情同意"。在医疗护理实践中，具有法律效益的同意是知情同意，即具有法律上行为能力和责任能力者，依法完全自主地行使同意权。具体地说，知情同意是指患者或其法定代理人可以在获得医护人员提供足够的信息以及完全了解的情况下，自愿同意或应允给予某些检查、治疗、手术或实验。因此，为了使患者能充分行使知情同意权，医护人员应以患者或其法定代理人能理解的用词，详细向其解说必要和重要的资料或信息。

自觉履行护理人员的知情同意职责。

（3）自主原则对护理人员的要求：自主原则要求护理人员尊重患者的自主权，承认患者有权根据自己的考虑就其自己的事情做出合乎理性的决定；切实履行责任，协助患者行使自主权；正确行使护理自主权。

2. 不伤害原则

（1）不伤害原则的涵义：不伤害原则是指不给患者带来本来可以避免的身体和精神上的痛苦、损伤、疾病甚至死亡。简单地说，避免对患者造成生理、心理的伤害。他要求医护人员对诊疗照顾措施进行危险与利益分析。

（2）不伤害原则对护理人员的要求：不伤害原则要求护理人员培养为患者健康和维护患者利益的工作动机；积极了解评估各项护理活动可能对患者造成的影响；重视患者的愿望和利益，提供应有的最佳照顾。

3. 公正原则

（1）公正原则的涵义：公正就是公平、正义。医疗上的公正包括两方面的内容：一是平等对待患者，二是合理分配医疗资源。在医疗照顾上，公平原则的涵义是以公平合理的处世态度对待患者和相关的家属、其他患者以及直接或间接接受影响的社会大众。

（2）公正原则对护理人员的要求：公正原则要求护理人员平等地对待患者，做到尊重每一位患者，以同样的热忱对待每一位患者，以认真负责的作风和态度对待每个患者，任何患者的正当愿望和合理要求都应给予尊重和满足。

4. 行善原则

（1）行善原则的涵义：行善，字面解释是仁慈或做善事。行善原则是指医护人员对患者实行仁慈、善良和有利的行为。医务人员在运用行善原则时，要注意仔细评估、分析利益与伤害之后的净额，然后慎重地进行伦理决策，避免医疗护理决策错误对患者造成的伤害。

（2）行善原则对护理人员的要求：行善原则要求护理人员做对患者有益的事，包括采取措施，防止可能发生的危害；排除现存的损伤、伤害、损害或丧失能力等情况。而且，要权衡利害的大小，尽力减轻患者受伤害的程度。

> 考点提示：
> 护理伦理基本原则

（二）护理伦理学的基本范畴

范畴一词语出希腊文。现在通常认为范畴是反映事物本质属性和普遍联系的基本概念，是对事物、现象的本质联系的高度概括。护理伦理学的范畴是反映护理伦理道德现象和关系的一些基本概念，主要包括权利、义务、情感、良心、审慎、慎独等。

1. 权利　是指法律上认可或伦理学上可得到辩护的权力和利益。护理伦理中的权利是指服务对象对医疗卫生事业享有的权利和利益，以及护士在护理工作中应有的权力和利益，包括患者的权利和护士的权利。现分述如下。

（1）患者的权利

1）生命健康权：我国的《民法通则》第九十八条规定："公民享有生命健康权。"保护公民的生命健康权不受侵害是医院服务的重要任务，也是社会赋予医院重要的法律和道德责任。因此，护理人员在护理患者的过程中应尽力维护患者的生命、促进其身心健康，不允许在服务过程中发生侵害公民生命健康权的行为发生。

2）平等的医疗权：医疗权是生命健康权的延伸。当人们的生命受到疾病的折磨时，他们有解除痛苦、得到医疗照顾的权利。医务人员要平等地对待每一个患者，自觉维护患者的一切权利。

3）知情同意权：患者要实现自主选择，进行自我决定，必须是建立在对自身健康和疾病的充分认知的基础之上，这就需要医护人员告知病情。因此，患者有权知晓有关自己的诊断、治疗和预后的最新信息，以及在此基础上有自主决定接受或拒绝诊治护理的权利。

4）隐私保护权：所谓的隐私保护权是患者享有的私人信息和私人生活依法受到保护，不被他人非法侵犯、知悉、搜集、利用和公开的一种人格权。患者有权要求对其医疗计划，包括病例讨论、会诊、检查和治疗审慎处理，不允许未经同意而泄露，不允许任意将患者姓名、身体状况、私人事务公开，更不能与其他不相关人员讨论患者的病情和治疗，否则被视为侵害公民名誉权，而受到法律的制裁。

5）免除一定社会责任和义务的权利：是指患者由于所患疾病的影响，在获得医疗机构合法的医疗诊断书或医疗鉴定书之后，可因病不承担相应的社会责任，如兵役、献血等，并有权享有法律规定的各种福利待遇。

6）被尊重的权利：尊重，主要是指对患者的生命、权利和人格的尊重。不同地位、个性、品质、价值观念的患者在医疗面前人人平等。特别是对于特殊患者群体（如精神疾患、性病患者等），医护人员应给予同等的治疗和护理，在护理全过程中同情、关心、体贴患者，尊重并满足患者正当的要求。

7）诉讼索赔权：是患者对医疗机构及其医护人员在医疗活动中，因违反医疗卫生法律、行政法规、部门规章和诊治护理规范、常规，或因过失造成患者人身损害的事故、差错而产生对患者正当权益的侵犯时，享有向卫生行政部门和法律部门提出质疑和诉讼的权利，以及要求医方给予经济补偿或经济赔偿的权利。

（2）护士的权利

1）在执业活动中拥有人格尊严、人身安全不受侵犯的权利：《护士条例》第三条规定，护士人格尊严、人身安全不受侵犯的权利。护士依法履行职责，受法律保护，这是保障护理工作有序进行的基本条件。

2）在注册的执业范围内，进行护理诊断、治疗、实施护理计划的权利：出于护理的需要，护理人员有权在执业范围内实施护理诊断和治疗等。《护士条例》第十五条规定：护士有获得疾病诊疗、护理相关信息的权利和其他与履行护理职责相关的权利。

3）维护个人正当利益的权利：护士有维护个人正当利益的权利。包括有权从事相关的医学科学研究，参加学术交流和与本专业有关的学术团体；有权参加规范化培训、继续医学教育和专业进修；有权按照国家有关规定获取工资报酬、享受福利待遇、参加社会保险；有权获得与其所从事的护理工作相适应的卫生防护、医疗保健服务。

4）对患者的特殊干涉权：特殊干涉权是指医护人员在特殊情况下，有权限制患者的自主权利，以确保患者自身、他人和社会的权益。值得指出的是，护士只能在维护患者健康和社会利益的前提下，在特定条件和范围内使用干涉权。护士对患者的特殊干涉权主要包括：危重患者要求了解自己疾病的真相，但当了解后很可能不利于诊治或产生不良影响时，医护人员有权隐瞒真相；精神病患者、自杀未遂患者及某些烈性传染病患者拒绝治疗时，依法行使特殊干涉权，对其进行必要的隔离或强迫他们接受治疗；如果患者在没有行为能力时拒绝治疗，且可能带来严重后果，医护人员有特殊干涉权阻止此后果的发生。

2. 义务　是特定的角色要求，即主体必须或应当承担的职责。义务与权利是相对应的，与责任、使命具有同等意义。

（1）患者的义务

1）维护健康的义务：世界卫生组织（WHO）提出，人人为健康。也就是说，维护自我健康与他人健康是每个人应尽的义务。因此，患者有责任对自己的健康负责。

2）配合医疗护理的义务：为了获得更好的医疗照顾，患者有义务积极配合医护人员，尽可能地提供病史，告诉医护人员治疗护理后的情况（包括药物的不良反应），不隐瞒有关信息，否则会影响诊治和护理。

3）遵守医院规章制度：医院的各种规章制度是为了维护正常的医疗秩序，保障医疗和护理质量而建立的一系列的有力措施。遵守医院的卫生制度、探视制度，按时交纳合理的医疗费用是每一位患者应尽的义务。

4）尊重医务人员的人格和劳动：患者有尊重医务人员以及尊重他们劳动的义务。医护人员掌握诊治疾病、护理患者的专业知识，他们之中的许多人为了解除他人疾苦辛勤劳动，牺牲自己的利益甚至是生命。所以，医务人员得到包括患者及其家属应有的尊重是完全应该的。

（2）护士的义务

1）依法进行临床护理的义务：护士执业，应当遵守法律、法规、规章和诊疗技术规范的规定。这是护士执业的根本准则，即合法性原则。这一原则涵盖了护士执业的基本要求，包含了护士执业过程中应当遵守的各类具体规范和应当履行的诸多义务。通过法律、法规、规章和诊疗技术规范的约束，护士履行对患者、患者家属以及社会的义务。

2）紧急救治患者的义务：护士在执业活动中，发现患者病情危急，应当立即通知医师；在紧急情况下为抢救垂危患者生命，应当先行实施必要的紧急救护。

3）正确查对、执行医嘱的义务：发现医嘱违反法律、法规、规章或者诊疗技术规范规定的，应当及时向开具医嘱的医师提出；必要时，应当向该医师所在科室的负责人或者医疗卫生机构负责医疗服务管理的人员报告。

4）知情告知的义务：患者有知情的权利，医护人员有告知的义务。因此，在医疗活动中，医疗机构及其医务人员应当将患者的病情、医疗措施、医疗风险等如实告知患者，及时解答其咨询；但是应避免对患者产生不利后果。此外，护士的解释要以患者能理解为前提，做到语言准确、通俗易懂。这样，才能表达对患者知情同意权的尊重。

5）保护患者隐私的义务：护士应当尊重、关心、爱护患者，保护患者的隐私。这实质上是对患者人格和权利的尊重，有利于与患者建立相互信任、以诚相待的护患关系。

6）积极参加公共卫生应急事件救护的义务：护士有义务参与公共卫生和疾病预防控制工作。发生自然灾害、公共卫生事件等严重威胁公众生命健康的突发事件，护士应当服从县级以上人民政府卫生主管部门或者所在医疗卫生机构的安排，参加医疗救护。

> 考点提示：
> 护患双方权利和义务的内容

国际护理学会护士守则

护士的基本任务有四方面：增进健康，预防疾病，恢复健康和减轻痛苦。

全人类都需要护理工作。护理从本质上说就是尊重人的生命，尊重人的尊严和尊重人的权利。不论国籍、种族、信仰、肤色、年龄、性别、政治或社会地位，一律不受限制。

护士对个人、家庭和社会提供卫生服务，并与有关的群体进行协作。

1. 护士与人　护士的主要任务是向那些要求护理的人负责。

护士做护理时，要尊重个人的信仰、价值观和风俗习惯。

护士掌握由于病人对她信任而提供的情况，要注意保密。

2. 护士与临床实践　护士个人执行的任务就是护理实践，必须坚持学习，做一个称职的护士。

护士要在特殊情况下仍保持高标准护理。

护士在接受或代行一项任务时，必须对自己的资格作出判断。

护士在作为一种职业力量起作用时，个人行动必须时刻保持能反映职业荣誉的标准。

3. 护士与社会　护士们要和其他公民一起分担任务，发起并支持满足公众的卫生和社会需要的行动。护士与其共事的成员：护士在护理及其他方面，应与共事的成员保持合作共事关系。

当护理工作受到共事成员或任何其他人威胁的时候，护士要采取适当措施保卫个人。

4. 护士与职业　在护理工作与护理教育中心，在决定或补充某些理想的标准时，护士起主要作用。

在培养职业知识核心方面，护士起积极作用。

护士通过职业社团，参与建立和保持护理工作中公平的社会和经济方面的工作条件。

3. 隐私

（1）隐私的涵义：隐私是指本人不愿公开的有关人格尊严和私生活等方面的信息。

（2）隐私的内容：患者的隐私主要包括患者的个人身体信息，主要指患者的生理特征；患者的性生活信息；患者的家庭生活和社会关系信息，包括夫妻关系、家庭伦理关系、亲属感情状况；患者的财产信息，包括患者的经济收入和其他财产状况等。

4. 保密

（1）保密的涵义：保守秘密，使之不外泄。在医疗护理领域的保密，是指护理人员在护理过程中对涉及患者的病情及有关秘密，予以保密。

（2）保密的内容：医护人员的保密义务，在我国主要包括两个方面。首先，是医务人员为患者保密，包括患者的疾病史、各种特殊检查和化验报告、疾病的诊断名称、治疗方法等及患者不愿向外泄露的其他问题。其次，我国目前尚有保护性医疗传统，即医护人员认为不宜透露给患者的不良诊断、预后等医疗信息对患者也要保密，这是保密的另一方面。

（3）保密的作用：保密的主要作用在于给每个人以尽量大的自由空间。在医疗领域，能否为你的患者保密，在很大程度上决定了护患关系是否和谐及是否能维持长久的信任。

5. 情感

（1）情感的涵义：从本质上来说，情感是人的主观体验，是人对客观事物与主体需要之间关系的反映，具体到护理道德情感就是护理人员对患者、他人、集体和社会所持态度的内心体验。

（2）护理道德情感的内容：同情感是指护理人员面对患者的不幸与痛苦所引起的自身情感的共鸣，表现出焦虑、关切和帮助，是护理人员最起码的道德情感。责任感是同情感的进一步深化，是护理人员在同情的基础上把自己掌握的知识、技能和所从事的工作与促进患者的康复联系到一起而产生的情感，是一种基于同情和对自身理性认识基础上的使命感。事业感是指具有责任感的护理人员，除对患者高度负责外，还把履行职责与护理事业及人类健康事业的发展紧密联系起来。

6. 良心

（1）良心的涵义：良心是人们在履行义务过程中对自身行为是否符合社会道德准则的自

我认识和评价。具体到护理道德良心，是指护理人员在履行职业义务过程中形成的对自己应尽责任的认识和评价。

（2）良心的作用

1）行为之前的选择作用：当行为本身涉及善恶问题时，虽然不是每个人都会做出符合伦理要求的善的选择，但是每个人在行为前都明显或不明显地有个选择的过程，善恶行为的选择本身就是良心在发挥作用的表现。

2）行为之中的监督作用：在行为过程中，良心起着自觉监督的作用。它往往监督行为者是否始终按照善的标准和要求行事。

3）行为之后的评价作用：良心有助于护理人员对自己的行为及后果作出肯定或否定的自我评价。

7. 慎独

（1）慎独的涵义："慎独"最先见于《礼记·中庸》："道也者不可须臾离也，可离非道也。是故君子戒慎乎其所不睹，恐惧乎其所不闻。莫见乎隐，莫显乎微，故君子慎其独也。"护理道德慎独的概念是指护士在个人独处时，仍能自觉地坚持护理道德信念，恪守护理道德规范。

（2）慎独对行为的要求：必须增强护理道德修养的自觉性，持之以恒，坚持到底。要打消"侥幸"心理，特别是当工作平淡而产生厌烦时，或工作繁忙劳累时，要坚持以"慎独"精神要求自己。要注意技术培训，全面培养"慎独"意识和"慎独"行为，培养起自己的"慎独"精神。

三、护理工作中常见的伦理难题及应对

（一）人类辅助生殖技术

1. 人类辅助生殖技术的涵义　人类辅助生殖技术是指用人工技术及方法代替人类自然生殖的某一步骤或全部步骤的技术。现阶段人类辅助生殖技术主要有三种形式：人工授精、体外受精、无性生殖。所谓人工授精是指用人工方法将精液注入女性体内以取代性交途径使其妊娠的一种方法。体外受精是指从女性体内取出卵子，在器皿内培养后，加入经技术处理的精子，待卵子受精后，继续培养，到形成早期胚胎时，再转移到子宫内着床、发育成胎儿到分娩。无性生殖是指将单一供者的体细胞移植到多个去核的卵子中，从而培养出有相同遗传特性后代的生殖方式。

2. 人类辅助生殖技术的伦理原则

（1）知情同意原则：医护人员对要求实施辅助生殖技术的夫妻，应让其了解实施该技术的程序、成功的可能性、风险性、接受采访的必要性，签订知情同意书。对捐赠精子、卵子者应告知其有关权利与义务，嘱其不追问受者与出生后代的信息等，并签订知情同意书。

（2）维护供受双方、后代利益和社会利益兼顾的原则：捐赠精子、卵子、胚胎者对出生的后代没有任何权利，也不承担任何义务。受方夫妇作为孩子的父母，承担孩子的抚养和教育。通过辅助生殖技术出生的孩子享有同正常孩子同样的权利和义务。

（3）互盲和保密的原则：为保护受者的利益，凡是利用捐赠精子、卵子、胚胎实施的辅助生殖技术，捐赠者、供受方、参与操作的医务人员、精子库的工作人员、出生后的孩子等涉及的人之间保持互盲；医疗机构和医务人员对捐赠者和受者的信息应予以保密。

（4）严防商品化的原则：对于异源性人工体内、体外受精，提倡以助人为动机的供精、供卵、供胚胎；同时，对实施辅助生殖技术后剩余的胚胎由胚胎所有者决定如何处理，但严防商品化。

（5）确保质量原则：为保证生殖技术的质量，应选择身心健康、道德文化素质符合条件

的供体，确保质量。

（二）器官移植

1. 器官移植的涵义　器官移植被誉为"21世纪医学之巅"，为人类医疗领域带来了革命性的变化。一般而言，器官移植是指通过外科手段，将他人有活力的器官移植给患者以替换其丧失功能而无法挽救的器官，从而使生命个体重新获得正常的生理功能。

2. 器官移植的伦理问题　器官移植是生物医学工程领域中具有划时代意义的技术，对于挽救终末期器官功能衰竭患者的生命具有重要意义。然而，器官移植技术的应用同时也在冲击着人们的传统观念，并引起了许多伦理争论和社会问题。

（1）器官捐献与传统的身体观念的矛盾：尸体器官摘除在观念上仍然存在较大的障碍。传统观念中，尤其是中国儒家的传统观念认为："身体发肤，受之父母，不得毁伤，孝之始也。"作为一项不可违逆的孝道，保持身体的完整至关重要，即使死亡了也必须是"全尸"，摘除尸体器官是对死者的不尊重，是对死者、亡灵的亵渎。

（2）器官来源的商业化问题：在人们的传统观念中，人体器官是不能买卖的，器官移植术中的器官来源于捐献。

（3）器官分配的伦理问题：人体器官是一种稀有资源，因此，要考虑器官的分配问题。伦理学家们普遍认为，应从三个方面来考虑：①医学标准，即由医务人员根据医学发展水平作为判断标准，它包括适应证及禁忌证；②社会标准，是在根据医学标准仍不能确定受者的情况下才使用的标准，即根据受者社会价值的大小来确定获得器官的资格；③随机性标准，是一种补充标准，它是指在根据上述标准仍不能确定受者的情况下，根据随机的先后次序来加以选择。

（4）活体移植的伦理问题：国际器官移植学会早在20世纪50年代就提倡自愿捐献的伦理原则，世界各国也在鼓励活体器官捐献。目前我国在器官移植临床中存在的伦理问题主要表现在知情同意方面，活体移植无论对受体还是供体都存在着很大的风险，需要医护人员做好充分的知情同意。

（5）异种器官移植问题：异种移植是指选择动物作为异种供体，替换患者丧失功能而无法挽救的器官。有报道患者在接受移植后发生性情改变，甚至连饮食习惯也发生改变了。人类同种器官移植尚且有可能导致人的个性的变化，人们担心异种器官移植将会践踏人性尊严。

3. 开展器官移植技术的伦理原则

（1）知情同意原则：知情同意是器官移植所要遵循的首要伦理原则。"知情同意"对于受体而言，既包括患者有权接受或拒绝器官移植，也包括患者对治疗过程中积极配合和对医生的自由委托，还包括患者在移植器官之前有权了解器官来源，了解可供选择的医疗方案的利弊和风险，并基于对信息的全面了解做出最终选择；对于供体而言，就是强调自愿捐献。从尸体上摘取器官和组织，一定要有生前自愿捐献的书面或口头遗嘱；对于活体捐献者，知情同意不言而喻，目前一般来源于受者的配偶、有血缘关系的亲属和自愿无偿献出器官的健康者。

（2）生命价值原则：荀子说，"仁者，必敬人"。尊重生命是器官移植必须遵循的伦理准则。它强调生命神圣和生命价值的统一，要求人们不仅要尊重受体生命的神圣性，还要求考虑受体术后的生存时限及生活质量，更应该充分考虑受体生命的神圣性和术后的生活质量。

（3）分配公正原则：公正是现代社会一个基本要求。器官供应是一种稀缺资源，因此，应制定相应分配标准来分配器官，并建立伦理委员会来做出分配决定。

（4）互助原则：对器官衰竭需移植他人器官方能存活的患者，社会理应提供帮助。因此，社会应考虑建立有效机制，鼓励器官捐献，使社会成员可以彼此互助。

（5）非商品化原则：关于捐献器官，提倡以助人为目的，严禁买卖。

（三）安乐死

1. 安乐死的涵义　安乐死原意指"无痛苦地死亡"，是指对那些患有不治之症，死亡已经逼近而且非常痛苦的患者，使用药物或其他方式以实现尽可能在无痛苦状态下结束生命的一种临终处置。

2. 安乐死的伦理学争论　中国对于安乐死的争论起始于20世纪80年代中叶，目前有两种不同的观点：支持安乐死、反对安乐死的观点。

（1）支持安乐死：在理论上支持安乐死的理由主要有以下几个方面：①患者有决定选择死亡的权利，社会应该尊重患者的权利；②从生命质量论的观点出发，安乐死可以免除患者死亡前的痛苦，无疑满足了人类追求生命质量的愿望；③安乐死反映了人类追求无痛苦的、有尊严的死亡愿望，是对人性自由的更大解放，是社会文明的体现；④安乐死在客观上可节约卫生资源。但需注意节约资源可以作为结果考虑，不能作为原因。即不能因为能有效地节约有限的资源，而提出支持安乐死，这是不人道的。

（2）反对安乐死：一般来说，反对的观点主要可以归纳为：①正如我们无法决定自己的出生一样，我们也无权决定自己的死亡；②结束患者的生命是不人道的；③医学的目的是救死扶伤，治病救人，医务人员应该践行医学的职责，对患者积极救治。不管患者处于什么状态，结束患者的生命都有悖医护人员治病救人的天职；④使患者摆脱痛苦的办法很多，可以通过止痛、心理疏导、临终关怀等办法来让患者在临终前处于"安详""无痛"状态，同样尊重了患者的生命尊严，而且符合医护人员的职业要求；⑤医学在不断发展，标准会不断变化，当下无法治愈的疾病可能不久就有治疗办法，实施安乐死无疑在剥夺患者治愈的希望，也不利于医学的进一步发展。

总之，安乐死是一个涉及社会意识、文化背景、政治、经济、法律、科学发展及风俗习惯等诸多方面的问题，在中国社会乃至整个世界引发了广泛的观念冲突。

第2节　护理与法律

案例8-2

患儿3岁。因误服有机磷农药来医院急诊就医。洗胃后，医生准备用25%硫酸镁20ml导泻，但将口服误写成静脉注射。护士为患儿注射后，患儿因高血镁引起呼吸麻痹而死亡。

问题：

1. 在案例中，护士应负的法律责任是什么？
2. 如果你是该护士，陈述你的做法。

法律是由国家立法机关制定的规范人们行为的准则，其严肃性、公正性及强制性是其他手段都无法取代的。随着我国法制的逐步健全，人们的法制观念日益增强，运用法律的武器保护自己的正当权益已逐渐成为人们的共识。这就要求护理工作者必须具有法律知识，应用法律的手段规范护理行为和调整各种护理活动，处理各种法律问题，确保护理安全，维护患者的利益和自身的权益，这也是护理专业自身发展的需要。

一、概 述

（一）法律的概念

法律是由国家制定和认可，由国家强制力保证实施，在其统辖范围内对所有社会成员具有普遍约束力的行为规范。它通常是以制定的法律、法令、条令等具体形式表现的。

（二）法律的分类

依照不同的标准或角度，法律可有不同的分类体系。依据法律形式的某些外部特征来划分，可分为：

1. **国内法和国际法** 从法律制定的主体和不同的使用范围划分，法律可分为国内法和国际法。国内法是由本国制定和认可，适用于该国主权管辖范围内的法律。国际法是由不同主权国家参与制定或公认，适用于调整国家之间相互关系的法律。

2. **根本法和普通法** 依据法律效力的强弱和制定的程序不同，可分为根本法和普通法。根本法又称宪法，是国家的根本大法，具有最高法律效力。规定国家制度、公民的基本权利和义务、国家机构的设置等内容，一般有国家的立法机关或专门的机关制定（全国人民代表大会）制定。普通法规定国家的某项制度或调整某类社会关系，由有立法权的机关按普通立法程序制定和颁布，如民法、刑法、行政法等。

3. **一般法和特别法** 依据法律效力范围不同分一般法和特别法。一般法适用于全国范围，对全国公民都有效，如民法、刑法等。特别法适用于特定的人和事，在特定地区、特定的时间内有效或对特定公民有效，如教师法、经济特区条例、戒严法等。

4. **实体法和程序法** 依据法律规定的内容不同分为实体法和程序法。实体法规定公民的权利和义务，如民法、婚姻法、刑法。程序法是为保证实体法规定的权利和义务的实现而制定的规定诉讼程序上的法律，如刑事诉讼法、民事诉讼法等。

（三）法律的特征和功能

1. **法律的特征**

（1）法律是调整人们行为的社会规范：法律通过规定人们可以做（授权）什么、应该做（义务）什么、禁止做（禁止）什么而成为规范。它不仅是评价人们行为是否合法的标准，也是警戒或制裁违法行为的依据和准绳。

（2）法律是由国家制定或认可的社会行为规范：法律的制定是带有一定预见性的经验总结，认可是承认已有的规范（如习惯）有法律效力。法律由国家制定或认可，具有国家意志性，与国家权力、权威有不可分割的联系。

（3）法律是规定人们权利和义务的社会规范：法律明确具体地规定了社会成员的权利和义务。因此，权利受到法律的保护，他人不得侵犯；义务必须履行，否则，法律将强制履行。

（4）法律是由国家强制力保证实施的规范：任何社会规范都需要一定的强制力保证实施，否则就不能成为一种社会规范。但只有法律的实施依靠国家强制力保证。

（5）严格的程序性：与其他社会规范相比，法律强调程序、规定程序和实行程序，具有严格程序性。

2. **法律的功能** 概括地说，法律是社会关系的调节器。它调节人们在共同生产和生活过程中所结成的相互关系。

（1）保障社会成员的基本权利：法律保障公民的基本权利，如公民的人格权、生命健康权等。

（2）建立并维持社会共同的生活和秩序：通过制定社会成员的权利义务，建立健全社会生产、科研、学习和其他工作秩序，以及共同生活准则及秩序，达到维持社会共同的生活和秩序的目的。

（3）巩固和完善政权对社会的统治：通过国家司法的或行政的手段解决民事或行政纷争，通过禁止性规范规定某些行为为违法和犯罪，并通过追究行为人的法律责任，以预防违法和犯罪，维护社会管理秩序，从而完善政权对全社会的统治。

二、卫生法律法规

（一）卫生法的概念

卫生法是我国法律体系的重要组成部分，是由国家制定或认可，并以国家强制力保障实施的关于医疗卫生领域法律规范的总和，是我国社会主义法律体系的一个组成部分。它通过对人们在医疗卫生和医疗实践中各种权利与义务的调整，保持良好的医疗法律关系，保证科学的医疗卫生秩序的正常发展。

卫生法有狭义和广义之分。狭义的卫生法，仅指有全国人民代表大会及其常务委员会所指定的卫生法律。广义的卫生法，还包括被授予的其他国家机关所制定和颁发的、从属于卫生法律的、具有普遍约束力的卫生法规及规章，以及宪法和其他法律文件中有关卫生的条款和规定。

（二）卫生法的特点

1. 以保护公民的健康权利为宗旨　保证公民享有国家规定的健康和治疗权，惩治侵犯公民健康权的违法行为来保护公民的健康。

2. 内容广泛　涉及生活环境、疾病防治技术、爱国卫生运动等一系列技术性问题以及复杂的社会关系。因此，调节手段宜多样化，还要吸收其他部门的法律，如民法、刑法、行政法等手段进行调节。

3. 技术规范和法律密切结合　医疗卫生法将防治疾病、保护健康的客观规律加以法制化，使其成为必须遵守的规则，以求得最大限度的趋利避害。如果人们不遵守医疗卫生法中卫生技术规范，造成严重后果的，会受到法律的严惩。

（三）卫生法的渊源

卫生法的渊源是卫生法律规范的具体表现形式，效力等级由制定或认可机关决定。根据我国宪法和法律的规定，我国卫生法的渊源主要有以下几种。

1. 宪法　即宪法中有关卫生方面的规定，是我国卫生法的立法依据，也是我国卫生法的渊源。

2. 卫生法律　指由全国人民代表大会及其常务委员会制定的卫生方面的专门法律，其效力低于宪法。可分为两种：一是由全国人民代表大会制定的卫生基本法，目前我国还未制定卫生基本法。二是由全国人民代表大会常务委员会制定的卫生基本法律以外的卫生法律，现已有《中华人民共和国食品卫生法》《中华人民共和国药品管理法》《中华人民共和国国境卫生检疫法》《中华人民共和国传染病防治法》《中华人民共和国母婴保健法》《中华人民共和国献血法》《中华人民共和国执业医师法》《中华人民共和国职业病防治法》《人口与计划生育法》9部法律。此外，在其他法律如民法、婚姻法、劳动法、环境法、刑法等有关卫生的条款也是卫生法的渊源。

3. 卫生行政法规　指由国务院制定发布的有关卫生方面的专门行政法规。如《医疗事故处理条例》《公共场所卫生管理条例》《精神药品管理办法》《中华人民共和国传染病防治实施办法》等。

4. 地方性卫生法规、卫生自治条例与单行条例　地方性卫生法规指省级人民代表大会及其常务委员会，省会所在地的市或经国务院批准的较大市的人民代表大会及其常务委员会依法制定批准的,可在本行政区域内发生法律效力的有关卫生方面的规范性文件,如《某市医疗机构管理办法》《某省职业病防治条例》等。

5. 卫生行政规章　是国务院卫生行政部门在其权限内发布的有关卫生方面的部门规章,是我国卫生法数量最多的渊源。卫生部是国务院的卫生行政部门,按照宪法的规定,卫生部有权根据法律和国务院的卫生行政法规、决定和命令,在本部门的权限内独立制定发布或和其他部门联合制定发布在全国范围有效的规章,如《医疗事故分级标准(试行)》《结核病防治管理办法》《保健食品管理办法》等。

6. 卫生国际条约　指我国与外国缔结的或者我国加入并生效的有关卫生方面的国际法规范性文件。按我国宪法和有关法律的规定,除我国声明保留的条款外,这些条约均对我国产生法律约束力,也是我国卫生法的渊源之一,如《国际卫生条例》《麻醉品单一公约(1961年)》和《精神药品公约(1971年)》等。

(四)医疗事故处理条例

为更好地体现程序公正和保护医患双方合法权益的目的,有助于公平、公正地处理医疗纠纷和事故,国务院颁布了《医疗事故处理条例》,于2002年9月1日起公布施行。这一规定就医疗事故的范围、鉴定、赔偿和处理作了详细的规定,分总则、医疗事故的预防与处置、医疗事故的技术鉴定、医疗事故的行政处理与监督、医疗事故的赔偿、罚则、附则。

1. 医疗事故的构成要素　医疗事故的构成包括以下几方面内容。

(1)主体是医疗机构及其医务人员:"医疗机构",是指按照国务院1994年2月发布的《医疗机构管理条例》取得《医疗机构执业许可证》的机构。"医务人员"是指依法取得职业资格的医疗卫生专业技术人员,如医师和护士等,即依法取得执业许可或者执业资格的医疗机构和医务人员在其合法的医疗活动中发生事故。这表明护士可能成为医疗事故的主体之一。

(2)行为的违法性:"医疗事故"是指医疗机构及其医务人员在医疗活动中,违反医疗卫生管理法律、行政法规、部门规章和诊疗护理规范、常规,过失造成患者人身损害的事故。从医疗实践看,最常用、最直接的是医疗机构及其医务人员违反关于医疗机构、医疗行为管理的规章、诊疗护理规范、常规。

(3)过失造成患者人身损害:两个含义:一是"过失"造成的,即是医务人员的过失行为,而不是有伤害患者的主观故意;二是对患者要有"人身损害"后果,这是判断是否医疗事故至关重要的一点。

2. 医疗事故的分级　根据对患者人身造成的损害程度,医疗事故可分为四级:一级医疗事故,造成患者死亡、重度残疾的;二级医疗事故,造成患者中度残疾、器官组织损伤导致严重功能障碍的;三级医疗事故,造成患者轻度残疾、器官组织损伤导致一般功能障碍的;四级医疗事故,造成患者明显人身损害的其他后果的。

3. 医疗事故的预防和处置　医疗机构应当制定防范、处理医疗事故的预案,预防医疗事故的发生,减轻医疗事故的损害,当发生或发现医疗事故时,应正确处理。

(1)医疗事故的预防:医疗机构及其医务人员在医疗活动中,必须严格遵守医疗卫生管理法律、行政法规、部门规章和诊疗护理规范、常规,恪守医疗服务职业道德。强调了医疗机构应当按照国务院卫生行政部门规定的要求,书写并妥善保管病历资料;要保持病历完整权,患者有权复印或者复制其门诊病历、住院志、体温单、医嘱单、化验单(检验报告)、医学影像检查资料、特殊检查同意书、手术同意书、手术及麻醉记录单、病理资料、护理记录以及国务院卫生行政部门规定的其他病历资料;严禁涂改、伪造、隐匿、销毁或者抢夺病历资料;同时,条例明确规定了患者的知情权,在医疗活动中,医疗机构及其医务人员应当将患者的病情、医疗措施、医疗风险等如实告知患者,及时解答其咨询;但是,应当避免对患者产生不利后果。

(2)医疗事故的报告制度:条例规定医务人员在医疗活动中发生或者发现医疗事故、可能引起医疗事故的医疗过失行为或者发生医疗事故争议的,应当立即向所在科室负责人报告,科室负责人应当及时向本医疗机构负责医疗服务质量监控的部门或者专(兼)职人员报告;负责医疗服务质量监控的部门或者专(兼)职人员接到报告后,应当立即进行调查、核实,将有关情况如实向本医疗机构的负责人报告,并向患者通报、解释。发生或者发现医疗过失行为,医疗机构及其医务人员应当立即采取有效措施,避免或者减轻对患者身体健康的损害,防止损害扩大。

4. 医疗事故的技术鉴定　条例规定了医疗事故技术鉴定的法定机构是各级医学会,由医学会出具医疗事故技术鉴定书。具体来说,由医学会组织专家鉴定组,依照医疗卫生管理法律、行政法规、部门规章和诊疗护理规范、常规,运用医学科学原理和专业知识,对医疗事故进行鉴别和判定,为处理医疗事故争议提供医学依据。

5. 罚则　条例在罚则中规定了对造成医疗事故的医疗机构与医务人员的处罚。根据医疗机构违反本条例的规定,有下列情形之一的,由卫生行政部门责令改正;情节严重的,对负有责任的主管人员和其他直接责任人员依法给予行政处分或者纪律处分。

(1)未如实告知患者病情、医疗措施和医疗风险的。
(2)没有正当理由,拒绝为患者提供复印或者复制病历资料服务的。
(3)未按照国务院卫生行政部门规定的要求书写和妥善保管病历资料的。
(4)未在规定时间内补记抢救工作病历内容的。
(5)未按照本条例的规定封存、保管和启封病历资料和实物的。
(6)未设置医疗服务质量监控部门或者配备专(兼)职人员的。
(7)未制定有关医疗事故防范和处理预案的。
(8)未在规定时间内向卫生行政部门报告重大医疗过失行为的。
(9)未按照本条例的规定向卫生行政部门报告医疗事故的。
(10)未按照规定进行尸检和保存、处理尸体的。

考点提示:
医疗事故处理条例的内容

三、护理立法

立法,是由国家机关制定、修改和废除法律、法规的程序。护理法是关于护理人员的资格、权力、责任和行为规范的法律法规,是以法律的形式对护理人员在教育培训和实践方面所涉及的问题予以规定。由于护理法具有法规的性质,所以各项内容均属强制性指令,对护理工作者有约束、监督和指导的作用,每位护理人员都必须在护理法所规定的范围内执业。

(一)护理立法的程序

护理立法从酝酿到颁布实施都要经过一个严肃的立法程序。一般分下列五个步骤。

1. 依法建立起草委员会　护理法起草委员会是由国家或卫生主管部门负责组建,并通过指派、宣布、授权而具有立法机构权威性的职能机构。

2. 确定护理立法目标　护理起草委员会成立后的第一使命,是确定护理法立法的目标,即明确护理法条文应该涉及的范围,其内容应以符合本国现状,又尽可能与国际惯例相适应为基本原则。

3. 起草法律文件　起草过程一般按照集体讨论拟定与分工起草相结合的办法进行。汇总草案初稿后,提交相关组织或会议审议后方能定位"试行草案"。

4. 审议和通过　护理法规草案一般按法律草案部分和具体教育培训及服务实践法规部

分分别审议。前者的审议，在我国一般要经过地方乃至全国人民代表大会举手通过，后者一般由政府主管部门审批同意。通过后的法律草案全文即可由政府颁布试行。

5. 试行、修订与重订　一般来说，护理法规的试行期为 2～3 年，在试行期结束后，国家授权起草委员会通过全面收集对试行过程中所反映的意见，作进一步修订，再提交立法机构和政府主管部门审议通过或批准，最后由政府宣布施行。

（二）护理立法的意义

1. 促进护理管理法制化，提高护理质量　通过护理法制定一系列制度、标准、规范，将护理管理纳入到规范化、标准化、现代化、法制化的轨道，使一切护理活动及行为均以法律为准绳，保证了护理工作的安全性及护理质量的提高。

2. 促进护理学科的发展　护理立法使护理专业向专业化、科学化方向发展，为护理专业人才培养和护理活动的开展制定了法制化的规范和标准。护理法规定了护士资格、注册、执业范围等要求，促进了护理工作的安全性及护理质量的提高。

3. 维护护士的权益　护理立法使护理人员的地位、作用和职责范围有了明确的法律依据，使护理人员在履行自己的法定职责时会受到法律的保护，增加安全感，从而提高护理质量。

4. 维护服务对象的正当权益　护理法规定了护士的义务和责任，护士不得以任何借口拒绝护理或者抢救患者。对违反护理准则的行为，服务对象有权依据法律条款追究当事人的法律责任，从而最大限度地保护服务对象的合法权益。

（三）护理立法的历史与现状

1. 世界各国护理立法的历史与现状　为了提高医疗护理质量，保证护理向专业化的方向发展，各国都颁布了适合本国政治、经济、文化及护理特点的护理法规。迄今为止，许多国家都已逐步形成了一整套与本国卫生管理体制相适应的专门法规，用于指导护理实践及护理教育，促进护理管理法制化。

各国护理立法的历史

英国于 1919 年率先颁布了英国护理法，荷兰于 1921 年颁布了护理法，随后，芬兰、意大利、美国、加拿大、波兰等国也相继颁布了护理法。在亚洲，日本于 1948 年正式公布了护士法。在以后的 50 多年里，许多国家纷纷颁布了护理法。1953 年，世界卫生组织发表了第一份有关护理立法的研究报告。1968 年，国际护士会成立了护理立法委员会，制定了世界护理法上划时代性的纲领文件——制定护理法规的指导大纲》，为各国的护理立法提供了系统而权威性的指导。

2. 中国护理立法的历史与现状　新中国成立后，国家先后颁布了有关护理的法规、文件，但由于未建立起严格的考试、注册、职业管理制度，使大量未经正规学习培训的人员涌入护理队伍，再加上护理教育发展迟缓，严重地影响了护理事业的发展，降低了护理队伍的整体素质，使医疗护理质量难以保证。

党的十一届三中全会以后，社会主义法制得到加强，使我国的卫生立法进入了一个新的时期，护理学科的法制建设也得到了加强。

1979 年，原卫生部颁发《卫生技术人员职称及晋升条例（试行）》《关于护理工作的意见》。

1981 年，原卫生部颁发《关于在"卫生技术人员职称及晋升条例（试行）"中增设主管护士职称等几个问题的通知》。

1982 年，原卫生部颁布的《全国医院工作条例》第九条强调了医院要加强对护理工作的领导，并对护理工作提出了较为具体的要求。原卫生部颁发《医院工作制度》和《医院工作人员职责》，明确提出了护理工作制度，对医院各类护理人员的职责也进行了明确规定。

1993 年，原卫生部颁发《中华人民共和国护士管理法》。

1997 年，原卫生部颁发《关于进一步加强护理工作的通知》和《继续护理学教育试行办法》。

2008 年国务院颁发《护士条例》，从护士的执业资格、权利义务、医疗机构的相关职责等多方面对护理工作进行了规定。

（四）护士条例

《护士条例》于 2008 年 5 月 12 日起施行，填补了我国护理立法的空白，对维护护士的合法权益，规范护士行为，促进护理事业的发展，保障人体健康和医疗安全具有重要意义。

1. 护士执业注册应具备的基本条件　为了确保从事护理工作的护士具有保障患者健康和医疗安全的执业水平，《护士条例》明确规定，护理工作必须由具备护士资格的注册护士来承担，实行护士执业资格统一管理，以法律手段保证护理质量及公众的就医安全。护士执业资格考试合格即取得护士执业的基本资格，但还不是法律意义上的护士，还必须经过注册。注册是卫生行政机关行使许可权的一种形式。取得护士执业资格的人经执业注册后，便成为法律意义上的护士，履行护士的义务，并享有护士的权利。否则，就属于违法执业。

按照《护士条例》的要求，申请护士执业注册应当具备四个条件：①具有完全民事行为能力；②在中等职业学校、高等学校完成教育部和原卫生部规定的普通全日制 3 年以上的护理、助产专业课程学习，包括在教学、综合医院完成 8 个月以上护理临床实习，并取得相应学历证书；③通过原卫生部组织的护士执业资格考试；④符合卫生部规定的健康标准。

2. 护士的权利和义务　详见本章第一节。

3. 护士执业中的医疗卫生机构的职责　目前，护士都是在一定的医疗卫生机构中执业，护士义务的履行需要医疗卫生机构直接进行监督，护士权利的实现有赖于医疗卫生机构提供物质保障。据此，条例设专章规定了医疗卫生机构三方面的职责：①按照原卫生部的要求配备护士；②保障护士合法权益；③加强护士管理。

4. 护士执业中的法律责任　《护士条例》规定，护士在执业活动中有下列情形之一的，由县级以上地方人民政府卫生主管部门依据职责分工责令改正，给予警告；情节严重的，暂停其 6 个月以上 1 年以下执业活动，直至由原发证部门吊销其护士执业证书：①发现患者病情危急未立即通知医师的；②发现医嘱违反法律、法规、规章或者诊疗技术规范的规定，未依照本条例第十七条的规定提出或者报告的；③泄露患者隐私的；④发生自然灾害、公共卫生事件等严重威胁公众生命健康的突发事件，不服从安排参加医疗救护的。

护士在执业活动中造成医疗事故的，依照医疗事故处理的有关规定承担法律责任。

考点提示：
护士条例的内容

四、护理工作中的违法与犯罪

违法指公民个人或者社会组织违反法律规定，危害社会的行为。它表现为行为人不履行守法义务，超越法定行使权力的界限，对其他主体合法权益造成破坏和侵害。违法行为按其性质不同，可分为违宪行为、民事违法、行政违法、经济违法、刑事违法五种。在医疗护理活动中，常常有不同程度、不同性质的违法问题存在，护理人员有必要对这些问题有所了解。

（一）护理工作中的违法种类

1. 侵权行为与犯罪　侵权指侵害了国家、集体或者侵害了他人的财产及人身权利，包括生命权、隐私权、名誉权、知识产权等。侵权行为，指行为人由于过错，侵害他人的财产和人身依法应承担责任的行为，以及依法律的特别规定应当承担责任的其他侵害行为。为了保护民事主体的合法利益，明确侵权责任，2010年7月1日国家颁布实施了《侵权责任法》，其中第七章的内容为医疗损害责任，对明确医疗损害责任，化解医患矛盾有重要意义。现说明如下。

第五十四条规定：患者在诊疗活动中受到损害，医疗机构及其医务人员有过错的，由医疗机构承担赔偿责任。本条是一般医疗损害责任的过错责任原则，采用"谁主张，谁举证"的举证责任方式。

第五十五条规定：医务人员在诊疗活动中应当向患者说明病情和医疗措施。需要实施手术、特殊检查、特殊治疗的，医务人员应当及时向患者说明医疗风险、替代医疗方案等情况，并取得其书面同意；不宜向患者说明的，应当向患者的近亲属说明，并取得其书面同意。医务人员未尽到前款义务，造成患者损害的，医疗机构应当承担赔偿责任。本法明确规定医务人员的说明义务和患者的同意权，体现了对患者自主决定权的尊重。

第五十六条规定：因抢救生命垂危的患者等紧急情况，不能取得患者或者其近亲属意见的，经医疗机构负责人或者授权的负责人批准，可以立即实施相应的医疗措施。本法明确规定医疗机构若未履行紧急救治的义务，应承担相应的法律责任。

第五十八条规定：患者有损害，因下列情形之一的，推定医疗机构有过错：①违反法律、行政法规、规章以及其他有关诊疗规范的规定；②隐匿或者拒绝提供与纠纷有关的病历资料；③伪造、篡改或者销毁病历资料。本条明文规定，凡具备本条所列举的三种情形之一时，应当推定"医疗机构有过错"。

第六十二条规定：医疗机构及其医务人员应当对患者的隐私保密。泄露患者隐私或者未经患者同意公开其病历资料，造成患者损害的，应当承担侵权责任。以下就属于侵犯患者隐私：①未经患者许可而允许实习生观摩；②未经患者同意公开患者资料；③乘机窥探与病情无关的身体其他部位；④其他与诊疗无关故意探秘和泄露患者隐私。

> 考点提示：
> 侵权责任法第七章的内容

犯罪是危害社会、触犯国家刑律、应当受到法律惩处的行为。可根据行为人主观方面的内容不同而分为故意犯罪和过失犯罪。故意犯罪是明知道自己的行为会发生危害社会的结果，并且希望或放任这种结果发生，因而构成犯罪。过失犯罪是应当预见自己的行为可能发生危害社会的结果，因疏忽大意而没有预见或已经预见而轻信能够避免，以致发生不良结果而构成犯罪。例如：护士为某患者输血，应常规进行"三查八对"，但由于自信而没有进行查对，将他人异型血液直接输入该患者体内，患者发生严重溶血反应导致死亡，属于过失犯罪行为。

2. 疏忽大意与渎职罪　疏忽大意指行为人应当预见自己的行为可能发生危害社会的结果，但因疏忽大意而没有预见，以致发生危害社会的后果。这种过失给患者带来一定程度的损失和痛苦，但并不严重，属于失职，不构成犯罪。它是临床护理过程中最常见的过失。如错误给药、热水袋过热烫伤等。如果程度严重导致伤残或死亡，则属于犯罪。

3. 收礼与受贿　救死扶伤是护理人员的神圣职守，应提倡奉献精神，更不应借工作之便谋取额外报酬。但患者在病愈后，出于对护士优良服务的感激之情而赠送一些纪念物品，不属于贿赂范畴。但护士若主动向患者或家属示意并收取大额的红包、物品等不义之财，则犯了索贿、受贿罪。

（二）护理违法的责任

1. 行政责任　护理违法行政责任主要指个人或者单位违反行政管理的法律规定所应当承担的法律责任。根据违法的程度，个人可能受到由轻到重的警告、记过、记大过、降级、降职、撤职、开除留用查看、开除等行政处分；单位可能受到警告、罚款、行政拘留、没收违法所得、没收非法财物、责令停产停业、暂扣或者吊销许可证、暂扣或者吊销执照等行政处罚。

2. 民事责任　指民事主体违反民事法律规范所应当承担的法律责任。民事责任包括合同责任和侵权责任。护理违法主要是侵权责任。侵权责任是民事主体侵犯他人的人身权、财产权所应当承担的责任。责任形式有财产责任和非财产责任，包括赔偿损失、支付违约金、支付精神损害赔偿金、停止侵害、排除妨碍、消除危险、返还财产、恢复原状以及恢复名誉、消除影响、赔礼道歉等，这些可以单独使用，也可以合并使用。

3. 刑事责任　指违反刑事法律规定的个人或者单位所应当承担的法律责任。包括管制、拘役、有期徒刑、无期徒刑和死刑这 5 种主刑，以及剥夺政治权利、罚金和没收财产 3 种附加刑。附加刑可以单独使用，也可以与主刑合并使用。

五、护理工作常见的法律问题及防范

在护理实践中，每个合格的护理人员都应准确地了解其职责范围内的法律规范，掌握自己专业的规范要求，明确护理工作中常见的法律问题，并做好防范，用法律来保护患者和自身的合法权益，提高护理质量。

（一）护士的资格问题及防范

护理工作必须由具备护士资格的人员来承担，建立护士执业资格考试制度和护士许可制度，以法律的手段保证护理质量及人们的就医安全。不得允许未取得护士执业证书的人员、未依照条例规定办理执业地点变更手续的护士以及护士执业注册有效期届满未延续执业注册的护士在本机构从事诊疗技术规范规定的护理活动。

（二）护理文件书写中的法律问题及防范

临床护理文件是检查和衡量护理质量的重要资料，是医生观察诊疗效果、调整治疗方案的重要依据，也是法律上解决医疗纠纷的重要证据。因此，要注意以下几点。

1. 护理文书记录内容应当客观、真实、准确、及时、规范。
2. 文字工整，字迹清晰，表述准确，语句通顺，标点正确。书写过程中出现错字时，用双线划在错字上，保留原记录清楚、可辨，并注明修改时间，修改人签名。不得采用刮、粘、涂等方法掩盖或去除原来的字迹。
3. 因抢救患者，未能及时书写记录的，在抢救结束后 6 小时内及时补记，并就此情况加以说明。
4. 实习护士、试用期护士、未取得护士资格证书或未经注册护士书写的护理记录，应由本医疗机构具有合法执业资格的护士审阅并签名，需修改时用红色笔修改并签名。

（三）执行医嘱的法律问题及防范

医嘱通常是护理人员对患者实施治疗及护理的法律依据。为保护自己和患者，护士在执行医嘱时，应注意以下几点。

1. 一般情况下，护理人员应仔细检查，确信无误后，及时地执行医嘱。随意篡改或无故不执行医嘱都属于违规行为。
2. 如果护士发现医嘱有明显的错误时，有权拒绝执行，并向医生提出质疑和申辩，医生仍执意要求执行时，应报告护士长或上级主管部门。
3. 若护士明知该医嘱可能给患者造成伤害，酿成严重后果，仍照旧执行，或护士由于疏忽大意而忽视了医嘱中的错误，由此造成的严重后果，护理人员将与医生共同承担所引起的法律责任。
4. 如果患者对医嘱提出疑问，护士应该核实医嘱的准确性后，再决定是否执行。
5. 慎重对待口头医嘱和"必要时"等形式的医嘱。一般情况下不执行口头或电话医嘱。在急诊、手术等特殊情况下，必须执行口头医嘱时，护士应向医生复诵一遍医嘱，双方确信无误后方可执行。执行完医嘱后及时记录医嘱执行时间、内容，患者当时的情况等，并督促医生及时补写书面医嘱。

（四）药品管理中的法律问题及防范

病房药品应有严格的管理制度，尤其是麻醉药品。所谓麻醉药品，主要指阿片类药物哌替啶及吗啡等药物。这类药物临床上"限用于手术后、晚期癌症及一些危重患者"的对症治疗，且专柜加锁专人负责保管。护士只能凭医嘱领取及应用这些药物。护士如果利用权力随意窃取、盗卖这类药物，则会构成贩毒、吸毒罪。因此，医院管理者应严格贯彻执行药品管理制度，并经常向有条件接触这类药品的护理人员进行法制教育。

（五）护生方面的法律问题及防范

从法律角度来讲，护生只能在专业教师或执业护士的指导或监督下，才能对患者实施护理。如果脱离执业护士或专业教师的监督指导，损害了患者的利益，护生应对自己的行为负法律责任；如果在执业护士的指导下，因操作不当给患者造成损害，那么可以免除法律责任。

了解护理工作中常见的法律问题及应对方法，确保护理安全。

单项选择题

1. 护理人员对患者、社会防病治病的自觉责任感称为（ ）
   A. 护理道德良心　　B. 护理道德审慎
   C. 护理道德义务　　D. 护理道德权利
   E. 护理道德情感

2. 不属于患者权利的是（ ）
   A. 生命与健康权　　B. 知情同意权
   C. 特殊干涉权　　　D. 隐私保护权
   E. 诉讼索偿权

3. 根据《医疗事故处理条例》规定，三级医疗事故是指（ ）
   A. 造成患者重度残疾
   B. 造成患者中度残疾、器官组织损伤导致严重功能障碍
   C. 造成患者轻度残疾、器官组织损伤导致一般功能障碍
   D. 造成患者明显人身损害的其他后果
   E. 造成患者死亡

4. 我国第一部《护士条例》实施的时间（ ）
   A. 2009 年 5 月 5 日
   B. 2007 年 5 月 10 日
   C. 2008 年 5 月 12 日
   D. 2009 年 5 月 12 日
   E. 2007 年 5 月 12 日

5. 下列不属于护士义务范畴的是（ ）
   A. 护士执业，应当遵守法律、法规、规章和诊疗技术规范的规定。
   B. 护士在执业活动中，发现患者病情危急，应当立即通知医师；在紧急情况下为抢救垂危患者生命，应当先行实施必要的紧急救护。
   C. 护士发现医嘱违反法律、法规、规章或者诊疗技术规范规定的，应当及时向开具医嘱的医师提出；必要时，应当向该医师所在科室的负责人或者医疗卫生机构负责医疗服务管理的人员报告。
   D. 护士应当尊重、关心、爱护患者，保护患者的隐私。
   E. 在执业活动中拥有人格尊严、人身安全不受侵犯

6. 遵照《医疗事故处理条例》的规定，造成患者中度残疾。器官组织损伤致严重功能障碍的医疗事故，属于（ ）
   A. 四级医疗事故　　B. 二级医疗事故
   C. 三级医疗事故　　D. 一级医疗事故
   E. 严重医疗事故

7. 关于医嘱的处理，错误的是（ ）
   A. 医嘱是护士对病人实施治疗的依据
   B. 执行医嘱时必须仔细核对
   C. 如病人对医嘱提出质疑，护士应核对医嘱的准确性
   D. 抢救病人时，应立即执行口头医嘱
   E. 护士发现医嘱有明显错误时，有权拒绝执行

8. 对口头医嘱处理正确的是（ ）
   A. 任何时候只执行书面医嘱
   B. 任何情况均应执行口头医嘱
   C. 医生提出口头医嘱应立即执行
   D. 护士向医生复述一遍即可执行口头医嘱

E. 抢救完毕后应及时让医生补书面医嘱
9. 关于护士的权利中描述错误的是（　　）
　　A. 有权获得相应的福利报酬
　　B. 有权拒绝患者不合理的要求
　　C. 有权接受继续教育和培训
　　D. 面对灾难时，护士有权维护自己的生命安全，可以不服从调遣
　　E. 有权拒绝执行错误的医嘱
10. 以下属《护士条例》规定的医疗卫生机构的职责不包括（　　）
　　A. 按照原卫生部的要求配备护士
　　B. 为护士办理执业注册
　　C. 保障护士合法权益
　　D. 开展对护士的专科护理培训
　　E. 加强护士管理
11. 保密原则的具体要求在必要时可以除外（　　）
　　A. 保护患者隐私
　　B. 保护家庭隐私
　　C. 任何都要告知患者
　　D. 不公开患者提出保密的不良诊断
　　E. 不公开患者提出保密的预后判断
12. 护士执业注册的有效期为（　　）
　　A. 2年　　　　B. 5年　　　　C. 8年
　　D. 10年　　　 E. 终生

是非题

1. 护士在医院工作不应该向医院提出福利待遇问题。（　　）
2. 对于患职业病的护士，应依法享受国家规定的职业病待遇。（　　）
3. 从尸体上摘取器官和组织，因为属于非活体摘取，故此不需要书面或者口头遗嘱。（　　）
4. 当发生重大的医疗事故行为必须在规定的时间向卫生行政部门报告。（　　）
5. 未取得护士执业资格证书者，不能从事临床护理工作。（　　）
6. 临床护理专业的带教老师，未经患者同意，带领助产专业的护生观摩产妇的分娩过程是合法的。（　　）
7. 当发生医疗事故时，医务人员应当及时向科室报告，不可以隐瞒，相应医疗机构应给予有效的措施，避免给患者带来更大的人身损害。（　　）
8. 在抗震救护中，护士张某，因抢救伤员过程受伤，只具有部分民事行为能力，该护士可以继续申请护士注册。（　　）
9. 发生自然灾害等危害公众生命的事件时，护士应服从国家相关机构的调遣。（　　）
10. 护士张某，长期在埃博拉病毒流行的非洲工作，相关政府机关应给予相应的津贴。（　　）
11. 李护士，因工作事故，被吊销执业证书，因此她近三年内不得申请执业注册。（　　）
12. 护士应要求医生在抢救结束后6小时内补全医嘱。（　　）

（孙亚男）

第9章 文化与护理

> **学习目标**
> 1. 解释概念：文化、物质文化、精神文化、硬文化、软文化、文化休克。
> 2. 叙述文化模式、文化特征分类、文化功能。
> 3. 说出文化休克的原因、分期表现及预防。
> 4. 简述文化与护理的关系。
> 5. 说出跨文化理论的内容。

案例9-1

患者 Arthur，男性，34 岁，英国人。因电击致心跳呼吸骤停约 4 分钟到达急诊室，经抢救心跳和呼吸复苏，瞳孔逐渐回缩，意识逐渐清晰后入 ICU 病房。护士小蔺是这位来自不同文化背景患者的责任护士。

问题：
护士小蔺应如何将多元文化护理服务应用于护理工作中，促进患者康复？

随着医学模式的转变（从生物医学模式转向生物-心理-社会医学模式），以人的健康为中心的整体护理观已经成为现代护理发展的必然趋势。这种整体护理模式要求在对患者实施护理的过程中，综合考虑患者的生理、心理、社会、精神和文化等方面的因素。因此，掌握有关文化的内容以及文化与护理的关系，才能使护士明确不同的文化背景服务对象的需要，准确理解服务对象的各种行为，满足服务对象的文化需求，以适应多元文化的发展及新的医学模式的转变，提供适合服务对象文化背景的护理。

第1节 文化与文化休克的概述

一、文　化

（一）文化的概念

在现实生活中，人们常常用"文化"一词来表示不同的范畴。文化常常是人们对精神财富以及精神生活的一种通称，是一定历史、地域、经济、社会和政治的反映。而从社会学的角度，"文化"可以从广义上定义为："作为群体或人的活动方式，以及为这种活动所创造，并又为这种活动方式所凭借的物质财富和精神产品，是人的群体借以相互区别并与它类区别的依据。"

不同学科对文化有不同的定义，目前公认的文化定义："文化是在某一特定群体或社会的生活中形成的，并为其成员所共有的生存方式的总和，包括价值观、语言、知识、信仰、艺术、法律、风俗习惯、风尚、生活态度及行为准则，以及相应的物质表现形式。"

文化现象一般包含三个方面：

1. 物质文化　物质文化是一个社会普遍存在的物质形态（物质财富），如机器、工具、书籍、衣服、计算机等。

2. 精神文化　指理论、观念、心理以及与之相联系的科学、宗教、符号、文学、艺术、法律、道德等（精神产品）。

3. 方式文化　是文化现象的核心和最基本的内容，包括生产方式、组织方式、生存方式、生活方式、行为方式、思想方式、社会遗传方式。

（二）文化的模式

文化模式是一个社会所有文化内容组合在一起的特殊形式和结构，这种形式往往表现了一种社会文化的特殊性。一般认为，文化模式包括以下九个方面：

1. 符号　语言、文字、色彩等。是人类行为的起源和基础。

2. 物质特征　它是人类创造的各种物质生产活动及其产品，如饮食、住所等。

3. 艺术　指经过系统加工、归纳整理的社会意识，如绘画、音乐。

4. 科学　包括自然科学和社会科学。

5. 习俗　人类在社会实践，特别是在人际交往中约定俗成的习惯性定势，如各种礼仪、民俗。

6. 家庭社会制度　是由人类在社会实践中建立的各种社会规范构成，如社会经济制度、政治法律制度、婚姻形式、家族制度等。

7. 方式　财产占有方式与交易方式。

8. 政府　如政体、司法。

9. 战争。

（三）文化的特征

文化是一个内涵丰富、外延广泛的复杂概念，具有下列特征。

1. 超自然性与超个人性

（1）超自然性：文化的第一要素在于它是对人的描述，只与人以及人的活动有关，它包括人类所创造的一切物质的和非物质的财富；也可以说，自然界本无文化，自从有了人类，凡是经过人类"耕耘"的一切均在文化的研究之中。它源于古猿人改造自然的劳动实践中，又存在于现实人类活动系统中。

（2）超个人性：文化的超个人性在于个人虽然有接受文化及创造文化的能力，但是形成文化的力量却不是个人。文化是对一个群体或一类人的描述，它所要体现的是人的群体本质、群体现象，或类的本质与类的现象。文化不是对个人的描述，仅仅体现个人特征的现象不属于文化现象。

2. 地域性与超地域性

（1）地域性：文化是人类的历史产物，它伴随着人类的出现和发展而产生与发展。而人类的出现首先是分地域的，并且相互隔绝。因此，每个人群便按照自己不同的方式来创造自己的文化。所以，文化一出现就带有鲜明的地域特征，使得地域间的文化互相区别。

（2）超地域性：有两层含义。第一，有些文化既发生和存在于这个地域，也发生和存在于其他地域，它不是某一特定地域的特定文化，而是诸多地域的共同性文化或全人类性文化，即文化的人类性。第二，有些文化首先只在某一特定的地域发生、发展和成熟，但这种文化又可以为其他地域所接受、吸收和同化。这种文化在被其他地域所接受之前属于地域文化，而在后来便成为超地域文化或人类性文化。自然科学技术、发明物等首先是地域文化，然后又由于具有超地域性的特性转而成为人类性文化。例如，我国文化遗产中的造纸、印刷术、火药、指南针等首先是地域性的，然后成为全人类所共有的一种超地域性文化。

3. 时代性与超时代性

（1）时代性：文化具有鲜明的时代特征。一个时代的文化与另一个时代的文化会有明显的差别，划分的依据是生产方式，生产方式的时代差别也就是一种文化的时代差别。文化便由此留下了鲜明的"时代痕迹"。所以，文化有原始文化、中世纪文化、现代文化，或是传统文化与现代文化等的文化时代性差异。

（2）超时代性：同一民族文化中，各时代文化共同的东西可以看作是超时代特征的文化，是这个民族的永恒性文化，这种文化与这个民族相随不离。例如，孔子创立的儒家学派经过了汉唐经学、宋明理学等发展阶段，其儒家思想的精神实质并未发生根本性变化，成为中华民族的道德意识、精神生活和传统习惯的准则。文化的超时代性还表现在有些具有鲜明时代痕迹的文化能够超越其产生的时代，而在新的时代和新时代文化共存并构成新旧文化的冲突。新旧文化冲突时，如果人们掌握了新文化某种制度或实践主体的意义，就会接受新文化。

4. 文化的象征性与传递性

（1）文化的象征性：文化的象征性指文化现象总是具有广泛的意义，其意义一般会超出文化现象所直接指向的狭小的范围。例如，白颜色本来只是一种颜色，但当人们把白颜色作为一种文化因素时，它便有了广泛的象征性，如白旗意味着投降，白衣天使专指护理人员等。文化的象征性普遍及于社会生活的各个方面，人的社会化过程中的一个很大部分就是学习文化象征性的过程。

（2）文化的传递性：指文化一经产生就会被世人模仿和利用。传递有两个方面：纵向传递和横向传递。纵向传递是将文化一代一代传递下去；横向传递是指在不同地域、民族之间的传播。例如：中国饮食文化进行了纵向和横向传递。

（四）文化的分类

1. 硬文化　是指文化中看得见、摸得着的部分，如物质财富。硬文化是文化的物质外壳，即文化的表层结构。在文化的冲突中，相对来说，文化的表层结构较易随着冲突而改变自身。

2. 软文化　指活动方式与精神产品。是文化的深层结构。在文化的冲突中，相对来说，文化的深层结构则不易在冲突中改变，而最难改变的是深层结构中的"心理沉淀"部分。

心 理 沉 淀

心理沉淀是文化结构中最深层的文化层面，它是个人长期形成的心理习惯，也是一个民族数代人积淀而成的心理习惯，由于这种积淀在人们心理上形成了一定的观念定势、思维定势、价值标准定势，故积重而难返；其次，对于外来文化，人们最易理解和接受的也是外来文化的表层结构，即硬文化部分，而对于其深层结构，即软文化部分，则不易理解和接受。例如，西方人较易接受中国人发明的火药和火药制造出来的鞭炮，但对于中国人用鞭炮驱鬼辟邪的行为，即文化的心理内涵则难以理解和接受。

（五）文化的功能

1. 文化是社会或民族分界的标志　在不同国家、民族或群体之间，文化表现出来的本质区别要比肤色、地域、疆界等深刻得多。例如：中国和美国在"价值观"方面表现出来的文化差异为中国人强调集体主义、集体成就，而美国人强调个人主义和个人成就。

2. 文化使社会有了系统的行为规范　文化使一个社会的行为规范、观念更为系统化，文化集合解释着一个社会的全部价值观和规范体系，如风俗、道德、法律、价值观念等。

3. 文化使社会团结有了重要的基础　文化使社会形成一个整体，这也称为文化的整合功能。社会上的各种文化机构都从不同的侧面维持着社会的团结和安定。例如：政治机构实现着社会控制，协调着群体利益；教育机构培养着社会成员，使之更符合社会需要；军队保证着社会的安定等。

4. 文化塑造了社会的人　没有人出生时就带有特定的文化特色，但具有学习文化、接受文化的能力，从而促进了个性的形成于发展，个体掌握生活技能，培养完美的自我观念和社会角色，并传递社会文化。

考点提示：文化的概念、文化的模式、文化的特征、文化的功能

二、文化休克

（一）文化休克的概念

文化休克（culture shock）又译为"文化震惊""文化震撼"，1958年，由美国人类学家奥博格提出，特指生活在某一文化环境中的人初次进入到另一种不熟悉的文化环境，因失去自己熟悉的所有社会交流的符号与手段所产生的思想混乱与心理上的精神紧张综合征。例如，当一个长期适应与自己本土文化的人突然到了不同的民族、社会群体中或地区甚至国家等新的文化环境中时，常常会在一段时间内出现迷失、疑惑、排斥甚至恐惧的感觉等文化休克现象。

案例9-2

患儿，小萌萌，7岁，门诊以鼻衄收入院。面色苍白，乏力，头晕，骨髓穿刺检查提示为再生性障碍性贫血。为防止交叉感染，小萌萌需要隔离治疗。

问题：
1. 小萌萌的情况容易引起文化休克吗？
2. 如何预防？

（二）引起文化休克的原因

引起文化休克的主要因素是突然从一个熟悉的环境到了另一个陌生的环境，从而在以下几个方面产生问题。

1. 沟通交流　沟通是人与人之间、人与群体之间思想与感情的传递和反馈的过程，包括语言沟通和非语言沟通。沟通的发生通常会受到文化背景或某种情景的影响。不同的文化背景下，同样的内容可能会有不同的含义，脱离了文化背景来理解沟通的内容往往会产生误解。

2. 日常生活活动差异　每一个人都有自己规律的日常生活活动，当一个人改变了文化环境时，其日常生活活动、生活习惯将会发生变化，需要去适应新环境下的文化模式，往往会使人产生挫折感。新环境下的住宿、交通工具、作息制度、工作环境等都需要人们花费时间和精力去适应，有时会给人们增加烦恼，从而引起文化休克。

3. 孤独　孤独往往伴随着沟通交流而来。主要是对新环境感到生疏，又与亲人或熟悉的朋友分离或语言不通，因而倍感孤独、无助，产生焦虑和对新环境的恐惧。

4. 风俗习惯　不同文化背景的人都有不同的风俗习惯，一旦改变了文化环境，必须去适应新环境中的风俗习惯、风土人情。新环境中的饮食、服饰、待客、居住、消费等习俗可能与自身原有的文化环境不同，但又必须去了解和接受。

5. 态度和信仰　态度是人们在长期的生活中通过与他人的相互作用、通过社会文化环境的不断影响而逐步形成的对事物的评价和倾向。信仰是对某种主张或主意的极度信任，并以此作为自己行动的指南。信仰主要表现在宗教信仰上。态度、信仰、人生的价值观和人的行为在每一个文化群体之间都是不同的，受自身环境的文化模式的影响。

以上造成个体文化休克的五个因素使个体对变化必须做出适应和调整。当同时出现的因

素越多、越强烈时，个体产生文化休克的强度越明显。

> **风俗习惯与文化休克**
> 许多中国人一想起奶酪的滋味就难以忍受，对把蚯蚓等昆虫当饭吃感到恶心，但有些民族却把它们视为美味。这些文化的差异会使人短时间内难以接受，从而出现文化休克。

（三）文化休克的分期

当一个人离开熟悉的进入陌生的文化环境时，常常经历以下四期的变化历程。

1. **兴奋期** 当一个人刚刚到达一个渴望到达的新环境时，被新环境中的人文景观和意识形态所吸引，对一切事物都会感到新奇，此时人们往往渴望了解新环境中的风俗习惯、语言行为等，并希望能够顺利开展活动，进行工作。此期的主要表现是兴奋。例如：一般的旅游者到一个人陌生的地方或国家时往往会有此期的表现。

2. **意识期** 此期个体的好奇、兴奋感已经消失，开始意识到自己要在新的环境中作长时间的停留，他必须改变自己以往的生活习惯。此时，个体原有的文化价值观念与其所处新环境的文化价值观念标准产生文化冲突，个人的信仰、角色、行为、自我形象和自我概念等会受到挫伤。尤其当原定计划无法正常实施、遭遇挫折时，个人会感到孤独，思念熟悉环境中的亲人、朋友，会感觉新环境中的一切都不如自己熟悉的旧环境，会有退缩、发怒和沮丧等表现。此期是文化休克综合征中最严重也是最难度过的一期。

3. **转变期** 此期个人开始学习、适应新环境中的文化模式，逐渐了解、熟悉新环境中的"硬文化"和"软文化"，采取一定的方式，如参加日常生活活动、庆祝活动等去修复自我，对发生的文化冲突不再认为是对自我的伤害。此期开始解决文化冲突问题。

4. **接受期** 此期个人已完全接受新环境中的文化模式，建立起符合新文化环境要求的行为、习惯、价值观念、审美意识等。认为新环境和以往旧环境一样令人舒适和满意，在新环境中有安全感，一旦需要再次离开新环境回到旧环境中，又会重新经历一次新的文化休克。例如：我国许多早年移居国外的移民都处在此期，如再返故里，反而会产生文化休克。

（四）文化休克的表现

随着个体所处的文化休克的时期不同而有不同的表现，一般具有以下表现：

1. **焦虑** 指个体处于一种模糊的不适感中，是自主神经系统对非特异性或未知威胁的一种反应。焦虑有以下表现：

（1）生理表现：坐立不安、失眠、疲乏、声音发颤、手颤抖、出汗、面部紧张、瞳孔散大、缺乏目光的接触、尿频、恶心呕吐、特别动作增加（如反复洗手、喝水、进食、抽烟等）、心率增快、呼吸频率增加、血压升高。

（2）情感表现：自诉不安，缺乏自信、警惕性增强、忧虑、持续增加的无助感、悔恨、过度兴奋、容易激动、爱发脾气、哭泣、自责和谴责他人，常注意过去而不关心现在和未来，害怕出现意料不到的结果。

（3）认知表现：心神不安，思想不能集中，对周围环境缺乏注意，健忘或思维中断。

2. **恐惧** 恐惧指个体处于一种被证实的、有明确来源的恐怖感中。文化休克时恐惧的主要表现：躲避、注意力和控制缺陷。个体自诉心神不安、恐慌，有哭泣、警惕、逃避的行为，冲动型行为和提问次数增加，疲乏、失眠、出汗、晕厥、夜间噩梦、尿频、尿急、腹泻、口腔或喉咙部干燥、面部发红或苍白、呼吸短促、血压升高等。

3. **沮丧** 由于对陌生环境的不适因而产生的失望、悲伤等情感。

（1）生理表现：胃肠功能衰退，出现食欲减退、体重下降、便秘等问题。

（2）情感表现：忧愁、懊丧、哭泣、退缩、偏见或敌对。

4. 绝望　绝望指个体主观认为个人没有选择或选择有限，以致不能发挥自己的力量。面临文化休克时，个人认为走投无路，表现为凡事出于被动状态，说话减少，情绪低落，对刺激的反应减少，感情淡漠，不愿理睬别人，被动参加活动或根本不参与活动，对以往的价值观失去信念，生理功能低下。

（五）影响文化休克的因素

1. 个人的健康情况　在应对文化冲突造成的压力时，身心健康的人应对能力强于身心衰弱的个体。

2. 年龄　处于学习阶段，生活方式、习惯尚未成型的儿童对生活形式改变适应较快，应对文化休克的困难较少，异常表现也较轻。相反，年龄越大，已习惯的文化模式越难改变，不会轻易放弃熟悉的文化模式而去学习新的文化模式。

3. 以往应对生活的经历　一个以往生活变化较多，并能够对各种变化很好适应的人，在应对文化休克时较生活上缺乏变化的人困难要少，文化休克的症状也较轻。

（六）文化休克的预防

1. 提前熟悉新环境中的文化模式　在进入新环境之前，应提前了解、熟悉新环境中的各种文化模式，预防文化冲突时突然产生的文化休克。

2. 主动接触新文化环境中的文化模式　进入新环境之后，应尽快接触、理解新的文化模式。在两种不同的文化发生冲突时，如果人们理解新环境中文化现象的主体，就会较快接受这一文化模式。

3. 寻找有力的支持系统　在文化冲突中产生文化休克时，个人应积极寻求可靠、有力的支持系统，即正规的支持系统，包括有关的政府组织或团体和非正式的支持系统包括亲属、朋友和宗教团体。

> 考点提示：
> 文化休克的概念、文化休克的表现、引起文化休克的原因及预防

第2节　文化与护理的关系

护理专业是为他人服务的专业，在为人群出现生理、心理或精神问题寻求帮助时，护理人员要理解患者对健康、疾病的文化信仰和价值观念。不同民族、不同地域的人们都有自己特殊的习惯模式、语言和家庭生活模式、对疾病的应对模式，只有结合他们的文化模式做出全面的护理评估，才能提供个体化的整体护理。因此，护理人员要明确文化背景对护理的影响。

一、文化背景可成为影响疾病发生的原因

文化中的价值观念、态度或生活方式，可以直接或间接地影响某些疾病的发生。我国西北地区的人以豪饮为荣，以酒交友、待客，劝酒不饮被认为是无礼行为，结果乙醇成瘾和慢性乙醇中毒性精神障碍的发病率高于其他地区。我国是一个幅员辽阔的多民族国家，由于社会、历史、交通、自然条件等因素的制约，不同地区经济、科技、医药等发展水平不同，也使疾病的发生原因不同，例如有些少数民族地区近亲婚配，发育迟滞和精神分裂症等遗传病发率较高。

二、文化背景影响患者对疾病的反应

不同文化背景的患者对同一种疾病、病程发展的不同阶段反应不同。性别、教育程度、

家庭支持等文化背景会影响患者对疾病的反应。

（一）性别的影响

确诊癌症后，女性患者比男性患者的反应更加积极。因为中国文化要求女性贤惠、宽容，而只有心理稳定、能够容忍委屈和打击才能做到贤惠和宽容，所以当女性遭受癌症的打击时，能够承受由此产生的痛苦和压力，表现出情绪稳定和积极态度。而社会要求男性挑起家庭和社会的重担，当面临癌症时，男性认为自己没有能力为家庭和社会工作，从而产生内疚和无用感，感到悲观和失望。

（二）教育程度

教育程度也会影响患者对疾病的反应。一般情况下，教育程度高的人患病后能够积极主动地寻求相关信息，了解疾病的原因、治疗和护理效果；教育程度低的人认为治疗和护理是医务人员的事情，与己无关。

三、文化背景影响患者的就医方式

文化背景和就医方式有密切关系。个人遭遇生理上、心理上或精神上的问题，如何就医、寻找何种医疗系统、以何种方式诉说困难和问题、如何依靠家人或他人来获得支持、关心、帮助等一系列就医行为，常常受社会与文化的影响。

（一）宗教观念

宗教观念影响着人们的就医行为。例如，我国某些少数民族信奉的宗教认为疾病是鬼神附体或被人诅咒，所以对患者的治疗首先请宗教领袖或巫医"念经"或"驱鬼"，祈求真主保佑患者免除灾难。当上述措施无效，病情严重时才送到医院救治。

（二）经济条件

患者的经济条件会影响患者的就医方式。经济条件好的人出现健康问题后会立即就医，而经济条件较差的人则会忍受疾病的痛苦而不去就医。

四、文化影响人们对死亡的认识

死亡是生命的终结，而对生命终结的认识与社会文化密切相关。中国传统文化对死亡的观点：一方面是中国传统的死亡心态文化，包括死亡心理文化和死亡意识文化。例如，对待死亡的态度、临终时所关心的事情、对待自杀的态度、死亡价值观等。另一方面是中国传统的死亡行为文化，包括不同民族的居丧习俗（如临终关怀习俗、哭丧习俗）、不同民族的埋葬方式（如土葬、火葬、水葬等）以及不同的埋葬制度、丧礼及丧服制度。

第3节 莱宁格的跨文化护理理论

一、理论的形成

莱宁格理论又称跨文化护理理论。在20世纪50年代中期，从事人类文化护理研究的护理专家莱宁格（MA. deleine Leininger）在"儿童指导之家"工作时，与这些儿童和双亲接触，通过对这些儿童的行为观察发现，儿童中反复出现的行为差异是由于不同的文化背景所造成的。这次经历及其后的系统性研究，使她成为获得人类学博士学位的第一位专业护理人员，并创立了"跨文化护理理论"。其理论前提是具有各种文化的人们不仅了解并且规定了他们理解和解释护理保健的方法，而且把这些经验和理论与他们的一般健康观念和实践联系起来。

二、理论的基本内容

（一）文化照顾是人类生存的必需条件

文化照顾是人的一种天性，是人类文化社会形成、生存、发展壮大的基础及必需条件。

1. 照顾　是帮助、支持或促能性（指对已经丧失某种功能的人，进行促进恢复或加强能力的帮助）行为有关的现象。这些行为是为改善和促进另一个体（或群体）的健康状况或生活方式的一些需要而产生的。莱宁格认为照顾在护理学中是占统治地位的。没有照顾，治疗就不能有效地进行；而没有治疗，照顾却可以有效地进行。

2. 文化照顾　用一些已被理智地认识了的道德价值观、信念和已定型的表达方式，提供帮助、支持或使另一个个体（或群体）维持健康、改善生活方式或面对死亡和残疾。

（二）世界上不同文化的民族具有文化照顾的共性和特性

不同文化背景的人有不同的照顾体验，因而就会形成这种文化所特有的一种照顾模式。一种文化中的照顾表达方式可能与另外一种文化有着天壤之别。因此，为患者提供合乎其文化环境的照顾是护理人员的职责之一。

1. 文化照顾差异（特性）　是由人们在对待健康、处境和生活方式的改善或面对死亡的文化中所衍生的一些对照顾的各种不同意义、价值、型态和标志。

2. 文化照顾的共性　是由人们在对待健康、处境和生活方式的改善或面对死亡的文化中所衍生的一些对照顾的共同的、相似的或一致的意义、价值、型态和标志。

（三）文化照顾分为普通照顾和专业照顾

专业照顾与普通照顾在意义及表达方式上有很大的区别。

1. 普通照顾　是人类一种天性具体体现，它存在于日常生活中。

2. 专业照顾　是一种有目的的、有意义的专业活动，是一种工作而不是一种属性。专业照顾是那些帮助性、关心性的专业行为，以满足服务对象的需要，从而改善人类的生存条件或生活条件，以利于人类社会的生存及发展。莱宁格认为，护理的本质是文化照顾，照顾是护理的中心思想。照顾是护理活动的原动力，是护理人员为患者提供具有其自身文化背景特点的护理基础。护理照顾体现在护理人员与患者的护患关系中，以及各种各样的护理活动中。

> 考点提示：
> 文化照顾

三、莱宁格理论的目标

莱宁格的跨文化护理理论的目标是为个体、家庭和群体的健康提供文化相应的护理照顾。多元化的护理目标是拓展护理文化内涵，使护理专业和实践理论包括护理观念、护理计划和护理常规都以文化为基础，多元化文化护理将是今后护理理论与实践最重要的领域之一，跨文化护理是护理学的一个亚领域。

第4节　多元文化的护理

多元化的护理是多元文化特征的客观要求。从护理学科理论体系的多元化性看，护理学是以社会科学科、自然学科等学科领域的知识为理论基础的综合性应用学科，其理论的涉及面广，具有多元文化特征。从临床护理类型的多元化性来看，我国存在着西医护理、中医护理和中西医结合护理等临床护理类型，临床护理的多元性充分体现了现代与传统、东方与西方的文化兼容性。从护理职能任务、工作内容的多元化看，现代医学模式和健康理念的提出使护理的工作内容由单一疾病护理转向全面的整体护理，护理的职能范畴包括治疗、预防、保健、康复，这就赋予护理人员教育、管理、研究等多种角色,从而要求护理人员文化知识的全面性、多元性。

一、多元化护理的原则

(一) 综合性原则

在住院部患者的护理过程中可以采取多方面的护理措施,如饮食护理、心理护理、支持护理等综合方法,使患者尽快适应医院的文化环境。

(二) 教育原则

患者在住院期间往往有获得有关疾病信息知识的需求,护理人员应根据患者的文化背景(接受能力、知识水平),有目的、有计划、有步骤地对患者进行健康教育。

(三) 调动原则

文化护理的目的之一就是调动患者的主观能动性和潜在能力,配合患者的文化需求,调动患者的参与意识,使患者积极配合疾病治疗和护理,并能够主动做一些力所能及的自护活动,对疾病预后充满信心。

(四) 疏导原则

在文化护理中,出现文化冲突时,应对患者进行疏导,使其领悟并接受新文化护理。

(五) 整体原则

实施护理时,不仅要考虑到患者本人的因素,还要评估其家庭、社会因素,争取得到各方面的合作、支持和帮助,帮助患者适应医院的文化环境。

二、多元文化护理的策略

(一) 满足患者文化需求的护理策略

文化因素与患者实施的护理活动密切相关。护理措施应结合患者的文化背景,以满足患者的文化需求。

1. 理解患者的求医行为　理解患者对医院、医生、护理人员的看法与态度,结合患者对治疗和护理的期待进行护理。例如,有些患者因缺乏医学知识,认为只要舍得花钱吃药、治疗即可,却轻视护理效果。但临床上存在一些单靠吃药不能完全解决的身心疾病或健康问题,而单纯的药物也改变不了患者情绪和人际关系。因此,护理人员应根据具体情况进行健康教育、辅导和指导,以取得患者同意和合作。

2. 识别患者对疾病的反应　护理人员在实施护理过程中,应动态了解患者的健康问题,以及患者对健康问题的表达和申诉方式。东方文化强调人与人、人与自然之间的和谐。当人们的心理挫折无法表露时,往往把它压抑下来,以"否认""合理化"等防卫机制来应对,或以身体的不适如头痛、胃口不好、胸闷作为求医的原因,但如果进一步询问,大多数患者会描述自己内心的困扰、人际关系和存在的文化冲突。此时,护理人员不应该直接指出患者存在的是心理问题,以免触犯患者对心理疾病的社会否认。护理人员应能够通过对患者进行的临床护理工作与患者建立良好的护患关系,进一步明确患者的社会心理问题,确定发生原因,制定相应的护理措施,与患者及患者家属一起共同完成护理活动,解决文化冲突带来的健康问题。

3. 建立合适文化现象的护患关系　护理人员与患者之间建立的关系既要符合治疗性的护患关系,又要适合"文化"现象的人际关系,需要考虑以下三点。

(1) 及早建立良好的护患关系:在人际关系中,患者把接触的人分成"自己人"和"外人",并区别对待。对"自己人"较信任,畅谈心事,期待关心;对"外人"则不够信赖,保持距离。护理人员的关键在于与患者建立起治疗性的护患关系,尽早成为患者的"自己人",以取得患者的信赖与合作。

(2)理解患者的行为:不少患者由于受到文化的影响,对护理人员持有双重态度,即想依赖和不愿意依赖的复杂心理。患者一方面对护理人员的权威性如经验要求过多,依赖性很强,期望护理人员替自己解除困难;另一方面不一定听从护理人员的意见和安排,同一问题会同时要求医师或其他医务人员解决。护理人员应理解患者对待护理人员的态度和行为,以满足患者的文化需要。

(3)重视患者心理体验和感受:不同文化背景的人对同一问题有不同的解释模式,护理人员不能因为患者使用了与护理人员不同的文化模式来解释事情的发生及健康问题就认为患者荒唐、可笑,甚至认为患者不可理喻而不理睬患者。例如,患者认为自己出现的身体不适,是死亡亲人的"灵魂附身",此时,护理人员要根据患者的年龄、知识结构等文化背景与患者沟通,了解患者的心理与行为,寻求正确的引导方式,科学解决患者的文化冲突与健康问题。

(二)帮助患者适应医院文化环境的策略

患者因为疾患,离开了原来所熟悉的工作环境及生活环境而进入陌生的医院环境,可能会出现不同程度的文化休克。我国是多民族的国家,由于人们所处的社会环境和文化背景不同,生活方式、信仰、道德、价值取向也不同。在健康服务系统里,护理人员是帮助患者减轻、解除文化休克最重要的成员,也是帮助患者尽快适应医院文化环境的专业人员。因此,护理人员在护理过程中应尊重不同文化背景患者的要求、健康-疾病的观念、信仰和行为方式,向患者提供多层次、多体系、多方位、高水平、有效的护理服务,以预防和减轻住院患者的文化休克,使其适应医院新的文化环境。

1. 帮助患者尽快熟悉医院环境　通过入院介绍使患者尽快了解和熟悉医院、病区、病室的环境、设备、工作人员、医院的规章制度等医院的文化环境(物理环境及人文社会环境)。

2. 建立良好的护患关系　护理人员应了解沟通交流中文化的差异,使用语言和非语言的沟通技巧建立良好的护患关系,帮助患者预防和减轻住院引起的文化休克。在医院的环境中,护理人员使用医学术语,如医学诊断的名称、化验检查报告、治疗护理过程中的简称等,可能造成患者与医务人员之间沟通交流的障碍。如备皮、灌肠、导尿、胃肠减压、闭式引流、空肠造瘘、房缺、胆囊造影等医学名词常使患者对自己的疾病诊断及检查结果迷惑不解,感到恐慌,甚至产生误解,加重了患者的文化休克。医护人员应当以通俗的语言加以解释,消除患者对术语造成疑虑,增进对自己疾病状态的了解。

3. 尊重患者的风俗习惯

(1)饮食方面:我国满族、锡伯族禁食狗肉;蒙古族禁食牛肉;回族、塔吉克族、维吾尔族等民族信仰伊斯兰教,禁食猪肉,每年斋戒期间从黎明到日落禁止进食和饮水。了解民族特殊的饮食习惯,避免因医务人员而造成的文化冲突。

(2)特殊忌讳:南方人忌讳数字"4",认为是"死"的谐音,不吉利,所以在安排床位上尽量避开患者所忌讳的数字。

(3)民族习俗:有的民族术前不宜剃阴毛;有的民族手术前要进行祈祷等。此外,在病情观察、病痛护理、悲伤表达方式、临终护理和尸体料理等方面要尊重患者的文化模式。例如,应对信仰伊斯兰教的患者尸体要进行特殊的洗浴。不同性别的人表现悲伤方式不同,男人多保持沉默来怀念死者,女人则哭泣并需要别人安慰和支持。

(4)寻找支持系统:家庭是患者的一个重要支持系统,因此,护理人员应了解患者的家庭结构、家庭功能,亲子关系、教育方式等情况,利用家庭的力量预防文化休克。例如,对

考点提示：
多元化护理的原则，帮助患者适应医院文化环境的策略

住院儿童的护理中，可充分利用父母的爱心和责任心，依靠他们帮助住院儿童克服孤独感，表达感情和困难，应对及解决问题。

（5）注意价值观的差异：同民族和不同文化背景下，产生不同的生活方式、信仰、价值观念，护理人员应注意不同文化背景患者的价值观念差异。例如，在道德观念上，中国主张"孝道"，对住院的老年人往往照顾得无微不至，为了尽孝，包揽了所有的生活护理，却使老年人丧失了自我、自立，作为护理人员应顺应老年患者及患者家属的价值观念，满足他们的自尊心和愿望。

（6）遵循文化护理的原则：住院患者以综合性原则、教育原则、调动原则、疏导原则、整体原则进行文化护理。

加强护理工作中多种文化的学习与运用，主动探寻多元文化在日常护理中的意义，避免文化休克、文化冲突的出现，力求对患者提供全方位照顾。

单项选择题

1. 下列哪项不属于文化的特征（　　）
   A. 地域性　　　　B. 排他性
   C. 象征性　　　　D. 传递性
   E. 时代性

2. 一个人到陌生的环境中生活（出国），由于语言、风俗习惯、信仰、社会价值观念等方面引起的心理冲突，这种改变属于（　　）
   A. 躯体性疾病　　B. 心理上疾病
   C. 社会现象　　　D. 文化休克
   E. 精神疾病

3. 文化护理的目的之一体现在（　　）
   A. 让患者懂得医疗知识
   B. 可调动患者的主观能动性和潜在能力
   C. 让患者听懂医学术语
   D. 让患者懂文明礼貌
   E. 让患者避免出现文化休克

4. 理解患者的求医行为护理方法是（　　）
   A. 认真听取患者的意见
   B. 不与患者发生冲突
   C. 不出现医疗护理差错
   D. 操作前给患者做好解释工作
   E. 结合患者对治疗和护理的期待进行护理

5. 莱宁格认为，护理的本质是（　　）
   A. 补偿自理缺陷
   B. 帮助患者适应压力
   C. 文化照顾
   D. 首先满足患者的生理需求
   E. 注重满足患者的精神需要

6. 新环境下的住宿、交通工具、作息制度、工作环境等都需要人们花费时间和精力去适应，有时会给人们增加烦恼，从而引起文化休克。描述的是引起文化休克的（　　）因素。
   A. 日常生活活动差异
   B. 沟通交流障碍
   C. 孤独感
   D. 风俗习惯改变
   E. 态度和信仰改变

是非题

1. 文化的超地域性就是文化的人类性。（　　）
2. 感觉文化的固有性质以及其与社会的关系不同，文化可分为器物文化、人本文化、信息文化。（　　）
3. 教育程度高的人在病情恶化时，常常抱怨医务人员，并更换求医途径。（　　）
4. 文化一形成就可以为其他地域所接受、吸收和同化。（　　）
5. 转变期个人已完全接受新环境中的文化模式，建立起符合新文化环境要求的行为、习惯、价值观念、审美意识等。（　　）
6. 一个以往生活变化较多，并能够对各种变化很好适应的人，在应对文化休克时困难较少。（　　）

（李　悦）

第10章 临终关怀

> **学习目标**
> 1. 简述临终关怀的兴起和发展、临终关怀的理念及组织形式。
> 2. 说出死亡、临终关怀的概念。
> 3. 概括临终患者的生理变化及护理、临终患者的心理变化及关怀。
> 4. 描述死亡过程的分期。

案例10-1

患者，殷某，女性，58岁，结肠癌。行右半结肠切除术后3年，术后化疗7周。患者现极度消瘦，出现黄疸、腹水、浮肿等肝转移征象，已进入临终状态。
问题：
1. 临终关怀及死亡概念。
2. 死亡标准、过程的分期。

临终关怀是近代医学领域中新兴的一门边缘性交叉学科，是社会的需求和人类文明发展的标志。

第1节 临终关怀概述

一、临 终 关 怀

（一）临终关怀的概念

临终关怀（hospice care）译为"安息护理"或"终末护理"等，中国香港学者称之为"善终服务"，在中国台湾被称为"安宁照顾"。临终关怀是向临终患者及其家属提供一种全面的照料，包括生理、心理、社会等方面，使临终患者的生命得到尊重，症状得到控制，生命质量得到提高，家属的身心健康得到维护和增强，使患者能够无痛苦、安宁、舒适地走完人生的最后旅程。临终关怀是一种服务，也是以临终患者的生理、心理发展和为临终患者提供全面照顾，以减轻患者和家属精神压力为研究对象的一门新兴学科。

考点提示： 临终关怀概念

（二）临终关怀的兴起和发展

古代的临终关怀可以追溯到中世纪西欧的修道院和济贫院，当时那里是为重病濒死者、旅行者提供照顾的场所，使其得到最后的安宁。

现代临终关怀机构创始于20世纪60年代，创始人为桑得斯（D. C. Saunders）博士，1967年7月在英国伦敦希登汉创办了世界上第一所临终关怀院——"圣·克里斯多佛临终关怀院"，使垂危患者在人生旅途的最后阶段得到舒适的照顾，被誉为"点燃了世界临终关怀运动的灯塔"，对世界各国开展临终关怀和研究产生了重要作用和影响。此后相继在美国、法国、日本、加拿大、荷兰、瑞士、挪威、以色列等60多个国家兴起临终关怀服务。

1988年7月，我国天津医学院在美籍华人黄天中博士的资助下，成立了中国第一个临终关怀研究中心，同年10月在上海诞生了我国第一家临终关怀医院——南汇护理院。1993年成立了"中国心理卫生协会临终关怀专业委员会"，1996年正式创办"临终关怀杂志"。以推动临终关怀事业的发展，这也标志着我国已跻身于世界临终关怀研究与实践的行列。此后，在沈阳、北京、南京、河北、西安等地相继建立临终关怀机构，开展临终关怀服务。

（三）临终关怀的理念

1. 以治愈为主的治疗转变为以关怀为主的照护　临终关怀的服务对象是各种疾病晚期的患者，现代医学无法治疗、生命进入最后阶段，对这些患者不是通过治疗使其免于死亡，而是通过全面的身心照护，提供姑息性治疗，控制症状，缓解痛苦，消除焦虑、恐惧心理，获得心理、社会支持，使其得到最后的安宁。因此，临终关怀是以治愈为主的治疗转变为以对症为主的照护，充分体现以人为本，尽量满足患者和家属的愿望和需要。

2. 从延长生命转向提高患者生命质量　临终关怀不是一味强调延长患者生存时间，而以丰富患者有限生命，提高其临终阶段生命质量为宗旨。正确认识和尊重临终患者生命的价值，为临终患者提供一个安静、舒适、有意义、有尊严的生活，让其在有限的时间里，在可控制的病痛中，接受关怀，享受关爱，安详舒适地渡过人生最后的阶段。

3. 尊重临终患者的尊严及权利　临终患者虽然重病缠身，但他们仍是一个完整的人，有思维、意识、情感、个人尊严和权利，患者的个人尊严和权利不因疾病的影响而被剥夺。医护人员应注意尊重和维护患者的尊严与权利，在临终照护中应允许患者保留原有的生活方式，参与医疗和护理方案的制定，尽量满足其合理的要求，保护个人隐私权利等。

4. 注重临终患者家属的心理支持　在对临终患者进行全面照料的同时为临终患者家属提供心理、社会支持，使其做好接受亲人死亡的心理准备，具备接受亲人死亡的承受能力。

（四）临终关怀的组织形式

1. 临终关怀专门机构　具有完善的医疗、护理设备，相应的专业技术人员，为临终患者提供专业化、规范化的临终服务。如上海的南汇护理院。

2. 综合性医院内附设临终关怀病房　在综合医院、肿瘤医院、老年护理院内设立临终关怀病区或病房，利用现有的物质资源，为临终患者提供医疗、护理、生活照料。

3. 居家照料　是以社区为基础，以家庭为单位开展临终关怀服务。一般由临终关怀学术组织联合医院、社区保健机构共同协作进行。医护人员根据患者的病情，每日或每周按需到家中探视，提供临终照护和居家照护。居家照护不仅使患者在最后的日子里能感受到家人的关心和体贴，而且使家属有更多的机会照顾患者。

二、死亡的概念

死亡是生命的必然规律，是生命活动的最后阶段，是指生命活动和新陈代谢的永久终止。临床上，当患者自发呼吸、心跳停止，瞳孔散大且固定，所有反射均消失，心电波平直，是传统判断死亡的标准。

随着医学科学的发展，对自身心肺功能停止的患者，可以借助药物和机器来维持生命。只要大脑功能保持完整性，一切生命活动都有可能恢复。如果大脑出现不可逆的破坏即脑死亡，则提示人的生命已经结束。因此，目前医学界提出以脑死亡作为判断死亡的标准，认为脑死亡后，生命活动将无法逆转。其诊断依据沿用1968年美国哈佛大学在世界第22次医学会上提出的四条标准，即：

1. 不可逆的深度昏迷；
2. 自发呼吸停止；

3. 脑干反射消失；
4. 脑电波消失或平坦。

上述标准 24 小时内反复复查无改变，并排除体温过低及中枢神经抑制剂的影响，即可作出脑死亡诊断。

考点提示：
死亡标准

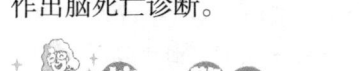

死亡的诊断一定要谨慎，严格按照脑死亡的标准进行诊断，以防止医生滥用职权，"滥杀"生命。脑死亡标准的确立对于现代医学有非常重要的指导意义：准确判断死亡，减少法律纠纷。

三、死亡过程分期

死亡不是生命的骤然结束，而是一个逐渐进展的过程，一般分为三个阶段，即濒死期、临床死亡期和生物学死亡期。

（一）濒死期

濒死期又称临终状态，是死亡过程的开始阶段，各种迹象显示生命即将终结。此时机体各系统的功能严重紊乱，中枢神经系统脑干以上功能处于抑制状态。表现为意识模糊或丧失，各种反射减弱或迟钝，肌张力减退或消失，心跳减弱，血压下降，呼吸微弱或出现潮式呼吸及间断呼吸。此期持续时间的长短与个体的年龄、体质和病情有关，生命处于可逆阶段，若得到及时有效的抢救治疗，生命可复苏；反之，进入临床死亡期。有些猝死的患者，因心跳、呼吸骤停，则无明显的濒死期而直接进入临床死亡期。

（二）临床死亡期

又称躯体死亡或个体死亡。此期主要特点为中枢神经系统抑制达到大脑皮质以下部位，延髓处于极度抑制和功能丧失状态。表现为心跳、呼吸完全停止，瞳孔散大，各种反射消失，但各种组织细胞仍有微弱而短暂的代谢活动。一般条件下，持续时间为 5~6 分钟，超过这个时间，大脑将发生不可逆的变化；但在低温条件下，尤其是头部降温，脑耗氧量降低时，临床死亡期可延长至 1 小时或更久。此期由于重要器官的代谢活动尚未停止，如对失血、窒息、触电等致死的患者给予积极有效的抢救措施，仍有生还的可能。

（三）生物学死亡期

又称全脑死亡、细胞死亡或分子死亡，是死亡过程的最后阶段。这时从大脑皮质开始，整个神经系统以及各器官的新陈代谢相继停止，并出现不可逆的变化，机体已不能复活。随着生物学死亡期的进展，相继出现尸冷、尸斑、尸僵和尸体腐败等现象。

尸冷即死亡后体内产热停止，散热继续，尸体温度逐渐降低，它是最先出现的尸体现象；尸斑指个体死亡后血液循环停止，血液向身体的最低部位坠积，该处皮肤呈现暗红色斑块或条纹，出现的时间是死亡后 2~4 小时；尸僵是尸体肌肉僵硬，并使关节固定，多从小块肌肉开始，一般在死后 1~3 小时开始出现，4~6 小时扩展到全身，12~16 小时发展至高峰；尸体腐败指死亡后机体组织的蛋白质、脂肪和碳水化合物因腐败细菌的作用而分解的过程，一般出现在死亡后 24 小时。

考点提示：
死亡的分期

安乐死

安乐死指对无法救治的患者停止治疗或使用药物，让患者无痛苦地死去。"安乐死"一词源于希腊文，意思是"幸福"的死亡。它包括两层含义，一是安乐的无痛苦死亡；二是无痛致死术。我国的定义安乐死是指患不治之症的患者在危重濒死状态时，由于精神和躯体的极端痛苦，在患者及其亲友的要求下，经过医生的认可，停止无望的救治或用人为的方法使患者在无痛苦的状态下度过死亡阶段而终结生命的全过程。根据采取的方式不同，可以分为主动（积极）安乐死和被动（消极）安乐死两种形式。主动（积极）安乐死是指采取某种人为的措施主动结束患者的生命；被动（消极）安乐死是指终止维持濒死患者生命的措施，致其自然死亡。安乐死的提出反映了人类无痛苦死亡的愿望，对生命质量的重视和对人选择死亡方式权利的尊重，并有利于卫生资源的合理应用。安乐死的问题不限于医学范畴，它涉及社会经济、伦理道德、传统习惯、哲学法律、宗教信仰、人的价值观等一系列问题，因而在世界范围内引起广泛关注，围绕医生试行安乐死是否有悖于医学目的和使命，患者在道德上是否具有选择安乐死的权利等，长期存在着激烈的争议。

安乐死在我国尚未获得法律的认可，护理人员不能以任何理由实施安乐死。

第2节 临终患者和家属的关怀

案例10-2

患者，苏某，男性，68岁。患慢性乙型肝炎20余年。出现上腹痛，腹水、乏力2个月，近来症状加重而入院，经检查诊断为：原发性肝癌并发肺转移。本人详知病情，拒绝治疗，病情恶化，进入临终状态。

问题：
1. 临终患者的生理和心理变化。
2. 如何对临终患者和家属进行关怀？

一、临终患者的生理变化和护理

（一）临终患者的生理变化

1. **肌肉张力丧失** 表现为大小便失禁，吞咽困难，肢体软弱无力，不能自主活动，无法维持舒适姿势或防护性体位。

2. **胃肠道蠕动逐渐减弱** 患者可出现食欲缺乏、呃逆、恶心、呕吐、腹胀，因而进食进水量减少，并可出现口干、口腔黏膜病变，严重者出现脱水；还可发生大小便失禁或便秘、尿潴留。

3. **循环功能减退** 表现为皮肤苍白、发绀或冷汗，四肢冰冷、脉搏细速、不规则，逐渐变弱至消失，血压下降甚至测不出等。

4. 呼吸功能减退　表现为呼吸频率由快变慢，呼吸深度由深变浅，出现潮式呼吸、间断呼吸、张口呼吸等，由于分泌物在支气管内潴留，出现痰鸣音及鼾声呼吸，最终呼吸停止。

5. 感知觉、意识改变　患者视物逐渐模糊，而后仅有光感或视力丧失，听力通常最后消失。若病变未侵犯中枢神经系统，患者可始终保持神志清醒，若病变在脑部，则很快出现嗜睡、意识模糊、昏睡或昏迷，有的患者表现为谵妄及定向障碍。

6. 疼痛　表现为烦躁不安，血压及心率改变，呼吸增快或减慢，瞳孔放大，疼痛面容（五官扭曲、眉头紧锁、眼睛睁大或紧闭、双眼无神、咬牙）。

7. 临近死亡的体征　瞳孔散大，各种反射逐渐消失，肌张力减退、丧失，脉搏快而弱，血压降低，呼吸急促、困难、出现潮式呼吸，皮肤湿冷。通常呼吸先停止，随后心跳停止。

听力是人体最后消失的感觉，在患者意识丧失，昏迷的状态下，但听觉依然存在。护士在护理临终患者时无论患者神志是否清醒，切忌在患者面前谈论影响患者自尊的话题，在执行各项操作时，即使患者不能回应，也要及时与患者解释、沟通。要注意尊重患者，既要尊重患者的生命，也要尊重患者的人格。

（二）临终患者的护理

对临终患者躯体护理的目的是了解和协助患者解决各种生理需要、控制疼痛，减轻痛苦，尽可能使患者处于舒适状态，提高临终生活质量。

1. 促进患者舒适

（1）帮助患者维持良好、舒适的体位，定时翻身，更换体位，避免某一部位长期受压，促进血液循环。

（2）加强皮肤护理，以防发生压疮。大小便失禁者，注意会阴、肛门附近皮肤的清洁、干燥，必要时留置导尿；大量出汗时，应及时擦洗干净，勤换衣裤；床单保持清洁、干燥、平整、无碎屑。

（3）重视口腔护理，晨起、餐后、睡前协助患者漱口，保持口腔清洁卫生；口唇干裂者可涂液状石蜡，有溃疡或真菌感染者酌情涂药；口唇干燥者可适量喂水，也可用湿棉签湿润口唇或用湿纱布覆盖口唇。

2. 增进食欲，加强营养　护士应主动向患者和家属解释恶心、呕吐的原因，以减少其焦虑。告知家属注意食物的色、香、味，少量多餐，以减轻恶心，增进食欲。给予流质或半流质饮食，便于患者吞咽。必要时采用鼻饲法或完全胃肠外营养，保证患者营养供给。加强监测，观察患者水、电解质指标及营养状况。

3. 促进血液循环　观察体温、脉搏、呼吸、血压、皮肤色泽和温度；患者四肢冰冷不适时，可提高室温，注意保暖，必要时给予热水袋。

4. 改善呼吸功能

（1）保持室内空气新鲜，定时通风换气。

（2）神志清醒者，采用半卧位，以扩大胸腔容量，减少回心血量，改善呼吸困难。昏迷者，采用仰卧位头偏向一侧或侧卧位，防止呼吸道分泌物误入气管引起窒息或肺部并发症。

（3）必要时给患者吸出痰液，保持呼吸道通畅。

（4）视呼吸困难程度给予吸氧，纠正缺氧状态，改善呼吸功能。

5. 减轻感、知觉改变的影响

（1）提供舒适的环境。环境安静、空气新鲜、通风良好、有一定的保暖设施、适宜的照明，避免临终患者视觉模糊产生害怕、恐惧心理，增加安全感。

（2）及时用湿纱布拭去眼部分泌物，如患者眼睑不能闭合，可涂金霉素、红霉素眼膏或覆盖凡士林纱布，以保护角膜，防止角膜干燥发生溃疡或结膜炎。

（3）护理工作中，护士应避免在患者周围窃窃私语，以免增加患者的焦虑。可采用触摸患者的非语言交流方式，配合温和的语调、清晰的语言交谈，使临终者感到即使在生命的最后时刻，并不孤独。

6. 减轻疼痛　若为晚期肿瘤患者，临终前常伴有疼痛。

（1）护理中应注意观察疼痛的性质、部位、程度及持续时间。

考点提示：
临终患者的生理变化和护理

（2）协助患者选择减轻疼痛的有效方法。若患者选择药物止痛，可采用 WHO 推荐的三步阶梯疗法控制疼痛。注意观察用药后的反应，把握好用药的时间，选择恰当的剂量和给药方式，达到控制疼痛的目的。

> **世界卫生组织（WHO）推荐的控制疼痛的三步阶梯疗法**
> 第一步止痛，选用非麻醉性镇痛药，如阿司匹林、对乙酰氨基酚等。
> 第二步止痛，选用弱麻醉性镇痛药，如可待因、强痛定、美沙酮等。
> 第三步止痛，选用强麻醉性镇痛药，如吗啡、哌替啶等。

（3）某些非药物控制方法也能取得一定的镇痛效果，如松弛术、音乐疗法、催眠疗法、针灸疗法等。

（4）护理人员采用同情、安慰、鼓励的方法与患者交谈沟通，稳定患者情绪，并适当引导使其注意力转移，以减轻疼痛。

二、临终患者的心理反应和关怀

（一）临终患者的心理反应

临终患者受躯体疾病的折磨，因为对生的渴望和对死的恐惧，会产生一系列复杂的心理变化。美国医学博士库勒·罗斯经过对 400 多名临终患者的观察及调查研究，提出临终患者通常经历的五个心理反应阶段，即否认期、愤怒期、协议期、忧郁期及接受期。

1. 否认期　当间接或直接听到自己患有不治之症时，几乎所有患者第一反应就是否认："不可能""一定是搞错了"，这就是否认期，一般比较短暂。患者否认病情恶化的事实，以降低不良刺激的影响，有更多的时间来调整自我，面对死亡。患者会迫切求医，抱着侥幸心理，希望是误诊，有些患者甚至会持续否认至死亡。

2. 愤怒期　当患者经过短暂的否认而确定无望时，会愤怒地想"为什么是我？这太不公平了！"于是经常抱怨、挑剔甚至斥责医护人员及亲属，或对医院的制度、治疗等方面表示不满。此期患者常表现为生气、充满怨恨与嫉妒、变得难以接近或不合作。

3. 协议期　承认自己患有不治之症的事实，为了延长生命，患者会提出种种"协议性"的要求，希望能缓解症状，扭转死亡的命运。有些患者认为许愿或做善事能扭转死亡的命运；有些患者则对所做过的错事表示悔恨，变得很和善。此期患者对自己的病情抱有希望，能配合治疗。

4. 忧郁期　通过多种努力，病情日益恶化，患者已充分认识到自己接近死亡，心情极度伤感，表现出极度忧郁和悲哀，产生很强的失落感。此时患者可能很关心死后家人的生活，同时急于交待后事或请求会见亲朋好友，希望有人陪伴照顾。

5. 接受期　经历一段忧郁后，患者对死亡已有准备，极度疲劳衰弱，常处于嗜睡状态，表情淡漠，对周围事物丧失兴趣，平静安详。

临终患者心理反应过程五个阶段不一定按顺序发展，各个阶段因个体差异而有所变化，各阶段持续时间长短也不尽相同。总之，临终患者心理变化十分复杂，需要医护人员认真细致地观察。

考点提示： 临终患者心理变化的五个阶段

（二）临终患者的心理关怀

临终患者的心理关怀是对临终患者护理的重点。患者心理活动不尽一致，因此，护士在工作中应掌握患者千变万化的心理活动，根据不同阶段临终患者的心理变化给予相应的心理关怀。

1. 否认期的关怀　对处于否认期的患者，护士应与患者坦诚沟通，不轻易揭穿患者的防卫机制。认真倾听患者的谈话，维持患者适当的希望，主动表示愿意与患者讨论死亡的话题，顺势诱导，使其逐步面对事实。给予关心和支持，并经常陪伴患者，注意非语言性交流，协助患者满足心理方面需要。

2. 愤怒期的关怀　临终患者的这种"愤怒"，应该看成是正常的适应性反应，是一种求生无望的表现，是发自内心的恐惧和绝望。尽量让患者表达其愤怒，让其有情感宣泄的机会。作为医护人员要充分理解和同情患者，多陪伴患者，并注意保护其自尊心。

3. 协议期的关怀　给予指导和关心，加强护理，尽量满足患者的要求，使患者更好地配合治疗，以减轻痛苦，控制症状。在交谈中，应鼓励患者说出内心的感受，尊重患者的信仰，积极引导，减轻压力。

4. 忧郁期的关怀　给予同情和照顾，经常陪伴患者，允许其用不同方式宣泄情感，给予精神支持，尽量满足患者的合理要求，安排亲朋好友见面、相聚，并尽量让家属陪伴身旁。注意安全，及时观察患者的不良心理反应，预防意外事件的发生。协助和鼓励患者保持身体的清洁与舒适。

5. 接受期的关怀　尊重患者，不要强迫与其交谈，给临终患者一个安静、明亮、单独的环境，减少外界干扰。继续保持对患者的关心、支持，加强生活护理，使其安详、平静地离开人间。

考点提示： 临终患者的心理关怀

三、临终患者家属的关怀

（一）临终患者家属的改变

患者的临终过程也是其家属应激的过程，临终患者常给家属带来生理、心理、社会等方面的压力。医生总是先将患者的病情告知家属，家属知道患者患有绝症或已面临临终状态，首先要承受精神上的打击，表现为不知所措、惊恐等，难以接受即将失去亲人的现实，继而出现难以抑制的悲痛心理过程，行为上表现为四处求医，以求出现奇迹，延长亲人的生命。当患者的死亡已不可避免时，家属心情十分痛苦、烦躁，甚至产生愤怒、怨恨自己的情绪。临终患者家属可出现以下改变：

1. 个人需求的推迟或放弃　家庭中有临终患者，会改变家庭的经济原状，打破平静的生活，摧毁家庭成员的精神支柱。家庭成员在考虑家庭的状况后，会调整自己在家庭中的角色与职责，往往会推迟或放弃一些活动，如生活、就业、学业等。

2. 家庭中角色与职务的调整与再适应　家庭成员需要重新调整角色与职务，以保持家庭的稳定。

3. 压力增加，社会性互动减少　照顾临终患者，消耗了家庭成员许多时间、财力和体力，家庭成员常感到疲惫不堪，正常的工作和社交被打扰。在我国，许多家庭成员选择向患者隐瞒病情，避免患者知道病情后产生不良后果，还要压抑自我的哀伤，加重了家庭成员的心身压力。

（二）临终患者家属的关怀

对临终患者家属护理的目的是与其建立信任关系，向其提供抒发哀伤情绪的机会、提供有关患者病情及照顾的信息与建议、提供支持与关怀。

1. 满足家属照顾患者的需要　1986年费尔斯特和霍克提出濒死患者家属有七大需求：

（1）了解患者病情、照顾等相关问题的发展。

（2）了解临终关怀小组中，哪些人会照顾患者。

（3）参与患者的日常照顾。

（4）知道患者受到临终关怀医疗小组良好的照顾。

（5）被关怀与支持。

（6）了解患者死亡后相关事宜（处理后事）。

（7）了解有关资源：经济补助、社会资源、义工团体等。

2. 鼓励家属表达感情　护理人员要与家属积极沟通，建立良好的关系，取得信任。与家属会谈时，提供安静的环境，耐心倾听，鼓励家属说出内心的感受、遇到的困难；解释临终患者生理和心理变化产生的原因，减少家属疑虑。

3. 指导家属对患者的生活照料　指导、解释、示范有关的护理技术，使家属在照顾亲人的过程中获得慰藉。

4. 协助维持家庭的完整性　协助家属在医院安排日常家庭活动，以增进患者心理调适，保持家庭完整性。如共同进食、娱乐（下棋、看电视）等。

5. 满足家属本身的生理需求　关心体贴家属，帮助其安排陪伴期间的生活，尽量解决实际困难。

目标检测

单项选择题

1. 下列哪一项不符合协议期临终患者表现（　）
   - A. 患者的愤怒逐渐消退
   - B. 患者很和善、很合作
   - C. 患者有侥幸心理，希望是误诊
   - D. 患者认为做善事可以死里逃生
   - E. 患者开始接受自己患了不治之症的事实

2. 患者王某，男，54岁，肺癌广泛转移，病情日趋恶化，患者心情不好，对医务人员工作不满，常对其陪伴亲属发脾气。你认为该患者的心理反应处于何阶段（　）
   - A. 忧郁期　　　　B. 愤怒期
   - C. 协议期　　　　D. 否认期
   - E. 接受期

3. 目前医学界逐渐开始以哪项作为死亡的标准（　）
   - A. 脑死亡　　　　B. 心跳停止
   - C. 呼吸停止　　　D. 各种反射消失
   - E. 瞳孔散大、对光反射消失

4. 临床死亡期的特征为（　）
   - A. 血压、脉搏测不到
   - B. 心跳停止、血压测不到
   - C. 呼吸心跳停止、反射性反应消失
   - D. 呼吸停止、反射性反应消失
   - E. 呼吸停止、瞳孔散大

5. 死亡的三个阶段是（　）
   - A. 心跳停止、呼吸停止、对光反射消失
   - B. 昏迷、心跳停止、呼吸停止
   - C. 濒死、临床死亡、生物学死亡
   - D. 肌力消退、肌张力减退、反射消失
   - E. 尸斑、尸冷、尸僵

是非题

1. 临终关怀可以满足临终患者及家属所有要求，并可以实施安乐死。（　）
2. 临终患者最早出现的心理反应是愤怒期。（　）
3. 死亡的分期分为濒死期、临床死亡期、生物学死亡期三个阶段。（　）
4. 临终关怀的主要目的是延长生命。（　）
5. 脑死亡即全脑死亡，包括大脑、中脑、小脑和脑干的不可逆死亡。（　）

（孟发芬）

参考文献

白继荣. 2000. 护理学基础. 北京：科学出版社
曹志平. 2007. 护理伦理学. 北京：人民卫生出版社
丛亚丽. 2002. 护理伦理学. 北京：北京大学医学出版社
崔炎. 2001. 护理学基础. 北京：人民卫生出版社
冯先琼. 2006. 护理学导论. 北京：人民卫生出版社
姜安丽，范秀珍. 2004. 护理学导论. 北京：人民军医出版社
李小妹. 2001. 护理学导论. 长沙：湖南科学技术出版社
李小妹. 2006. 护理学导论. 北京：人民卫生出版社
李莘，代亚莉. 2008. 护理学概论. 第2版. 北京：科学出版社
李友亮. 2007. 护理学导论. 北京：人民卫生出版社
吕探云. 2006. 健康评估. 北京：人民卫生出版社
潘孟昭. 1999. 护理学导论. 北京：人民卫生出版社
彭幼清. 2004. 护理学导论. 北京：人民卫生出版社
邵阿末. 2003. 护理学概论. 北京：科学出版社
史先辉. 2006. 护理学导论. 北京：科学出版社
徐小兰. 2004. 护理学基础. 北京：高等教育出版社
殷磊. 2002. 护理学基础. 北京：人民卫生出版社
殷磊. 2003. 护理学基础. 北京：人民卫生出版社
余剑珍. 2003. 护理学概论. 北京：科学出版社
余菊芬. 2005. 护理概论与护理技术. 北京：高等教育出版社

附 录

附录1 患者入院护理评估表

（一）一般资料

姓名_____性别_____年龄_____民族_____职业_____籍贯_____婚姻_____文化程度_____叙述者_____联系电话_____联系地址_____联系人_____

收集资料时间_____入院日期_____入院方式_____（步行 扶行 轮椅 平车）主管医师_____责任护理人员_____

入院诊断：_____

主诉+简要现病史：_____

目前主要治疗及用药：_____

既往病史：_____

家族史：原发性高血压、冠心病、糖尿病、肿瘤_____、癫痫、精神病_____、传染病_____、遗传病、其他_____

过敏史：无 有（药物_____食物_____其他_____）

（二）生活状况及自理程度

1. 饮食

基本膳食：普食 软饭 半流 全流 禁食 特殊饮食

食欲：正常 增加 亢进 下降 厌食

近期体重变化：无 增加/下降_____kg/月（原因_____）

其他：_____

2. 睡眠/休息

休息后体力是否容易恢复：是 否（原因_____）

睡眠：正常 入睡困难 易醒 早醒 多梦 噩梦 失眠

辅助睡眠：无 药物 其他方法

其他：_____

3. 排泄

排便：_____次/天 性状_____ 正常/便秘/腹泻/便失禁 造瘘

排尿：_____次/天 颜色_____性状_____尿量_____ml/24小时 尿失禁 尿潴留

4. 烟酒嗜好

吸烟：无 偶尔吸烟 经常吸烟_____年 支/天 已戒_____年

5. 活动

自理：全部 障碍（进食 沐浴/卫生 穿着/修饰 如厕）

步态：稳 不稳（原因_____）

医疗/疾病限制：医嘱卧床 持续静滴 石膏牵引 瘫痪

6. 其他_____

（三）体格检查

T_____℃ P_____次/分 R_____次/分 BP_____mmHg

身高_____cm 体重_____kg

1. 神经系统

意识状态：清醒 意识模糊 嗜睡 瞻望 昏迷

语言表达：清楚 含糊 语言困难 失语

定向能力：准确 障碍(自我 时间 地点 人物)

2. 皮肤黏膜

皮肤颜色：正常 潮红 苍白 发绀 黄染

皮肤温度：温 凉 热

皮肤湿度：正常 潮湿 干燥 多汗

完整性：完整 皮疹 出血点 其他_____

压疮：（Ⅰ/Ⅱ/Ⅲ度）（部位/范围_____）

口腔黏膜：正常 充血 出血点 糜烂溃疡 疱疹 白斑

其他：_____

3. 呼吸系统

呼吸方式：自主呼吸 机械呼吸

节律：规则 异常 频率_____次/分 深浅度：正常 深浅

呼吸困难：无 轻度 中度 重度

咳嗽：无 有

痰：无 容易咳出 不易咳出 痰（色_____量_____黏稠度_____）

其他：_____

4. 循环系统

心律：规则 心律不齐 心率_____次/分

水肿：无 有（部位/程度_____）
其他：_____
5. 消化系统
胃肠道症状：恶心 呕吐（颜色_____性质_____次数_____总量_____）
嗳气 反酸 烧灼感 腹痛（部位/性质_____）
腹部：软 肌紧张 压痛/反跳痛 可触及包块（部位/性质_____）
腹水：（腹围）_____cm
其他：_____
6. 生殖系统
月经：正常 紊乱 痛经 月经量过多 绝经
其他：_____
7. 认知/感受
疼痛：无 有 部位/性质
视力：正常 远/近视 失明（左/右/双侧）
听力：正常 耳鸣 重听 耳聋（左/右/双侧）
触觉：正常 障碍（部位_____）
嗅觉：正常 减弱 缺失
思维过程：正常 注意力分散 远/近期记忆力下降 思维混乱
其他：_____
（四）心理社会方面
1. 情绪状态：镇静 易激动 焦虑 恐惧 悲哀 无反应
2. 就业状态：固定职业 丧失劳动力 失业 待业
3. 沟通：希望与更多人交往 语言交流障碍 不愿与人交往
4. 医疗费用来源：自费 劳保 公费医疗 保险 其他
5. 与亲友关系：和睦 冷淡 紧张
6. 遇到困难最愿向谁倾诉：父母 子女 其他

附录2 护理计划表

日期	理诊断/问题	诊断依据	护理目标	护理措施	措施依据	评价

附录3 NANDA1994年批准在临床使用和检验的按人类反应型态分类的128项护理诊断

型态1：交换（exchanging）
营养失调：高于身体需要量（altered nutrition：more than body requirements）
营养失调：低于身体需要量（altered nutrition：less than body requirements）
营养失调：潜在的高于身体需要量（altered nutrition：potential for more than body requirements）
有感染的危险（risk for infection）
有体温改变的危险（risk for altered body temperature）
体温过低（hypothermia）
体温过高（hyperthermia）
体温调节无效（ineffective thermoregulation）
反射失调（dysreflexia）
便秘（constipation）
感知性便秘（perceived constipation）
结肠性便秘（colonic constipation）
腹泻（diarrhea）
大便失禁（bowel incontinence）
排尿异常（altered urinary elimination）
压迫性尿失禁（stress incontinence）
反射性尿失禁（reflex incontinence）
急迫性尿失禁（urge incontinence）
功能性尿失禁（functional incontinence）

完全性尿失禁（total incontinence）
尿潴留（urinary retention）
组织灌注量改变：（特定型）（肾、脑、心肺、胃肠、外周血管）［altered tissue perfusion（specify type）（renal, cerebral, cardiopulmonary, gastrointestinal, peripheral）］
体液过多（fluid volume excess）
体液不足（fluid volume deficit）
有体液不足的危险（risk for fluid volume deficit）
心排血量减少（decreased cardiac output）
气体交换受损（impaired gas exchange）
清理呼吸道无效（ineffective airway clearance）
低效性呼吸型态（ineffective breathing pattern）
不能维持自主呼吸（inability to sustain spontaneous ventilation）
呼吸机依赖（dysfunctional ventilatory weaning response，DVWR）
有受伤害的危险（risk for injury）
有窒息的危险（risk for suffocation）
有中毒的危险（risk for poisoning）
有外伤的危险（risk for trauma）
有误吸的危险（risk for aspiration）
有失用综合征的危险（risk for disuse syndrome）
保护能力改变（altered protection）
组织完整性受损（impaired tissue integrity）
口腔黏膜改变（altered oral mucous membrane）
皮肤完整性受损（impaired skin integrity）
有皮肤完整性受损的危险（risk for impaired skin integrity）
适应能力下降：颅内的（decreased adaptive capacity：intracranial）
能量场困扰（energy field disturbance）
型态 2：沟通（communicating）
语言沟通障碍（impaired verbal communication）
型态 3：关系（relating）
社交活动障碍（impaired social interaction）
社交孤立（social isolation）
有孤独的危险（risk for loneliness）
角色紊乱（altered role performance）

父母不称职（altered parenting）
有父母不称职的危险（risk for altered parenting）
有亲子依恋改变的危险（risk for altered parent/Infant/child attachment）
性功能障碍（sexual dysfunction）
家庭作用改变（altered family process）
照顾者角色困难（caregiver role strain）
有照顾者角色困难的危险（risk for caregiver role strain）
家庭作用改变：酗酒（altered family process：alcoholism）
父母角色冲突（parental role conflict）
性生活型态改变（altered sexuality patterns）
型态 4：赋予价值（valuing）
精神困扰（spiritual distress）
潜在的精神健康增强（potential for enhanced spiritual well being）
型态 5：选择（choosing）
个人应对无效（ineffective individual coping）
调节障碍（impaired adjustment）
防卫性应对（defensive coping）
无效性否认（ineffective denial）
家庭应对无效：无能性（ineffective family coping：disabling）
家庭应对无效：妥协性（ineffective family coping：compromised）
家庭应对：潜能性（family coping：potential for growth）
潜在的社区应对增强（potential for enhanced community coping）
社区应对无效（ineffective community coping）
执行治疗方案无效：个人（ineffective management of therapeutic regimen：individuals）
不合作（特定的）［noncompliance（specify）］
执行治疗方案无效：家庭（ineffective management of therapeutic regimen：families）
执行治疗方案无效：社区（ineffective management of therapeutic regimen：community）
执行治疗方案有效：个人（effective management of therapeutic regimen：individual）
抉择冲突（特定的）［decisional conflict（specify）］
寻求健康行为（特定的）［health seeking behaviors（specify）］
型态 6：移动（moving）

身体移动障碍（impaired physical mobility）
有周围神经血管功能障碍的危险（risk for peripheral neurovascular dysfunction）
有围手术期受伤的危险（risk for perioperative positioning injury）
活动无耐力（activity intolerance）
疲劳（fatigue）
有活动无耐力的危险（risk for activity intolerance）
睡眠型态紊乱（sleep pattern disturbance）
缺乏娱乐活动（diversional activity deficit）
持家能力障碍（impaired home maintenance management）
保持健康能力改变（altered health maintenance）
进食自理缺陷（feeding self care deficit）
吞咽障碍（impaired swallowing）
母乳喂养无效（ineffective breast feeding）
母乳喂养中断（interrupted breast feeding）
母乳喂养有效（effective breast feeding）
婴儿喂养困难（ineffective infant feeding pattern）
沐浴/卫生自理缺陷（bathing/hygiene self care deficit）
穿着/修饰自理缺陷（dressing/grooming self care deficit）
如厕自理缺陷（toileting self care deficit）
生长发育改变（altered growth and development）
迁居应激综合征（relocation stress syndrome）
有婴儿行为紊乱的危险（risk for disorganized infant behavior）
婴儿行为紊乱（disorganized infant behavior）
潜在的婴儿行为调节增强（potential for enhanced organized infant behavior）
型态7：感知（perceiving）
自我形象紊乱（body image disturbance）
自尊紊乱（self esteem disturbance）
长期性自卑（chronic low self esteem）
情境性自卑（situational low self esteem）
自我认同紊乱（personal identity disturbance）
感知改变（特定的）（视、听、运动、味、触、嗅觉）[sensory/perceptual alterations（specify）（visual, auditory, kine thetic, gustatory, tactile, olfactory）]
单侧感觉丧失（unilateral neglect）
绝望（hopelessness）
无能为力（powerlessness）
型态8：认识（knowing）
知识缺乏（特定的）[knowledge deficit（specify）]
认识环境受损综合征（impaired environmental interpretation syndrome）
急性意识障碍（acute confusion）
慢性意识障碍（chronic confusion）
思维过程改变（altered thought processes）
记忆力障碍（impaired memory）
型态9：感觉（feeling）
疼痛（pain）
慢性疼痛（chronic pain）
功能障碍性悲哀（dysfunctional grieving）
预感性悲哀（anticipatory grieving）
有暴力行为的危险：对自己或他人（risk for violence：self directed or directed at others）
有自伤的危险（risk for self mutilation）
创伤后反应（post trauma response）
强暴创伤综合征（rape trauma syndrome）
强暴创伤综合征：复合反应（rape trauma syndrome：compound reaction）
强暴创伤综合征：沉默反应（rape trauma syndrome：silent reaction）
焦虑（anxiety）
害怕（fear）

附录4　医疗事故处理条例

中华人民共和国国务院令

（第351号）

《医疗事故处理条例》已经2002年2月20日国务院第55次常务会议通过，现予公布，自2002年9月1日起施行。

总理　朱镕基
二〇〇二年四月四日

医疗事故处理条例

第一章　总　则

第一条　为了正确处理医疗事故，保护患者和医疗机构及其医务人员的合法权益，维护医疗秩序，保障医疗安全，促进医学科学的发展，制定本条例。

第二条　本条例所称医疗事故，是指医疗机构及其医务人员在医疗活动中，违反医疗卫生管理法律、行政法规、部门规章和诊疗护理规范、常规，过失造成患者人身损害的事故。

第三条　处理医疗事故，应当遵循公开、公平、公正、及时、便民的原则，坚持实事求是的科学态度，做到事实清楚、定性准确、责任明确、处理恰当。

第四条　根据对患者人身造成的损害程度，医疗事故分为四级：

一级医疗事故：造成患者死亡、重度残疾的；

二级医疗事故：造成患者中度残疾、器官组织损伤导致严重功能障碍的；

三级医疗事故：造成患者轻度残疾、器官组织损伤导致一般功能障碍的；

四级医疗事故：造成患者明显人身损害的其他后果的。

具体分级标准由国务院卫生行政部门制定。

第二章　医疗事故的预防与处置

第五条　医疗机构及其医务人员在医疗活动中，必须严格遵守医疗卫生管理法律、行政法规、部门规章和诊疗护理规范、常规，恪守医疗服务职业道德。

第六条　医疗机构应当对其医务人员进行医疗卫生管理法律、行政法规、部门规章和诊疗护理规范、常规的培训和医疗服务职业道德教育。

第七条　医疗机构应当设置医疗服务质量监控部门或者配备专（兼）职人员，具体负责监督本医疗机构的医务人员的医疗服务工作，检查医务人员执业情况，接受患者对医疗服务的投诉，向其提供咨询服务。

第八条　医疗机构应当按照国务院卫生行政部门规定的要求，书写并妥善保管病历资料。

因抢救急危患者，未能及时书写病历的，有关医务人员应当在抢救结束后6小时内据实补记，并加以注明。

第九条　严禁涂改、伪造、隐匿、销毁或者抢夺病历资料。

第十条　患者有权复印或者复制其门诊病历、住院志、体温单、医嘱单、化验单（检验报告）、医学影像检查资料、特殊检查同意书、手术同意书、手术及麻醉记录单、病理资料、护理记录以及国务院卫生行政部门规定的其他病历资料。

患者依照前款规定要求复印或者复制病历资料的，医疗机构应当提供复印或者复制服务并在复印或者复制的病历资料上加盖证明印记。复印或者复制病历资料时，应当有患者在场。

医疗机构应患者的要求，为其复印或者复制病历资料，可以按照规定收取工本费。具体收费标准由省、自治区、直辖市人民政府价格主管部门会同同级卫生行政部门规定。

第十一条　在医疗活动中，医疗机构及其医务人员应当将患者的病情、医疗措施、医疗风险等如实告知患者，及时解答其咨询；但是，应当避免对患者产生不利后果。

第十二条　医疗机构应当制定防范、处理医疗事故的预案，预防医疗事故的发生，减轻医疗事故的损害。

第十三条　医务人员在医疗活动中发生或者发现医疗事故、可能引起医疗事故的医疗过失行为或者发生医疗事故争议的，应当立即向所在科室负责人报告，科室负责人应当及时向本医疗机构负责医疗服务质量监控的部门或者专（兼）职人员报告；负责医疗服务质量监控的部门或者专（兼）职人员接到报告后，应当立即进行调查、核实，将有关情况如实向本医疗机构的负责人报告，并向患者通报、解释。

第十四条　发生医疗事故的，医疗机构应当按照规定向所在地卫生行政部门报告。

发生下列重大医疗过失行为的，医疗机构应当在12小时内向所在地卫生行政部门报告：

（一）导致患者死亡或者可能为二级以上的医疗事故；

（二）导致3人以上人身损害后果；

（三）国务院卫生行政部门和省、自治区、直辖市人民政府卫生行政部门规定的其他情形。

第十五条　发生或者发现医疗过失行为，医疗机构及其医务人员应当立即采取有效措施，避免或者减轻对患者身体健康的损害，防止损害扩大。

第十六条　发生医疗事故争议时，死亡病例讨论记录、疑难病例讨论记录、上级医师查房记录、会诊意见、病程记录应当在医患双方在场的情况下封存和启封。封存的病历资料可以是复印件，由医疗机构保管。

第十七条　疑似输液、输血、注射、药物等引起不良后果的，医患双方应当共同对现场实物进行封存和启封，封存的现场实物由医疗机构保管；需要检验的，应当由双方共同指定的、依法具有检验资格的检验机构进行检验；双方无法共同指定时，由卫生行政部门指定。

疑似输血引起不良后果，需要对血液进行封存保留的，医疗机构应当通知提供该血液的采供血机构派员到场。

第十八条　患者死亡，医患双方当事人不能确定死因或者对死因有异议的，应当在患者死亡后48小时内进行尸检；具备尸体冻存条件的，可以延长至7日。尸检应当经死者近亲属同意并签字。

尸检应当由按照国家有关规定取得相应资格的机构和病理解剖专业技术人员进行。承担尸检任务的机构和病理解剖专业技术人员有进行尸检的义务。

医疗事故争议双方当事人可以请法医病理学人员参加尸检，也可以委派代表观察尸检过程。拒绝或者拖延尸检，超过规定时间，影响对死因判定的，由拒绝或者拖延的一方承担责任。

第十九条　患者在医疗机构内死亡的，尸体应当立即移放太平间。死者尸体存放时间一般不得超过2周。逾期不处理的尸体，经医疗机构所在地卫生行政部门批准，并报经同级公安部门备案后，由医疗机构按照规定进行处理。

第三章　医疗事故的技术鉴定

第二十条　卫生行政部门接到医疗机构关于重大医疗过失行为的报告或者医疗事故争议当事人要求处理医疗事故争议的申请后，对需要进行医疗事故技术鉴定的，应当交由负责医疗事故技术鉴定工作的医学会组织鉴定；医患双方协商解决医疗事故争议，需要进行医疗事故技术鉴定的，由双方当事人共同委托负责医疗事故技术鉴定工作的医学会组织鉴定。

第二十一条　设区的市级地方医学会和省、自治区、直辖市直接管辖的县（市）地方医学会负责组织首次医疗事故技术鉴定工作。省、自治区、直辖市地方医学会负责组织再次鉴定工作。

必要时，中华医学会可以组织疑难、复杂并在全国有重大影响的医疗事故争议的技术鉴定工作。

第二十二条　当事人对首次医疗事故技术鉴定结论不服的，可以自收到首次鉴定结论之日起15日内向医疗机构所在地卫生行政部门提出再次鉴定的申请。

第二十三条　负责组织医疗事故技术鉴定工作的医学会应当建立专家库。专家库由具备下列条件的医疗卫生专业技术人员组成：

（一）有良好的业务素质和执业品德；

（二）受聘于医疗卫生机构或者医学教学、科研机构并担任相应专业高级技术职务3年以上。

符合前款第（一）项规定条件并具备高级技术任职资格的法医可以受聘进入专家库。

负责组织医疗事故技术鉴定工作的医学会依照本条例规定聘请医疗卫生专业技术人员和法医进入专家库，可以不受行政区域的限制。

第二十四条　医疗事故技术鉴定，由负责组织医疗事故技术鉴定工作的医学会组织专家鉴定组进行。

参加医疗事故技术鉴定的相关专业的专家，由医患双方在医学会主持下从专家库中随机抽取。在特殊情况下，医学会根据医疗事故技术鉴定工作的需要，可以组织医患双方在其他医学会建立的专家库中随机抽取相关专业的专家参加鉴定或者函件咨询。

符合本条例第二十三条规定条件的医疗卫生专业技术人员和法医有义务受聘进入专家库，并承担医疗事故技术鉴定工作。

第二十五条　专家鉴定组进行医疗事故技术鉴定，实行合议制。专家鉴定组人数为单数，涉及的主要学科的专家一般不得少于鉴定组成员的二分之一；涉及死因、伤残等级鉴定的，并应当从专家库中随机抽取法医参加专家鉴定组。

第二十六条　专家鉴定组成员有下列情形之一的，应当回避，当事人也可以口头或者书面的方式申请其回避：

（一）是医疗事故争议当事人或者当事人的近亲属的；

（二）与医疗事故争议有利害关系的；

（三）与医疗事故争议当事人有其他关系，可能影响公正鉴定的。

第二十七条　专家鉴定组依照医疗卫生管理法律、行政法规、部门规章和诊疗护理规范、常规，运用医学科学原理和专业知识，独立进行医疗事故技术鉴定，对医疗事故进行鉴别和判定，为处理医疗事故争议提供医学依据。

任何单位或者个人不得干扰医疗事故技术鉴定工作，不得威胁、利诱、辱骂、殴打专家鉴定组成员。

专家鉴定组成员不得接受双方当事人的财物或者其他利益。

第二十八条　负责组织医疗事故技术鉴定工作的医学会应当自受理医疗事故技术鉴定之日起5日内通知医疗事故争议双方当事人提交进行医疗事故技术鉴定所需的材料。

当事人应当自收到医学会的通知之日起10日内提交有关医疗事故技术鉴定的材料、书面陈述及答辩。医疗机构提交的有关医疗事故技术鉴定的材料应当包括下列内容：

（一）住院患者的病程记录、死亡病例讨论记录、疑难病例讨论记录、会诊意见、上级医师查房记录等病历资料原件；

（二）住院患者的住院志、体温单、医嘱单、化验单（检验报告）、医学影像检查资料、特殊检查同意书、手术同意书、手术及麻醉记录单、病理资料、护理记录等病历资料原件；

（三）抢救急危患者，在规定时间内补记的病历资料原件；

（四）封存保留的输液、注射用物品和血液、药物等实物，或者依法具有检验资格的检验机构对这些物品、实物作出的检验报告；

（五）与医疗事故技术鉴定有关的其他材料。

在医疗机构建有病历档案的门诊、急诊患者，其病历资料由医疗机构提供；没有在医疗机构建立病历档案的，由患者提供。

医患双方应当依照本条例的规定提交相关材料。医疗机构无正当理由未依照本条例的规定如实提供相关材料，导致医疗事故技术鉴定不能进行的，应当承担责任。

第二十九条　负责组织医疗事故技术鉴定工作的医学会应当自接到当事人提交的有关医疗事故技术鉴定的材料、书面陈述及答辩之日起4～5日内组织鉴定并出具医疗事故技术鉴定书。

负责组织医疗事故技术鉴定工作的医学会可以向双方当事人调查取证。

第三十条　专家鉴定组应当认真审查双方当事人提交的材料，听取双方当事人的陈述及答辩并进行核实。

双方当事人应当按照本条例的规定如实提交进行医疗事故技术鉴定所需要的材料，并积极配合调查。当事人任何一方不予配合，影响医疗事故技术鉴定的，由不予配合的一方承担责任。

第三十一条　专家鉴定组应当在事实清楚、证据确凿的基础上，综合分析患者的病情和个体差异，作出鉴定结论，并制作医疗事故技术鉴定书。鉴定结论以专家鉴定组成员的过半数通过。鉴定过程应当如实记载。

医疗事故技术鉴定书应当包括下列主要内容：

（一）双方当事人的基本情况及要求；

（二）当事人提交的材料和负责组织医疗事故技术鉴定工作的医学会的调查材料；

（三）对鉴定过程的说明；

（四）医疗行为是否违反医疗卫生管理法律、行政法规、部门规章和诊疗护理规范、常规；

（五）医疗过失行为与人身损害后果之间是否存在因果关系；

（六）医疗过失行为在医疗事故损害后果中的责任程度；

（七）医疗事故等级；

（八）对医疗事故患者的医疗护理医学建议。

第三十二条　医疗事故技术鉴定办法由国务院卫生行政部门制定。

第三十三条　有下列情形之一的，不属于医疗事故：

（一）在紧急情况下为抢救垂危患者生命而采取紧急医学措施造成不良后果的；

（二）在医疗活动中由于患者病情异常或者患者体质特殊而发生医疗意外的；

（三）在现有医学科学技术条件下，发生无法预料或者不能防范的不良后果的；

（四）无过错输血感染造成不良后果的；

（五）因患方原因延误诊疗导致不良后果的；

（六）因不可抗力造成不良后果的。

第三十四条　医疗事故技术鉴定，可以收取鉴定费用。经鉴定，属于医疗事故的，鉴定费用由医疗机构支付；不属于医疗事故的，鉴定费用由提出医疗事故处理申请的一方支付。鉴定费用标准由省、自治区、直辖市人民政府价格主管部门会同同级财政部门、卫生行政部门规定。

第四章　医疗事故的行政处理与监督

第三十五条　卫生行政部门应当依照本条例和有关法律、行政法规、部门规章的规定，对发生医疗事故的医疗机构和医务人员作出行政处理。

第三十六条　卫生行政部门接到医疗机构关于重大医疗过失行为的报告后，除责令医疗机构及时采取必要的医疗救治措施，防止损害后果扩大外，应当组织调查，判定是否属于医疗事故；对不能判定是否属于医疗事故的，应当依照本条例的有关规定交由负责医疗事故技术鉴定工作的医学会组织鉴定。

第三十七条　发生医疗事故争议，当事人申请卫生行政部门处理的，应当提出书面申请。申请书应当载明申请人的基本情况、有关事实、具体请求及理由等。

当事人自知道或者应当知道其身体健康受到

损害之日起1年内，可以向卫生行政部门提出医疗事故争议处理申请。

第三十八条　发生医疗事故争议，当事人申请卫生行政部门处理的，由医疗机构所在地的县级人民政府卫生行政部门受理。医疗机构所在地是直辖市的，由医疗机构所在地的区、县人民政府卫生行政部门受理。

有下列情形之一的，县级人民政府卫生行政部门应当自接到医疗机构的报告或者当事人提出医疗事故争议处理申请之日起7日内移送上一级人民政府卫生行政部门处理：

（一）患者死亡；

（二）可能为二级以上的医疗事故；

（三）国务院卫生行政部门和省、自治区、直辖市人民政府卫生行政部门规定的其他情形。

第三十九条　卫生行政部门应当自收到医疗事故争议处理申请之日起10日内进行审查，作出是否受理的决定。对符合本条例规定，予以受理，需要进行医疗事故技术鉴定的，应当自作出受理决定之日起5日内将有关材料交由负责医疗事故技术鉴定工作的医学会组织鉴定并书面通知申请人；对不符合本条例规定，不予受理的，应当书面通知申请人并说明理由。

当事人对首次医疗事故技术鉴定结论有异议，申请再次鉴定的，卫生行政部门应当自收到申请之日起7日内交由省、自治区、直辖市地方医学会组织再次鉴定。

第四十条　当事人既向卫生行政部门提出医疗事故争议处理申请，又向人民法院提起诉讼的，卫生行政部门不予受理；卫生行政部门已经受理的，应当终止处理。

第四十一条　卫生行政部门收到负责组织医疗事故技术鉴定工作的医学会出具的医疗事故技术鉴定书后，应当对参加鉴定的人员资格和专业类别、鉴定程序进行审核；必要时，可以组织调查，听取医疗事故争议双方当事人的意见。

第四十二条　卫生行政部门经审核，对符合本条例规定作出的医疗事故技术鉴定结论，应当作为对发生医疗事故的医疗机构和医务人员作出行政处理以及进行医疗事故赔偿调解的依据；经审核，发现医疗事故技术鉴定不符合本条例规定的，应当要求重新鉴定。

第四十三条　医疗事故争议由双方当事人自行协商解决的，医疗机构应当自协商解决之日起7日内向所在地卫生行政部门作出书面报告，并附具协议书。

第四十四条　医疗事故争议经人民法院调解或者判决解决的，医疗机构应当自收到生效的人民法院的调解书或者判决书之日起7日内向所在地卫生行政部门作出书面报告，并附具调解书或者判决书。

第四十五条　县级以上地方人民政府卫生行政部门应当按照规定逐级将当地发生的医疗事故以及依法对发生医疗事故的医疗机构和医务人员作出行政处理的情况，上报国务院卫生行政部门。

第五章　医疗事故的赔偿

第四十六条　发生医疗事故的赔偿等民事责任争议，医患双方可以协商解决；不愿意协商或者协商不成的，当事人可以向卫生行政部门提出调解申请，也可以直接向人民法院提起民事诉讼。

第四十七条　双方当事人协商解决医疗事故的赔偿等民事责任争议的，应当制作协议书。协议书应当载明双方当事人的基本情况和医疗事故的原因、双方当事人共同认定的医疗事故等级以及协商确定的赔偿数额等，并由双方当事人在协议书上签名。

第四十八条　已确定为医疗事故的，卫生行政部门应医疗事故争议双方当事人请求，可以进行医疗事故赔偿调解。调解时，应当遵循当事人双方自愿原则，并应当依据本条例的规定计算赔偿数额。

经调解，双方当事人就赔偿数额达成协议的，制作调解书，双方当事人应当履行；调解不成或者经调解达成协议后一方反悔的，卫生行政部门不再调解。

第四十九条　医疗事故赔偿，应当考虑下列因素，确定具体赔偿数额：

（一）医疗事故等级；

（二）医疗过失行为在医疗事故损害后果中的责任程度；

（三）医疗事故损害后果与患者原有疾病状况之间的关系。

不属于医疗事故的，医疗机构不承担赔偿责任。

第五十条　医疗事故赔偿，按照下列项目和标准计算：

（一）医疗费：按照医疗事故对患者造成的人身损害进行治疗所发生的医疗费用计算，凭据支付，但不包括原发病医疗费用。结案后确实需要继续治疗的，按照基本医疗费用支付。

（二）误工费：患者有固定收入的，按照本人因误工减少的固定收入计算，对收入高于医疗事故发生地上一年度职工年平均工资3倍以上的，按照3倍计算；无固定收入的，按照医疗事故发生地上一年度职工年平均工资计算。

（三）住院伙食补助费：按照医疗事故发生地国家机关一般工作人员的出差伙食补助标准计算。

（四）陪护费：患者住院期间需要专人陪护的，按照医疗事故发生地上一年度职工年平均工资计算。

（五）残疾生活补助费：根据伤残等级，按照医疗事故发生地居民年平均生活费计算，自定残之月起最长赔偿30年；但是，60周岁以上的，不超过15年；70周岁以上的，不超过5年。

（六）残疾用具费：因残疾需要配置补偿功能器具的，凭医疗机构证明，按照普及型器具的费用计算。

（七）丧葬费：按照医疗事故发生地规定的丧葬费补助标准计算。

（八）被扶养人生活费：以死者生前或者残疾者丧失劳动能力前实际扶养且没有劳动能力的人为限，按照其户籍所在地或者居所地居民最低生活保障标准计算。对不满16周岁的，扶养到16周岁。对年满16周岁但无劳动能力的，扶养20年；但是，60周岁以上的，不超过15年；70周岁以上的，不超过5年。

（九）交通费：按照患者实际必需的交通费用计算，凭据支付。

（十）住宿费：按照医疗事故发生地国家机关一般工作人员的出差住宿补助标准计算，凭据支付。

（十一）精神损害抚慰金：按照医疗事故发生地居民年平均生活费计算。造成患者死亡的，赔偿年限最长不超过6年；造成患者残疾的，赔偿年限最长不超过3年。

第五十一条　参加医疗事故处理的患者近亲属所需交通费、误工费、住宿费，参照本条例第五十条的有关规定计算，计算费用的人数不超过2人。

医疗事故造成患者死亡的，参加丧葬活动的患者的配偶和直系亲属所需交通费、误工费、住宿费，参照本条例第五十条的有关规定计算，计算费用的人数不超过2人。

第五十二条　医疗事故赔偿费用，实行一次性结算，由承担医疗事故责任的医疗机构支付。

第六章　罚　则

第五十三条　卫生行政部门的工作人员在处理医疗事故过程中违反本条例的规定，利用职务上的便利收受他人财物或者其他利益，滥用职权，玩忽职守，或者发现违法行为不予查处，造成严重后果的，依照刑法关于受贿罪、滥用职权罪、玩忽职守罪或者其他有关罪的规定，依法追究刑事责任；尚不够刑事处罚的，依法给予降级或者撤职的行政处分。

第五十四条　卫生行政部门违反本条例的规定，有下列情形之一的，由上级卫生行政部门给予警告并责令限期改正；情节严重的，对负有责任的主管人员和其他直接责任人员依法给予行政处分：

（一）接到医疗机构关于重大医疗过失行为的报告后，未及时组织调查的；

（二）接到医疗事故争议处理申请后，未在规定时间内审查或者移送上一级人民政府卫生行政部门处理的；

（三）未将应当进行医疗事故技术鉴定的重大医疗过失行为或者医疗事故争议移交医学会组织鉴定的；

（四）未按照规定逐级将当地发生的医疗事故以及依法对发生医疗事故的医疗机构和医务人员的行政处理情况上报的；

（五）未依照本条例规定审核医疗事故技术鉴定书的。

第五十五条　医疗机构发生医疗事故的，由卫生行政部门根据医疗事故等级和情节，给予警告；情节严重的，责令限期停业整顿直至由原发证部门吊销执业许可证，对负有责任的医务人员依照刑法关于医疗事故罪的规定，依法追究刑事责任；尚不够刑事处罚的，依法给予行政处分或者纪律处分。

对发生医疗事故的有关医务人员，除依照前款处罚外，卫生行政部门并可以责令暂停6个月以上1年以下执业活动；情节严重的，吊销其执业证书。

第五十六条　医疗机构违反本条例的规定，有下列情形之一的，由卫生行政部门责令改正；情节严重的，对负有责任的主管人员和其他直接责任人员依法给予行政处分或者纪律处分：

（一）未如实告知患者病情、医疗措施和医疗风险的；

（二）没有正当理由，拒绝为患者提供复印或者复制病历资料服务的；

（三）未按照国务院卫生行政部门规定的要求书写和妥善保管病历资料的；

（四）未在规定时间内补记抢救工作病历内容的；

（五）未按照本条例的规定封存、保管和启封病历资料和实物的；

（六）未设置医疗服务质量监控部门或者配备专（兼）职人员的；

（七）未制定有关医疗事故防范和处理预案的；

（八）未在规定时间内向卫生行政部门报告重大医疗过失行为的；

（九）未按照本条例的规定向卫生行政部门报告医疗事故的；

（十）未按照规定进行尸检和保存、处理尸体的。

第五十七条　参加医疗事故技术鉴定工作的人员违反本条例的规定，接受申请鉴定双方或者一方当事人的财物或者其他利益，出具虚假医疗事故技术鉴定书，造成严重后果的，依照刑法关于受贿罪的规定，依法追究刑事责任；尚不够刑事处罚的，由原发证部门吊销其执业证书或者资格证书。

第五十八条　医疗机构或者其他有关机构违反本条例的规定，有下列情形之一的，由卫生行政部门责令改正，给予警告；对负有责任的主管人员和其他直接责任人员依法给予行政处分或者纪律处分；情节严重的，由原发证部门吊销其执业证书或者资格证书：

（一）承担尸检任务的机构没有正当理由，拒绝进行尸检的；

（二）涂改、伪造、隐匿、销毁病历资料的。

第五十九条　以医疗事故为由，寻衅滋事、抢夺病历资料，扰乱医疗机构正常医疗秩序和医疗事故技术鉴定工作，依照刑法关于扰乱社会秩序罪的规定，依法追究刑事责任；尚不够刑事处罚的，依法给予治安管理处罚。

第七章　附　　则

第六十条　本条例所称医疗机构，是指依照《医疗机构管理条例》的规定取得《医疗机构执业许可证》的机构。

县级以上城市从事计划生育技术服务的机构依照《计划生育技术服务管理条例》的规定开展与计划生育有关的临床医疗服务，发生的计划生育技术服务事故，依照本条例的有关规定处理；但是，其中不属于医疗机构的县级以上城市从事计划生育技术服务的机构发生的计划生育技术服务事故，由计划生育行政部门行使依照本条例有关规定由卫生行政部门承担的受理、交由负责医疗事故技术鉴定工作的医学会组织鉴定和赔偿调解的职能；对发生计划生育技术服务事故的该机构及其有关责任人员，依法进行处理。

第六十一条　非法行医，造成患者人身损害，不属于医疗事故，触犯刑律的，依法追究刑事责任；有关赔偿，由受害人直接向人民法院提起诉讼。

第六十二条　军队医疗机构的医疗事故处理办法，由中国人民解放军卫生主管部门会同国务院卫生行政部门依据本条例制定。

第六十三条　本条例自 2002 年 9 月 1 日起施行。1987 年 6 月 29 日国务院发布的《医疗事故处理办法》同时废止。本条例施行前已经处理结案的医疗事故争议，不再重新处理。

附录 5　国际护士守则

护士的基本任务有四方面：增进健康，预防疾病，恢复健康和减轻痛苦。

全人类都需要护理工作。护理从本质上说就是尊重人的生命，尊重人的尊严和尊重人的权利。不论国籍、种族、信仰、肤色、年龄、性别、政治或社会地位，一律不受限制。

护士对个人、家庭和社会提供卫生服务，并与有关的群体进行协作。

护士与人：护士的主要任务是向那些要求护理的人负责。

护士作护理时，要尊重个人的信仰、价值观和风俗习惯。

护士掌握由于病人对她信任而提供的情况，要注意保密。

护士与临床实践：护士个人执行的任务就是护理实践，必须坚持学习，做一个称职的护士。

护士要在特殊情况下仍保持高标准护理。

护士在接受或代行一项任务时，必须对自己的资格作出判断。

护士在作为一种职业力量起作用时，个人行动必须时刻保持能反映职业荣誉的标准。

护士与社会：护士们要和其他公民一起分担任务，发起并支持满足公众的卫生和社会需要的行动。护士与其共事的成员：护士在护理及其他方面，应与共事的成员保持合作共事关系。

当护理工作受到共事成员或任何其他人威胁

的时候，护士要采取适当措施保卫个人。

护士与职业：在护理工作与护理教育中心，在决定或补充某些理想的标准时，护士起主要作用。

在培养职业知识核心方面，护士起积极作用。

护士通过职业社团，参与建立和保持护理工作中公平的社会和经济方面的工作条件。

附录6　护　士　条　例

中华人民共和国国务院令

（第517号）

《护士条例》已经2008年1月23日国务院第206次常务会议通过，现予公布，自2008年5月12日起施行。

总理　温家宝
二〇〇八年一月三十一日

第一章　总　　则

第一条　为了维护护士的合法权益，规范护理行为，促进护理事业发展，保障医疗安全和人体健康，制定本条例。

第二条　本条例所称护士，是指经执业注册取得护士执业证书，依照本条例规定从事护理活动，履行保护生命、减轻痛苦、增进健康职责的卫生技术人员。

第三条　护士人格尊严、人身安全不受侵犯。护士依法履行职责，受法律保护。全社会应当尊重护士。

第四条　国务院有关部门、县级以上地方人民政府及其有关部门以及乡（镇）人民政府应当采取措施，改善护士的工作条件，保障护士待遇，加强护士队伍建设，促进护理事业健康发展。

国务院有关部门和县级以上地方人民政府应当采取措施，鼓励护士到农村、基层医疗卫生机构工作。

第五条　国务院卫生主管部门负责全国的护士监督管理工作。

县级以上地方人民政府卫生主管部门负责本行政区域的护士监督管理工作。

第六条　国务院有关部门对在护理工作中做出杰出贡献的护士，应当授予全国卫生系统先进工作者荣誉称号或者颁发白求恩奖章，受到表彰、奖励的护士享受省部级劳动模范、先进工作者待遇；对长期从事护理工作的护士应当颁发荣誉证书。具体办法由国务院有关部门制定。

县级以上地方人民政府及其有关部门对本行政区域内做出突出贡献的护士，按照省、自治区、直辖市人民政府的有关规定给予表彰、奖励。

第二章　执 业 注 册

第七条　护士执业，应当经执业注册取得护士执业证书。

申请护士执业注册，应当具备下列条件：

（一）具有完全民事行为能力；

（二）在中等职业学校、高等学校完成国务院教育主管部门和国务院卫生主管部门规定的普通全日制3年以上的护理、助产专业课程学习，包括在教学、综合医院完成8个月以上护理临床实习，并取得相应学历证书；

（三）通过国务院卫生主管部门组织的护士执业资格考试；

（四）符合国务院卫生主管部门规定的健康标准。

护士执业注册申请，应当自通过护士执业资格考试之日起3年内提出；逾期提出申请的，除应当具备前款第（一）项、第（二）项和第（四）项规定条件外，还应当在符合国务院卫生主管部门规定条件的医疗卫生机构接受3个月临床护理培训并考核合格。

护士执业资格考试办法由国务院卫生主管部门会同国务院人事部门制定。

第八条　申请护士执业注册的，应当向拟执业地省、自治区、直辖市人民政府卫生主管部门提出申请。收到申请的卫生主管部门应当自收到申请之日起20个工作日内做出决定，对具备本条例规定条件的，准予注册，并发给护士执业证书；对不具备本条例规定条件的，不予注册，并书面说明理由。

护士执业注册有效期为5年。

第九条　护士在其执业注册有效期内变更执业地点的，应当向拟执业地省、自治区、直辖市人民政府卫生主管部门报告。收到报告的卫生主管部门应当自收到报告之日起7个工作日内为其办理变更手续。护士跨省、自治区、直辖市变更执业地点的，收到报告的卫生主管部门还应当向其原执业地省、自治区、直辖市人民政府卫生主管部门通报。

第十条　护士执业注册有效期届满需要继续执业的，应当在护士执业注册有效期届满前30日向执业地省、自治区、直辖市人民政府卫生主管部门申请延续注册。收到申请的卫生主管部门对具备本条例规定条件的，准予延续，延续执业注册有效期为5年；对不具备本条例规定条件的，不予延续，并书面说明理由。

护士有行政许可法规定的应当予以注销执业注册情形的，原注册部门应当依照行政许可法的规定注销其执业注册。

第十一条　县级以上地方人民政府卫生主管部门应当建立本行政区域的护士执业良好记录和不良记录，并将该记录记入护士执业信息系统。

护士执业良好记录包括护士受到的表彰、奖励以及完成政府指令性任务的情况等内容。护士执业不良记录包括护士因违反本条例以及其他卫生管理法律、法规、规章或者诊疗技术规范的规定受到行政处罚、处分的情况等内容。

第三章　权利和义务

第十二条　护士执业，有按照国家有关规定获取工资报酬、享受福利待遇、参加社会保险的权利。任何单位或者个人不得克扣护士工资，降低或者取消护士福利等待遇。

第十三条　护士执业，有获得与其所从事的护理工作相适应的卫生防护、医疗保健服务的权利。从事直接接触有毒有害物质、有感染传染病危险工作的护士，有依照有关法律、行政法规的规定接受职业健康监护的权利；患职业病的，有依照有关法律、行政法规的规定获得赔偿的权利。

第十四条　护士有按照国家有关规定获得与本人业务能力和学术水平相应的专业技术职务、职称的权利；有参加专业培训、从事学术研究和交流、参加行业协会和专业学术团体的权利。

第十五条　护士有获得疾病诊断、护理相关信息的权利和其他与履行护理职责相关的权利，可以对医疗卫生机构和卫生主管部门的工作提出意见和建议。

第十六条　护士执业，应当遵守法律、法规、规章和诊疗技术规范的规定。

第十七条　护士在执业活动中，发现患者病情危急，应当立即通知医师；在紧急情况下为抢救垂危患者生命，应当先行实施必要的紧急救护。

护士发现医嘱违反法律、法规、规章或者诊疗技术规范规定的，应当及时向开具医嘱的医师提出；必要时，应当向该医师所在科室的负责人或者医疗卫生机构负责医疗服务管理的人员报告。

第十八条　护士应当尊重、关心、爱护患者，保护患者的隐私。

第十九条　护士有义务参与公共卫生和疾病预防控制工作。发生自然灾害、公共卫生事件等严重威胁公众生命健康的突发事件，护士应当服从县级以上人民政府卫生主管部门或者所在医疗卫生机构的安排，参加医疗救护。

第四章　医疗卫生机构的职责

第二十条　医疗卫生机构配备护士的数量不得低于国务院卫生主管部门规定的护士配备标准。

第二十一条　医疗卫生机构不得允许下列人员在本机构从事诊疗技术规范规定的护理活动：

（一）未取得护士执业证书的人员；

（二）未依照本条例第九条的规定办理执业地点变更手续的护士；

（三）护士执业注册有效期届满未延续执业注册的护士。

在教学、综合医院进行护理临床实习的人员应当在护士指导下开展有关工作。

第二十二条　医疗卫生机构应当为护士提供卫生防护用品，并采取有效的卫生防护措施和医疗保健措施。

第二十三条　医疗卫生机构应当执行国家有关工资、福利待遇等规定，按照国家有关规定为在本机构从事护理工作的护士足额缴纳社会保险费用，保障护士的合法权益。

对在艰苦边远地区工作，或者从事直接接触有毒有害物质、有感染传染病危险工作的护士，所在医疗卫生机构应当按照国家有关规定给予津贴。

第二十四条　医疗卫生机构应当制定、实施本机构护士在职培训计划，并保证护士接受培训。

护士培训应当注重新知识、新技术的应用；根据临床专科护理发展和专科护理岗位的需要，开展对护士的专科护理培训。

第二十五条　医疗卫生机构应当按照国务院卫生主管部门的规定，设置专门机构或者配备专（兼）职人员负责护理管理工作。

第二十六条　医疗卫生机构应当建立护士岗位责任制并进行监督检查。

护士因不履行职责或者违反职业道德受到投诉的，其所在医疗卫生机构应当进行调查。经查证属实的，医疗卫生机构应当对护士做出处理，并将调查处理情况告知投诉人。

第五章　法　律　责　任

第二十七条　卫生主管部门的工作人员未依照本条例规定履行职责，在护士监督管理工作中滥用职权、徇私舞弊，或者有其他失职、渎职行为的，依法给予处分；构成犯罪的，依法追究刑事责任。

第二十八条　医疗卫生机构有下列情形之一的，由县级以上地方人民政府卫生主管部门依据职责分工责令限期改正，给予警告；逾期不改正的，根据国务院卫生主管部门规定的护士配备标准和在医疗卫生机构合法执业的护士数量核减其诊疗科目，或者暂停其6个月以上1年以下执业活动；国家举办的医疗卫生机构有下列情形之一、情节严重的，还应当对负有责任的主管人员和其他直接责任人员依法给予处分：

（一）违反本条例规定，护士的配备数量低于国务院卫生主管部门规定的护士配备标准的；

（二）允许未取得护士执业证书的人员或者允许未依照本条例规定办理执业地点变更手续、延续执业注册有效期的护士在本机构从事诊疗技术规范规定的护理活动的。

第二十九条　医疗卫生机构有下列情形之一的，依照有关法律、行政法规的规定给予处罚；国家举办的医疗卫生机构有下列情形之一、情节严重的，还应当对负有责任的主管人员和其他直接责任人员依法给予处分：

（一）未执行国家有关工资、福利待遇等规定的；

（二）对在本机构从事护理工作的护士，未按照国家有关规定足额缴纳社会保险费用的；

（三）未为护士提供卫生防护用品，或者未采取有效的卫生防护措施、医疗保健措施的；

（四）对在艰苦边远地区工作，或者从事直接接触有毒有害物质、有感染传染病危险工作的护士，未按照国家有关规定给予津贴的。

第三十条　医疗卫生机构有下列情形之一的，由县级以上地方人民政府卫生主管部门依据职责分工责令限期改正，给予警告：

（一）未制定、实施本机构护士在职培训计划或者未保证护士接受培训的；

（二）未依照本条例规定履行护士管理职责的。

第三十一条　护士在执业活动中有下列情形之一的，由县级以上地方人民政府卫生主管部门依据职责分工责令改正，给予警告；情节严重的，暂停其6个月以上1年以下执业活动，直至由原发证部门吊销其护士执业证书：

（一）发现患者病情危急未立即通知医师的；

（二）发现医嘱违反法律、法规、规章或者诊疗技术规范的规定，未依照本条例第十七条的规定提出或者报告的；

（三）泄露患者隐私的；

（四）发生自然灾害、公共卫生事件等严重威胁公众生命健康的突发事件，不服从安排参加医疗救护的。

护士在执业活动中造成医疗事故的，依照医疗事故处理的有关规定承担法律责任。

第三十二条　护士被吊销执业证书的，自执业证书被吊销之日起2年内不得申请执业注册。

第三十三条　扰乱医疗秩序，阻碍护士依法开展执业活动，侮辱、威胁、殴打护士，或者有其他侵犯护士合法权益行为的，由公安机关依照治安管理处罚法的规定给予处罚；构成犯罪的，依法追究刑事责任。

第六章　附　　则

第三十四条　本条例施行前按照国家有关规定已经取得护士执业证书或者护理专业技术职称、从事护理活动的人员，经执业地省、自治区、直辖市人民政府卫生主管部门审核合格，换领护士执业证书。

本条例施行前，尚未达到护士配备标准的医疗卫生机构，应当按照国务院卫生主管部门规定的实施步骤，自本条例施行之日起3年内达到护士配备标准。

第三十五条　本条例自2008年5月12日起施行。

附录7　中共中央、国务院关于深化医药卫生体制改革的意见*

按照党的十七大精神，为建立中国特色医药卫生体制，逐步实现人人享有基本医疗卫生服务的目标，提高全民健康水平，现就深化医药卫生体制改革提出如下意见。

一、充分认识深化医药卫生体制改革的重要性、紧迫性和艰巨性

医药卫生事业关系亿万人民的健康，关系千家万户的幸福，是重大民生问题。深化医药卫生体制改革，加快医药卫生事业发展，适应人民群众日益增长的医药卫生需求，不断提高人民群众

---

*"十三五医改方案"公布后，以最新方案为准

健康素质，是贯彻落实科学发展观、促进经济社会全面协调可持续发展的必然要求，是维护社会公平正义、提高人民生活质量的重要举措，是全面建设小康社会和构建社会主义和谐社会的一项重大任务。

新中国成立以来，特别是改革开放以来，我国医药卫生事业取得了显著成就，覆盖城乡的医药卫生服务体系基本形成，疾病防治能力不断增强，医疗保障覆盖人口逐步扩大，卫生科技水平迅速提高，人民群众健康水平明显改善，居民主要健康指标处于发展中国家前列。尤其是抗击非典取得重大胜利以来，各级政府投入加大，公共卫生、农村医疗卫生和城市社区卫生发展加快，新型农村合作医疗和城镇居民基本医疗保险取得突破性进展，为深化医药卫生体制改革打下了良好基础。同时，也应该看到，当前我国医药卫生事业发展水平与人民群众健康需求及经济社会协调发展要求不适应的矛盾还比较突出。城乡和区域医疗卫生事业发展不平衡，资源配置不合理，公共卫生和农村、社区医疗卫生工作比较薄弱，医疗保障制度不健全，药品生产流通秩序不规范，医院管理体制和运行机制不完善，政府卫生投入不足，医药费用上涨过快，个人负担过重，对此，人民群众反映强烈。

从现在到2020年，是我国全面建设小康社会的关键时期，医药卫生工作任务繁重。随着经济的发展和人民生活水平的提高，群众对改善医药卫生服务将会有更高的要求。工业化、城镇化、人口老龄化、疾病谱变化和生态环境变化等，都给医药卫生工作带来一系列新的严峻挑战。深化医药卫生体制改革，是加快医药卫生事业发展的战略选择，是实现人民共享改革发展成果的重要途径，是广大人民群众的迫切愿望。

深化医药卫生体制改革是一项涉及面广、难度大的社会系统工程。我国人口多，人均收入水平低，城乡、区域差距大，长期处于社会主义初级阶段的基本国情，决定了深化医药卫生体制改革是一项十分复杂艰巨的任务，是一个渐进的过程，需要在明确方向和框架的基础上，经过长期艰苦努力和坚持不懈的探索，才能逐步建立符合我国国情的医药卫生体制。因此，对深化医药卫生体制改革，既要坚定决心、抓紧推进，又要精心组织、稳步实施，确保改革顺利进行，达到预期目标。

二、深化医药卫生体制改革的指导思想、基本原则和总体目标

（一）深化医药卫生体制改革的指导思想

以邓小平理论和"三个代表"重要思想为指导，深入贯彻落实科学发展观，从我国国情出发，借鉴国际有益经验，着眼于实现人人享有基本医疗卫生服务的目标，着力解决人民群众最关心、最直接、最现实的利益问题。坚持公共医疗卫生的公益性质，坚持预防为主、以农村为重点、中西医并重的方针，实行政事分开、管办分开、医药分开、营利性和非营利性分开，强化政府责任和投入，完善国民健康政策，健全制度体系，加强监督管理，创新体制机制，鼓励社会参与，建设覆盖城乡居民的基本医疗卫生制度，不断提高全民健康水平，促进社会和谐。

（二）深化医药卫生体制改革的基本原则

医药卫生体制改革必须立足国情，一切从实际出发，坚持正确的改革原则。

——坚持以人为本，把维护人民健康权益放在第一位。坚持医药卫生事业为人民健康服务的宗旨，以保障人民健康为中心，以人人享有基本医疗卫生服务为根本出发点和落脚点，从改革方案设计、卫生制度建立到服务体系建设都要遵循公益性的原则，把基本医疗卫生制度作为公共产品向全民提供，着力解决群众反映强烈的突出问题，努力实现全体人民病有所医。

——坚持立足国情，建立中国特色医药卫生体制。坚持从基本国情出发，实事求是地总结医药卫生事业改革发展的实践经验，准确把握医药卫生发展规律和主要矛盾；坚持基本医疗卫生服务水平与经济社会发展相协调、与人民群众的承受能力相适应；充分发挥中医药（民族医药）作用；坚持因地制宜、分类指导，发挥地方积极性，探索建立符合国情的基本医疗卫生制度。

——坚持公平与效率统一，政府主导与发挥市场机制作用相结合。强化政府在基本医疗卫生制度中的责任，加强政府在制度、规划、筹资、服务、监管等方面的职责，维护公共医疗卫生的公益性，促进公平公正。同时，注重发挥市场机制作用，动员社会力量参与，促进有序竞争机制的形成，提高医疗卫生运行效率、服务水平和质量，满足人民群众多层次、多样化的医疗卫生需求。

——坚持统筹兼顾，把解决当前突出问题与完善制度体系结合起来。从全局出发，统筹城乡、区域发展，兼顾供给方和需求方等各方利益，注重预防、治疗、康复三者的结合，正确处理政府、卫生机构、医药企业、医务人员和人民群众之间

的关系。既着眼长远，创新体制机制，又立足当前，着力解决医药卫生事业中存在的突出问题。既注重整体设计，明确总体改革方向目标和基本框架，又突出重点，分步实施，积极稳妥地推进改革。

(三)深化医药卫生体制改革的总体目标

建立健全覆盖城乡居民的基本医疗卫生制度，为群众提供安全、有效、方便、价廉的医疗卫生服务。

到2011年，基本医疗保障制度全面覆盖城乡居民，基本药物制度初步建立，城乡基层医疗卫生服务体系进一步健全，基本公共卫生服务得到普及，公立医院改革试点取得突破，明显提高基本医疗卫生服务可及性，有效减轻居民就医费用负担，切实缓解"看病难、看病贵"问题。

到2020年，覆盖城乡居民的基本医疗卫生制度基本建立。普遍建立比较完善的公共卫生服务体系和医疗服务体系，比较健全的医疗保障体系，比较规范的药品供应保障体系，比较科学的医疗卫生机构管理体制和运行机制，形成多元办医格局，人人享有基本医疗卫生服务，基本适应人民群众多层次的医疗卫生需求，人民群众健康水平进一步提高。

三、完善医药卫生四大体系，建立覆盖城乡居民的基本医疗卫生制度

建设覆盖城乡居民的公共卫生服务体系、医疗服务体系、医疗保障体系、药品供应保障体系，形成四位一体的基本医疗卫生制度。四大体系相辅相成，配套建设，协调发展。

(四)全面加强公共卫生服务体系建设

建立健全疾病预防控制、健康教育、妇幼保健、精神卫生、应急救治、采供血、卫生监督和计划生育等专业公共卫生服务网络，完善以基层医疗卫生服务网络为基础的医疗服务体系的公共卫生服务功能，建立分工明确、信息互通、资源共享、协调互动的公共卫生服务体系，提高公共卫生服务和突发公共卫生事件应急处置能力，促进城乡居民逐步享有均等化的基本公共卫生服务。

确定公共卫生服务范围。明确国家基本公共卫生服务项目，逐步增加服务内容。鼓励地方政府根据当地经济发展水平和突出的公共卫生问题，在中央规定服务项目的基础上增加公共卫生服务内容。

完善公共卫生服务体系。进一步明确公共卫生服务体系的职能、目标和任务，优化人员和设备配置，探索整合公共卫生服务资源的有效形式。完善重大疾病防控体系和突发公共卫生事件应急机制，加强对严重威胁人民健康的传染病、慢性病、地方病、职业病和出生缺陷等疾病的监测与预防控制。加强城乡急救体系建设。

加强健康促进与教育。医疗卫生机构及机关、学校、社区、企业等要大力开展健康教育，充分利用各种媒体，加强健康、医药卫生知识的传播，倡导健康文明的生活方式，促进公众合理营养，提高群众的健康意识和自我保健能力。

深入开展爱国卫生运动。将农村环境卫生与环境污染治理纳入社会主义新农村建设规划，推动卫生城市和文明村镇建设，不断改善城乡居民生活、工作等方面的卫生环境。

加强卫生监督服务。大力促进环境卫生、食品卫生、职业卫生、学校卫生，以及农民工等流动人口卫生工作。

(五)进一步完善医疗服务体系

坚持非营利性医疗机构为主体、营利性医疗机构为补充，公立医疗机构为主导、非公立医疗机构共同发展的办医原则，建设结构合理、覆盖城乡的医疗服务体系。

大力发展农村医疗卫生服务体系。进一步健全以县级医院为龙头、乡镇卫生院和村卫生室为基础的农村医疗卫生服务网络。县级医院作为县域内的医疗卫生中心，主要负责基本医疗服务及危重急症患者的抢救，并承担对乡镇卫生院、村卫生室的业务技术指导和卫生人员的进修培训；乡镇卫生院负责提供公共卫生服务和常见病、多发病的诊疗等综合服务，并承担对村卫生室的业务管理和技术指导；村卫生室承担行政村的公共卫生服务及一般疾病的诊治等工作。有条件的农村实行乡村一体化管理。积极推进农村医疗卫生基础设施和能力建设，政府重点办好县级医院，并在每个乡镇办好一所卫生院，采取多种形式支持村卫生室建设，使每个行政村都有一所村卫生室，大力改善农村医疗卫生条件，提高服务质量。

完善以社区卫生服务为基础的新型城市医疗卫生服务体系。加快建设以社区卫生服务中心为主体的城市社区卫生服务网络，完善服务功能，以维护社区居民健康为中心，提供疾病预防控制等公共卫生服务、一般常见病及多发病的初级诊疗服务、慢性病管理和康复服务。转变社区卫生服务模式，不断提高服务水平，坚持主动服务、上门服务，逐步承担起居民健康"守门人"的职责。

健全各类医院的功能和职责。优化布局和结

构,充分发挥城市医院在危重急症和疑难病症的诊疗、医学教育和科研、指导和培训基层卫生人员等方面的骨干作用。有条件的大医院按照区域卫生规划要求,可以通过托管、重组等方式促进医疗资源合理流动。

建立城市医院与社区卫生服务机构的分工协作机制。城市医院通过技术支持、人员培训等方式,带动社区卫生服务持续发展。同时,采取增强服务能力、降低收费标准、提高报销比例等综合措施,引导一般诊疗下沉到基层,逐步实现社区首诊、分级医疗和双向转诊。整合城市卫生资源,充分利用城市现有一、二级医院及国有企事业单位所属医疗机构和社会力量举办的医疗机构等资源,发展和完善社区卫生服务网络。

充分发挥中医药(民族医药)在疾病预防控制、应对突发公共卫生事件、医疗服务中的作用。加强中医临床研究基地和中医院建设,组织开展中医药防治疑难疾病的联合攻关。在基层医疗卫生服务中,大力推广中医药适宜技术。采取扶持中医药发展政策,促进中医药继承和创新。

建立城市医院对口支援农村医疗卫生工作的制度。发达地区要加强对口支援贫困地区和少数民族地区发展医疗卫生事业。城市大医院要与县级医院建立长期稳定的对口支援和合作制度,采取临床服务、人员培训、技术指导、设备支援等方式,帮助其提高医疗水平和服务能力。

(六)加快建设医疗保障体系

加快建立和完善以基本医疗保障为主体,其他多种形式补充医疗保险和商业健康保险为补充,覆盖城乡居民的多层次医疗保障体系。

建立覆盖城乡居民的基本医疗保障体系。城镇职工基本医疗保险、城镇居民基本医疗保险、新型农村合作医疗和城乡医疗救助共同组成基本医疗保障体系,分别覆盖城镇就业人口、城镇非就业人口、农村人口和城乡困难人群。坚持广覆盖、保基本、可持续的原则,从重点保障大病起步,逐步向门诊小病延伸,不断提高保障水平。建立国家、单位、家庭和个人责任明确、分担合理的多渠道筹资机制,实现社会互助共济。随着经济社会发展,逐步提高筹资水平和统筹层次,缩小保障水平差距,最终实现制度框架的基本统一。进一步完善城镇职工基本医疗保险制度,加快覆盖就业人口,重点解决国有关闭破产企业、困难企业等职工和退休人员,以及非公有制经济组织从业人员和灵活就业人员的基本医疗保险问题;2009年全面推开城镇居民基本医疗保险,重视解决老人、残疾人和儿童的基本医疗保险问题;全面实施新型农村合作医疗制度,逐步提高政府补助水平,适当增加农民缴费,提高保障能力;完善城乡医疗救助制度,对困难人群参保及其难以负担的医疗费用提供补助,筑牢医疗保障底线。探索建立城乡一体化的基本医疗保障管理制度。

鼓励工会等社会团体开展多种形式的医疗互助活动。鼓励和引导各类组织和个人发展社会慈善医疗救助。

做好城镇职工基本医疗保险制度、城镇居民基本医疗保险制度、新型农村合作医疗制度和城乡医疗救助制度之间的衔接。以城乡流动的农民工为重点积极做好基本医疗保险关系转移接续,以异地安置的退休人员为重点改进异地就医结算服务。妥善解决农民工基本医疗保险问题。签订劳动合同并与企业建立稳定劳动关系的农民工,要按照国家规定明确用人单位缴费责任,将其纳入城镇职工基本医疗保险制度;其他农民工根据实际情况,参加户籍所在地新型农村合作医疗或务工所在地城镇居民基本医疗保险。

积极发展商业健康保险。鼓励商业保险机构开发适应不同需要的健康保险产品,简化理赔手续,方便群众,满足多样化的健康需求。鼓励企业和个人通过参加商业保险及多种形式的补充保险解决基本医疗保障之外的需求。在确保基金安全和有效监管的前提下,积极提倡以政府购买医疗保障服务的方式,探索委托具有资质的商业保险机构经办各类医疗保障管理服务。

(七)建立健全药品供应保障体系

加快建立以国家基本药物制度为基础的药品供应保障体系,保障人民群众安全用药。

建立国家基本药物制度。中央政府统一制定和发布国家基本药物目录,按照防治必需、安全有效、价格合理、使用方便、中西药并重的原则,结合我国用药特点,参照国际经验,合理确定品种和数量。建立基本药物的生产供应保障体系,在政府宏观调控下充分发挥市场机制的作用,基本药物实行公开招标采购,统一配送,减少中间环节,保障群众基本用药。国家制定基本药物零售指导价格,在指导价格内,由省级人民政府根据招标情况确定本地区的统一采购价格。规范基本药物使用,制定基本药物临床应用指南和基本药物处方集。城乡基层医疗卫生机构应全部配备、使用基本药物,其他各类医疗机构也要将基本药物作为首选药物并确定使用比例。基本药物全部纳入基本医疗保障药物报销目录,报销比例明显高于非基本药物。

规范药品生产流通。完善医药产业发展政策和行业发展规划，严格市场准入和药品注册审批，大力规范和整顿生产流通秩序，推动医药企业提高自主创新能力和医药产业结构优化升级，发展药品现代物流和连锁经营，促进药品生产、流通企业的整合。建立便民惠农的农村药品供应网。完善药品储备制度。支持用量小的特殊用药、急救用药生产。规范药品采购，坚决治理医药购销中的商业贿赂。加强药品不良反应监测，建立药品安全预警和应急处置机制。

四、完善体制机制，保障医药卫生体系有效规范运转

完善医药卫生的管理、运行、投入、价格、监管体制机制，加强科技与人才、信息、法制建设，保障医药卫生体系有效规范运转。

(八) 建立协调统一的医药卫生管理体制

实施属地化和全行业管理。所有医疗卫生机构，不论所有制、投资主体、隶属关系和经营性质，均由所在地卫生行政部门实行统一规划、统一准入、统一监管。中央、省级可以设置少量承担医学科研、教学功能的医学中心或区域医疗中心，以及承担全国或区域性疑难病症诊治的专科医院等医疗机构；县(市)主要负责举办县级医院、乡村卫生和社区卫生服务机构；其余公立医院由市负责举办。

强化区域卫生规划。省级人民政府制定卫生资源配置标准，组织编制区域卫生规划和医疗机构设置规划，明确医疗机构的数量、规模、布局和功能。科学制定乡镇卫生院(村卫生室)、社区卫生服务中心(站)等基层医疗卫生机构和各级医院建设与设备配置标准。充分利用和优化配置现有医疗卫生资源，对不符合规划要求的医疗机构要逐步进行整合，严格控制大型医疗设备配置，鼓励共建共享，提高医疗卫生资源利用效率。新增卫生资源必须符合区域卫生规划，重点投向农村和社区卫生等薄弱环节。加强区域卫生规划与城乡规划、土地利用总体规划等的衔接。建立区域卫生规划和资源配置监督评价机制。

推进公立医院管理体制改革。从有利于强化公立医院公益性和政府有效监管出发，积极探索政事分开、管办分开的多种实现形式。进一步转变政府职能，卫生行政部门主要承担卫生发展规划、资格准入、规范标准、服务监管等行业管理职能，其他有关部门按照各自职能进行管理和提供服务。落实公立医院独立法人地位。

进一步完善基本医疗保险管理体制。中央统一制定基本医疗保险制度框架和政策，地方政府负责组织实施管理，创造条件逐步提高统筹层次。有效整合基本医疗保险经办资源，逐步实现城乡基本医疗保险行政管理的统一。

(九)建立高效规范的医药卫生机构运行机制

公共卫生机构收支全部纳入预算管理。按照承担的职责任务，由政府合理确定人员编制、工资水平和经费标准，明确各类人员岗位职责，严格人员准入，加强绩效考核，建立能进能出的用人制度，提高工作效率和服务质量。

转变基层医疗卫生机构运行机制。政府举办的城市社区卫生服务中心(站)和乡镇卫生院等基层医疗卫生机构，要严格界定服务功能，明确规定使用适宜技术、适宜设备和基本药物，为广大群众提供低成本服务，维护公益性质。要严格核定人员编制，实行人员聘用制，建立能进能出和激励有效的人力资源管理制度。要明确收支范围和标准，实行核定任务、核定收支、绩效考核补助的财务管理办法，并探索实行收支两条线、公共卫生和医疗保障经费的总额预付等多种行之有效的管理办法，严格收支预算管理，提高资金使用效益。要改革药品加成政策，实行药品零差率销售。加强和完善内部管理，建立以服务质量为核心、以岗位责任与绩效为基础的考核和激励制度，形成保障公平效率的长效机制。

建立规范的公立医院运行机制。公立医院要遵循公益性质和社会效益原则，坚持以患者为中心，优化服务流程，规范用药、检查和医疗行为。深化运行机制改革，建立和完善医院法人治理结构，明确所有者和管理者的责权，形成决策、执行、监督相互制衡，有责任、有激励、有约束、有竞争、有活力的机制。推进医药分开，积极探索多种有效方式逐步改革以药补医机制。通过实行药品购销差别加价、设立药事服务费等多种方式逐步改革或取消药品加成政策，同时采取适当调整医疗服务价格、增加政府投入、改革支付方式等措施完善公立医院补偿机制。进一步完善财务、会计管理制度，严格预算管理，加强财务监管和运行监督。地方可结合本地实际，对有条件的医院开展"核定收支、以收抵支、超收上缴、差额补助、奖惩分明"等多种管理办法的试点。改革人事制度，完善分配激励机制，推行聘用制度和岗位管理制度，严格工资总额管理，实行以服务质量及岗位工作量为主的综合绩效考核和岗位绩效工资制度，有效调动医务人员的积极性。

健全医疗保险经办机构运行机制。完善内部治理结构，建立合理的用人机制和分配制度，完善激励约束机制，提高医疗保险经办管理能力和管理效率。

(十)建立政府主导的多元卫生投入机制

明确政府、社会与个人的卫生投入责任。确立政府在提供公共卫生和基本医疗服务中的主导地位。公共卫生服务主要通过政府筹资，向城乡居民均等化提供。基本医疗服务由政府、社会和个人三方合理分担费用。特需医疗服务由个人直接付费或通过商业健康保险支付。

建立和完善政府卫生投入机制。中央政府和地方政府都要增加对卫生的投入，并兼顾供给方和需求方。逐步提高政府卫生投入占卫生总费用的比重，使居民个人基本医疗卫生费用负担有效减轻；政府卫生投入增长幅度要高于经常性财政支出的增长幅度，使政府卫生投入占经常性财政支出的比重逐步提高。新增政府卫生投入重点用于支持公共卫生、农村卫生、城市社区卫生和基本医疗保障。

按照分级负担的原则合理划分中央和地方各级政府卫生投入责任。地方政府承担主要责任，中央政府主要对国家免疫规划、跨地区的重大传染疾病预防控制等公共卫生、城乡居民的基本医疗保障以及有关公立医疗卫生机构建设等给予补助。加大中央、省级财政对困难地区的专项转移支付力度。

完善政府对公共卫生的投入机制。专业公共卫生服务机构的人员经费、发展建设和业务经费由政府全额安排，按照规定取得的服务收入上缴财政专户或纳入预算管理。逐步提高人均公共卫生经费，健全公共卫生服务经费保障机制。

完善政府对城乡基层医疗卫生机构的投入机制。政府负责其举办的乡镇卫生院、城市社区卫生服务中心(站)按国家规定核定的基本建设经费、设备购置经费、人员经费和其承担公共卫生服务的业务经费，使其正常运行。对包括社会力量举办的所有乡镇卫生院和城市社区卫生服务机构，各地都可采取购买服务等方式核定政府补助。支持村卫生室建设，对乡村医生承担的公共卫生服务等任务给予合理补助。

落实公立医院政府补助政策。逐步加大政府投入，主要用于基本建设和设备购置、扶持重点学科发展、符合国家规定的离退休人员费用和补贴政策性亏损等，对承担的公共卫生服务等任务给予专项补助，形成规范合理的公立医院政府投入机制。对中医院(民族医院)、传染病院、精神病院、职业病防治院、妇产医院和儿童医院等在投入政策上予以倾斜。严格控制公立医院建设规模、标准和贷款行为。

完善政府对基本医疗保障的投入机制。政府提供必要的资金支持新型农村合作医疗、城镇居民基本医疗保险、城镇职工基本医疗保险和城乡医疗救助制度的建立和完善。保证相关经办机构正常经费。

鼓励和引导社会资本发展医疗卫生事业。积极促进非公立医疗卫生机构发展，形成投资主体多元化、投资方式多样化的办医体制。抓紧制定和完善有关政策法规，规范社会资本包括境外资本办医疗机构的准入条件，完善公平公正的行业管理政策。鼓励社会资本依法兴办非营利性医疗机构。国家制定公立医院改制的指导性意见，积极引导社会资本以多种方式参与包括国有企业所办医院在内的部分公立医院改制重组。稳步推进公立医院改制的试点，适度降低公立医疗机构比重，形成公立医院与非公立医院相互促进、共同发展的格局。支持有资质人员依法开业，方便群众就医。完善医疗机构分类管理政策和税收优惠政策。依法加强对社会力量办医的监管。

大力发展医疗慈善事业。制定相关优惠政策，鼓励社会力量兴办慈善医疗机构，或向医疗救助、医疗机构等慈善捐赠。

(十一)建立科学合理的医药价格形成机制

规范医疗服务价格管理。对非营利性医疗机构提供的基本医疗服务，实行政府指导价，其余由医疗机构自主定价。中央政府负责制定医疗服务价格政策及项目、定价原则及方法；省或市级价格主管部门会同卫生、人力资源社会保障部门核定基本医疗服务指导价格。基本医疗服务价格按照扣除财政补助的服务成本制定，体现医疗服务合理成本和技术劳务价值。不同级别的医疗机构和医生提供的服务，实行分级定价。规范公立医疗机构收费项目和标准，研究探索按病种收费等收费方式改革。建立医用设备仪器价格监测、检查治疗服务成本监审及其价格定期调整制度。

改革药品价格形成机制。合理调整政府定价范围，改进定价方法，提高透明度，利用价格杠杆鼓励企业自主创新，促进国家基本药物的生产和使用。对新药和专利药品逐步实行定价前药物经济性评价制度。对仿制药品实行后上市价格从低定价制度，抑制低水平重复建设。严格控制药品流通环节差价率。对医院销售药品开展差别加价、收取药事服务费等试点，引导医院合理用药。加强医用耗材及植(介)入类医疗器械流通和使用环节价格的控制和管理。健全医药价格监测体系，规范企业自主定价行为。

积极探索建立医疗保险经办机构与医疗机构、药品供应商的谈判机制，发挥医疗保障对医疗服务和药品费用的制约作用。

(十二) 建立严格有效的医药卫生监管体制

强化医疗卫生监管。健全卫生监督执法体系，加强城乡卫生监督机构能力建设。强化医疗卫生服务行为和质量监管，完善医疗卫生服务标准和质量评价体系，规范管理制度和工作流程，加快制定统一的疾病诊疗规范，健全医疗卫生服务质量监测网络。加强医疗卫生机构的准入和运行监管。加强对生活饮用水安全、职业危害防治、食品安全、医疗废弃物处置等社会公共卫生的监管。依法严厉打击各种危害人民群众身体健康和生命安全的违法行为。

完善医疗保障监管。加强对医疗保险经办、基金管理和使用等环节的监管，建立医疗保险基金有效使用和风险防范机制。强化医疗保障对医疗服务的监控作用，完善支付制度，积极探索实行按人头付费、按病种付费、总额预付等方式，建立激励与惩戒并重的有效约束机制。加强商业健康保险监管，促进规范发展。

加强药品监管。强化政府监管责任，完善监管体系建设，严格药品研究、生产、流通、使用、价格和广告的监管。落实药品生产质量管理规范，加强对高风险品种生产的监管。严格实施药品经营管理规范，探索建立药品经营许可分类、分级的管理模式，加大重点品种的监督抽验力度。建立农村药品监督网。加强政府对药品价格的监管，有效抑制虚高定价。规范药品临床使用，发挥执业药师指导合理用药与药品质量管理方面的作用。

建立信息公开、社会多方参与的监管制度。鼓励行业协会等社会组织和个人对政府部门、医药机构和相关体系的运行绩效进行独立评价和监督。加强行业自律。

(十三) 建立可持续发展的医药卫生科技创新机制和人才保障机制

推进医药卫生科技进步。把医药卫生科技创新作为国家科技发展的重点，努力攻克医药科技难关，为人民群众健康提供技术保障。加大医学科研投入，深化医药卫生科技体制和机构改革，整合优势医学科研资源，加快实施医药科技重大专项，鼓励自主创新，加强对重大疾病防治技术和新药研制关键技术等的研究，在医学基础和应用研究、高技术研究、中医和中西医结合研究等方面力求新的突破。开发生产适合我国国情的医疗器械。广泛开展国际卫生科技合作交流。

加强医药卫生人才队伍建设。制定和实施人才队伍建设规划，重点加强公共卫生、农村卫生、城市社区卫生专业技术人员和护理人员的培养培训。制定优惠政策，鼓励优秀卫生人才到农村、城市社区和中西部地区服务。对长期在城乡基层工作的卫生技术人员在职称晋升、业务培训、待遇政策等方面给予适当倾斜。完善全科医师任职资格制度，健全农村和城市社区卫生人员在岗培训制度，鼓励参加学历教育，促进乡村医生执业规范化，尽快实现基层医疗卫生机构都有合格的全科医生。加强高层次科研、医疗、卫生管理等人才队伍建设。建立住院医师规范化培训制度，强化继续医学教育。加强护理队伍建设，逐步解决护理人员比例过低的问题。培育壮大中医药人才队伍。稳步推动医务人员的合理流动，促进不同医疗机构之间人才的纵向和横向交流，研究探索注册医师多点执业。规范医院管理者的任职条件，逐步形成一支职业化、专业化的医疗机构管理队伍。

调整高等医学教育结构和规模。加强全科医学教育，完善标准化、规范化的临床医学教育，提高医学教育质量。加大医学教育投入，大力发展面向农村、社区的高等医学本专科教育，采取定向免费培养等多种方式，为贫困地区农村培养实用的医疗卫生人才，造就大批扎根农村、服务农民的合格医生。

构建健康和谐的医患关系。加强医德医风建设，重视医务人员人文素养培养和职业素质教育，大力弘扬救死扶伤精神。优化医务人员执业环境和条件，保护医务人员的合法权益，调动医务人员改善服务和提高效率的积极性。完善医疗执业保险，开展医务社会工作，完善医疗纠纷处理机制，增进医患沟通。在全社会形成尊重医学科学、尊重医疗卫生工作者、尊重患者的良好风气。

(十四) 建立实用共享的医药卫生信息系统

大力推进医药卫生信息化建设。以推进公共卫生、医疗、医保、药品、财务监管信息化建设为着力点，整合资源，加强信息标准化和公共服务信息平台建设，逐步实现统一高效、互联互通。

加快医疗卫生信息系统建设。完善以疾病控制网络为主体的公共卫生信息系统，提高预测预警和分析报告能力；以建立居民健康档案为重点，构建乡村和社区卫生信息网络平台；以医院管理和电子病历为重点，推进医院信息化建设；利用网络信息技术，促进城市医院与社区卫生服务机构的合作。积极发展面向农村及边远地区的远程医疗。

建立和完善医疗保障信息系统。加快基金管理、费用结算与控制、医疗行为管理与监督、参保单位和个人管理服务等具有复合功能的医疗保障信息系统建设。加快城镇职工基本医疗保险、城镇居民基本医疗保险、新型农村合作医疗和医疗救助信息系统建设，实现与医疗机构信息系统的对接，积极推广"一卡通"等办法，方便参保(合)人员就医，增加医疗服务的透明度。

建立和完善国家、省、市三级药品监管、药品检验检测、药品不良反应监测信息网络。建立基本药物供求信息系统。

(十五) 建立健全医药卫生法律制度

完善卫生法律法规。加快推进基本医疗卫生立法，明确政府、社会和居民在促进健康方面的权利和义务，保障人人享有基本医疗卫生服务。建立健全卫生标准体系，做好相关法律法规的衔接与协调。加快中医药立法工作。完善药品监管法律法规。逐步建立健全与基本医疗卫生制度相适应、比较完整的卫生法律制度。

推进依法行政。严格、规范执法，切实提高各级政府运用法律手段发展和管理医药卫生事业的能力。加强医药卫生普法工作，努力创造有利于人民群众健康的法治环境。

五、着力抓好五项重点改革，力争近期取得明显成效

为使改革尽快取得成效，落实医疗卫生服务的公益性质，着力保障广大群众看病就医的基本需求，按照让群众得到实惠，让医务人员受到鼓舞，让监管人员易于掌握的要求，2009～2011年着力抓好五项重点改革。

(十六) 加快推进基本医疗保障制度建设

基本医疗保障制度全面覆盖城乡居民，3年内城镇职工基本医疗保险、城镇居民基本医疗保险和新型农村合作医疗参保(合)率均达到90%以上；城乡医疗救助制度覆盖到全国所有困难家庭。以提高住院和门诊大病保障为重点，逐步提高筹资和保障水平，2010年各级财政对城镇居民基本医疗保险和新型农村合作医疗的补助标准提高到每人每年120元。做好医疗保险关系转移接续和异地就医结算服务。完善医疗保障管理体制机制。有效减轻城乡居民个人医药费用负担。

(十七) 初步建立国家基本药物制度

建立比较完整的基本药物遴选、生产供应、使用和医疗保险报销的体系。2009年，公布国家基本药物目录；规范基本药物采购和配送；合理确定基本药物的价格。从2009年起，政府举办的基层医疗卫生机构全部配备和使用基本药物，其他各类医疗机构也都必须按规定使用基本药物，所有零售药店均应配备和销售基本药物；完善基本药物的医保报销政策。保证群众基本用药的可及性、安全性和有效性，减轻群众基本用药费用负担。

(十八) 健全基层医疗卫生服务体系

加快农村三级医疗卫生服务网络和城市社区卫生服务机构建设，发挥县级医院的龙头作用，用3年时间建成比较完善的基层医疗卫生服务体系。加强基层医疗卫生人才队伍建设，特别是全科医生的培养培训，着力提高基层医疗卫生机构服务水平和质量。转变基层医疗卫生机构运行机制和服务模式，完善补偿机制。逐步建立分级诊疗和双向转诊制度，为群众提供便捷、低成本的基本医疗卫生服务。

(十九) 促进基本公共卫生服务逐步均等化

国家制定基本公共卫生服务项目，从2009年起，逐步向城乡居民统一提供疾病预防控制、妇幼保健、健康教育等基本公共卫生服务。实施国家重大公共卫生服务项目，有效预防控制重大疾病及其危险因素，进一步提高突发重大公共卫生事件处置能力。健全城乡公共卫生服务体系，完善公共卫生服务经费保障机制，2009年人均基本公共卫生服务经费标准不低于15元，到2011年不低于20元。加强绩效考核，提高服务效率和质量。逐步缩小城乡居民基本公共卫生服务差距，力争让群众少生病。

(二十) 推进公立医院改革试点

改革公立医院管理体制、运行机制和监管机制，积极探索政事分开、管办分开的有效形式。完善医院法人治理结构。推进公立医院补偿机制改革，加大政府投入，完善公立医院经济补偿政策，逐步解决"以药补医"问题。加快形成多元化办医格局，鼓励民营资本举办非营利性医院。大力改进公立医院内部管理，优化服务流程，规范诊疗行为，调动医务人员的积极性，提高服务质量和效率，明显缩短患者等候时间，实现同级医疗机构检查结果互认，努力让群众看好病。

六、积极稳妥推进医药卫生体制改革

(二十一) 提高认识，加强领导

各级党委和政府要充分认识深化医药卫生体制改革的重要性、紧迫性和艰巨性，提高认识、坚定信心，切实加强组织领导，把解决群众看病就医问题作为改善民生、扩大内需的重点摆上重要议事日程，明确任务分工，落实政府的公共医疗卫生责任。成立国务院深化医药卫生体制改革领导小组，统筹组织实施深化医药卫生体制改革。国务院有关部门要认真履行职责，密切配合，形成合力，加强监督考核。地方政府要按照本意见和实施方案的要求，因地制宜制定具体实施方案和有效措施，精心组织，有序推进改革进程，确保改革成果惠及全体人民群众。

(二十二) 突出重点，分步实施

建立覆盖城乡居民的基本医疗卫生制度是一项长期任务，要坚持远近结合，从基础和基层起步，近期重点抓好基本医疗保障制度、国家基本药物制度、基层医疗卫生服务体系、基本公共卫生服务均等化和公立医院改革试点五项改革。要抓紧制定操作性文件和具体方案，进一步深化、细化政策措施，明确实施步骤，做好配套衔接，协调推进各项改革。

(二十三) 先行试点，逐步推开

医药卫生体制改革涉及面广、情况复杂、政策性强，一些重大改革要先行试点。国务院深化医药卫生体制改革领导小组负责制定试点原则和政策框架，统筹协调、指导各地试点工作。各省区市制定具体试点方案并组织实施。鼓励地方结合当地实际，开展多种形式的试点，积极探索有效的实现途径，并及时总结经验，逐步推开。

(二十四) 加强宣传，正确引导

深化医药卫生体制改革需要社会各界和广大群众的理解、支持和参与。要坚持正确的舆论导向，广泛宣传改革的重大意义和主要政策措施，积极引导社会预期，增强群众信心，使这项惠及广大人民群众的重大改革深入人心，为深化改革营造良好的舆论环境。

《护理学概论》教学基本要求

一、课程的性质与任务

《护理学概论》是护理专业的必修课。本教材内容包括了护理学发展的历史、护理学的基本概念和基本理论模式以及护士素质、职业品德、法规、教育管理、护患沟通和临终关怀等有关的知识。其任务在于学生通过学习,能了解护理、热爱护理并逐步形成健康照顾和护理服务的意识,具备护士最基本的行为规范和职业能力,为进一步学习护理技术和临床护理学打下基础。

二、课程教学目标

(一)知识教学目标
1. 了解护理学发展的历史和护理学的基本概念。
2. 理解护理伦理道德和护理法律的临床应用要求,理解临终关怀的概念和应用。
3. 掌握护理工作的程序和方法。

(二)能力目标
1. 具备初步的沟通能力、健康教育能力、应用护理程序的能力。
2. 表现出良好的言行举止和仪容仪态,具有一定的伦理道德判断能力。

(三)思想教育目标
1. 热爱护理工作,理解护理工作的重要意义,具有为人类健康服务的奉献精神。
2. 具有法律意识,维护病人的合法权益,避免护理工作中的差错事故发生。
3. 用良好的职业素质规范自己的行为,自觉抵制不良的职业行为。

三、教学内容和要求

本教材本着贴近学生、贴近岗位的原则,在讲述理论的同时加入了相关的案例及问题引导与病历分析,力求做到理论与实践相结合。并在护理工作中易出现问题的地方加入了护理警示,为了提高学生考试通过率增加考点提示。教学内容分理论和实践两部分。

理 论 部 分

教学内容	教学要求			教学活动参考	教学内容	教学要求			教学活动参考
	了解	理解	掌握			了解	理解	掌握	
一、绪论 (一)护理学的形成与发展 1. 护理学的形成与发展 2. 护理学发展展望	 √ √			理论讲授 多媒体演示	(二)护理学的性质与任务 1. 护理学的性质 2. 护理学的任务 (三)护理学的范畴			 √ √	

续表

教学内容	教学要求			教学活动参考	教学内容	教学要求			教学活动参考
	了解	理解	掌握			了解	理解	掌握	
1. 护理学的理论范畴		√			（1）人的内环境	√			
2. 护理学的实践范畴		√			（2）人的外环境	√			
（四）护理哲理					2. 环境与健康的关系		√		
1. 护理哲理的概念	√				（四）护理				
2. 护理哲理的意义	√				1. 护理的概念		√		
3. 护理哲理的发展过程	√				2. 护理概念的演变过程	√			
（五）护理工作方式					三、护理学理论				理论讲授 多媒体演示 讨论、病案分析
1. 功能制护理	√				（一）护理学相关理论				
2. 个案护理	√				1. 系统理论		√		
3. 小组护理	√				2. 需要理论			√	
4. 责任制护理		√			3. 压力与适应理论			√	
5. 综合护理		√			4. 成长与发展理论	√			
（六）护士基本素质					（二）护理学理论				
1. 素质的含义		√			1. 奥瑞姆的自理模式		√		
2. 护士素质的基本内容	s		√		2. 罗伊的适应模式		√		
					3. 纽曼的系统模式		√		
二、护理学的基本概念			√	理论讲授 多媒体演示 健康与非健康分析	四、卫生服务体系				理论讲授 多媒体演示 参观医院 参观社区卫生服务中心及服务站 讨论医改新政策
（一）人					（一）我国的医疗卫生体系				
					1. 组织结构与功能	√			
1. 人是一个整体			√		2. 城乡三级医疗卫生网	√			
2. 人是一个开放系统		√			3. 护理组织系统		√		
3. 人的基本需要			√		4. 医改新政策				
4. 人的成长与发展	√				（二）医院				
（二）健康					1. 医院的社会属性	√			
1. 健康					2. 医院的任务			√	
（1）健康的概念		√			3. 医院的类型与分级	√			
（2）影响健康的因素		√			4. 医院的组织结构	√			
2. 疾病					（三）社区卫生服务				
（1）疾病的概念	√				1. 社区的概念	√			
（2）疾病的影响	√				2. 社区卫生服务		√		
3. 健康与疾病的关系		√			五、护理程序				理论讲授 多媒体演示 收集资料、书写护理诊断、护理记录单
4. 健康与保健	√				（一）概述				
（三）环境					1. 护理程序的概念		√		
1. 人的内外环境					2. 护理程序的历史发展	√			

续表

教学内容	教学要求			教学活动参考	教学内容	教学要求			教学活动参考
	了解	理解	掌握			了解	理解	掌握	
3. 护理程序的步骤		√			七、护患关系及人际沟通				理论讲授
4. 护理程序的意义	√				（一）角色理论	√			多媒体演示
（二）护理评估					（二）护患关系				讨论、角色扮演
1. 收集资料		√			1. 护士角色		√		
2. 整理资料			√		2. 患者角色		√		
（三）护理诊断					3. 护患关系			√	
1. 护理诊断的概念		√			（三）沟通与交流				
2. 护理诊断的组成			√		1. 沟通的概念及意义		√		
3. 护理诊断的类型		√			2. 沟通的类型		√		
4. 护理诊断的陈述			√		3. 沟通的层次		√		
5. 护理诊断与医疗诊断的区别		√			4. 影响沟通的因素			√	
6. 合作性问题		√			5. 促进沟通的技巧			√	
7. 书写护理诊断的注意事项		√			6. 护理工作中沟通技巧的应用			√	
（四）护理计划					八、护理伦理与法律				理论讲授
1. 排列护理诊断的顺序			√		（一）护理与伦理				多媒体演示
2. 设定预期目标		√			1. 概述	√			
3. 设定护理措施		√			2. 护理伦理的原则与范畴	√			
4. 护理计划成文		√			3. 护理工作中常见的伦理问题		√		
（五）护理实施					（二）护理与法律				
1. 实施护理计划	√				1. 概述	√			
2. 实施过程中的注意事项			√		2. 卫生法律法规		√		
（六）护理评价					3. 护理立法		√		
1. 评价的内容		√			4. 护理违法		√		
2. 评价的步骤		√			5. 护理工作中常见的法律问题		√		
3. 评价的方式		√			九、文化与护理				理论讲授
（七）评判性思维在护理程序中的应用		√			（一）文化与文化休克		√		多媒体演示
六、护理健康教育				理论讲授	（二）跨文化护理理论		√		
（一）护理健康教育的概述				多媒体演示	（三）多元文化的护理		√		
1. 护理健康教育的概念		√		角色扮演	（四）文化与护理的关系		√		
2. 护理健康教育的意义		√			十、临终关怀				理论讲授
3. 护理健康教育的原则		√			（一）临终关怀概述	√			多媒体演示
（二）健康相关行为改变模式			√		（二）临终关怀的理念和原则		√		医院见习
（三）护理健康教育的过程与方法			√						
（四）护理人员在健康教育中的作用			√						

实践部分

序号、单元题目（对应基础部分）	教学内容	教学要求	
		会	掌握
三、护理学理论	讨论、病案分析	√	
四、卫生服务体系	参观医院、社区等卫生服务机构		√
五、护理程序	收集资料、书写护理诊断、护理记录单		√
六、健康教育	角色扮演	√	
七、护患关系及人际沟通	讨论、角色扮演		√

四、说　明

1. 本教材对理论部分要求分了解、理解和掌握三个层次。
了解：能说出基本的内容和主要含义。
理解：能领会其内容并将其含义与实践结合。
掌握：识记具体内容并能应用。
对实践部分要求会和掌握两个层次。
会：在教师的指导下，能正确完成讨论和角色扮演。
掌握：能独立完成。
2. 教学过程多样化：如病案分析、角色扮演、讨论、观看录像等。
3. 采用多种形式反馈：如提问、作业、训练、书写病历、考试等。
4. 注意理论与实践相结合。

学时分配建议

序号	教学内容	学时数		
		理论	实践	合计
1	绪论	4		4
2	护理学的基本概念	4		4
3	护理学理论	4	2	6
4	卫生服务体系	2	2	4
5	护理程序	4	2	6
6	健康教育	2	2	4
7	护患关系及人际沟通	2	2	4
8	护理伦理与法律	4		4
9	文化与护理	2		2
10	死亡教育	2		2
	合计	30	10	40

目标检测参考答案

第1章
单项选择题
1. C 2. E 3. C 4. B 5. B 6. D
7. A 8. A 9. E 10. A 11. A 12. E
是非题
1. × 2. × 3. × 4. √ 5. √ 6. √
7. √ 8. √ 9. √ 10. √ 11. √ 12. √

第2章
单项选择题
1. C 2. C 3. C 4. B 5. E 6. D 7. B
8. D 9. A
是非题
1. √ 2. × 3. × 4. × 5. × 6. √
7. √ 8. √ 9. √

第3章
单项选择题
1. A 2. B 3. C 4. E 5. C 6. C 7. E
8. D 9. B 10. C 11. C 12. A 13. B
是非题
1. × 2. √ 3. × 4. × 5. × 6. ×
7. √ 8. × 9. × 10. √ 11. √
12. × 13. ×

第4章
单项选择题
1. D 2. E 3. D 4. A 5. C 6. E 7. A
8. A 9. B 10. D
是非题
1. √ 2. √ 3. √ 4. √ 5. √ 6. √
7. × 8. √ 9. × 10. ×

第5章
单项选择题
1. A 2. C 3. A 4. D 5. E 6. A 7. C
8. C 9. D 10. A
是非题
1. √ 2. × 3. √ 4. √ 5. √ 6. ×
7. √ 8. × 9. √ 10. ×

第6章
单项选择题
1. C 2. E 3. A 4. A 5. B 6. A 7. C
8. E
是非题
1. √ 2. × 3. × 4. √ 5. √ 6. √
7. × 8. ×

第7章
单项选择题
1. C 2. C 3. D 4. C 5. B 6. A 7. B
8. B 9. B 10. A 11. C
是非题
1. √ 2. × 3. √ 4. √ 5. √ 6. √
7. √ 8. × 9. √ 10. × 11. √

第8章
单项选择题
1. E 2. C 3. C 4. C 5. E 6. B 7. D
8. E 9. D 10. B 11. C 12. B
是非题
1. × 2. √ 3. × 4. √ 5. √ 6. ×
7. √ 8. × 9. √ 10. √ 11. ×
12. √

第9章
单项选择题
1. B 2. D 3. E 4. E 5. C 6. A
是非题
1. √ 2. × 3. × 4. × 5. × 6. √

第10章
单项选择题
1. C 2. B 3. A 4. C 5. C
是非题
1. × 2. × 3. √ 4. × 5. √